SENIOR FINANCIAL ACCOUNTING

高级财务会计

李荣梅　郭锦华◎编 著

图书在版编目（CIP）数据

高级财务会计/李荣梅，郭锦华编著．—北京：经济管理出版社，2017.4
ISBN 978 – 7 – 5096 – 5023 – 3

Ⅰ.①高…　Ⅱ.①李…　②郭…　Ⅲ.①财务会计—高等学校—教材　Ⅳ.①F234.4

中国版本图书馆 CIP 数据核字(2017)第 054009 号

组稿编辑：张永美
责任编辑：魏晨红
责任印制：黄章平
责任校对：赵天宇

出版发行：经济管理出版社
（北京市海淀区北蜂窝 8 号中雅大厦 A 座 11 层　100038）
网　　址：www. E – mp. com. cn
电　　话：（010） 51915602
印　　刷：玉田县昊达印刷有限公司
经　　销：新华书店
开　　本：710mm × 1000mm/16
印　　张：17.75
字　　数：358 千字
版　　次：2017 年 4 月第 1 版　　2017 年 4 月第 1 次印刷
书　　号：ISBN 978 – 7 – 5096 – 5023 – 3
定　　价：58.00 元

前　言

20世纪90年代以来，《高级财务会计》作为一门独立的课程在我国高等院校会计学专业开设已超20年，是继《中级财务会计》之后高等院校本科会计学专业开设的主干课程之一。《中级财务会计》解决的是所有企业一般财务会计问题，而高级财务会计解决的是企业一般财务会计问题以外的特殊财务会计问题。

鉴于《高级财务会计》的特殊地位及其对教材的理论深度、专题务实性以及内容时效性的较高要求，根据我国财政部和国际会计准则理事会截至2016年8月31日发布的最新会计准则和相关解释公告，结合教学实践的需要，我们启动了《高级财务会计》一书的编写。

本书共十二章，第一章至第八章涉及非货币性资产交换、债务重组、租赁、外币交易、分支机构、企业所得税和企业合并特殊业务，第九章至第十二章涉及合并财务报表和分部报告业务。本书结构清晰、重点突出、内容紧凑，体现了教材的前沿性、综合性和实用性。本书是专门为高等院校本科会计学专业学生撰写的教材，同时，也可作为本科成人教育、高等教育自学考试的教材和参考书，并供财务与会计从业人员业务学习使用。

本书写作分工具体如下：郭锦华执笔第一章、第二章、第三章、第四章、第五章、第六章；李荣梅执笔第七章、第八章、第九章、第十章、第十一章、第十二章，全书由李荣梅、郭锦华统撰和定稿。

在本书的写作过程中，我们参考和吸取了国内外同行大量的研究成果，在此深表诚挚的谢意。

编者

2017年1月

目　　录

第一章 非货币性资产交换

学习目标

(1) 理解货币性资产、非货币性资产和非货币性资产交换的概念。
(2) 掌握非货币性资产交换的相关确认与计量原则。
(3) 掌握不涉及补价情况下非货币性资产交换的核算。
(4) 掌握涉及补价情况下非货币性资产交换的核算。
(5) 熟悉涉及多项资产的非货币性资产交换的核算。

第一节 非货币性资产交换概述

一、货币性资产和非货币性资产

货币性资产是指企业持有的货币资金和将以固定或可确定的金额收取的资产，包括现金、银行存款、应收账款和应收票据以及准备持有至到期的债券投资等。

非货币性资产是指货币性资产以外的资产。资产负债表列示的项目中属于非货币性资产的项目通常有存货（原材料、包装物、低值易耗品、库存商品、委托加工物资、委托代销商品等）、长期股权投资、投资性房地产、固定资产、在建工程、工程物资、无形资产等。

从以上概念中我们可以看出，非货币性资产区别于货币性资产的最基本特征是：将来为企业带来的经济利益（即货币金额）是否固定的或可确定的。

例如，账面价值同样是20000元的应收票据和原材料，由于其将来能为企业带来的经济利益的不同，则应分别属于不同的资产类型。在正常的情况下，20000 元的应收票据，将来收回的金额也应该是 20000 元，因而属于货币性资产；而 20000 元的原材料，在将来能给企业带来的效益是不固定的，20000 元仅代表取得该原材料的历史成本，因而属于非货币性资产。

二、非货币性资产交换

企业在生产经营过程中进行的资产交换可分为以下四种类型：

（1）以货币性资产与另一主体的货币性资产相交换。例如，以人民币与某种外币进行兑换。

（2）以货币性资产与另一个主体的非货币资产相交换。例如，以银行存款购入原材料、固定资产、无形资产等。

（3）以非货币性资产与另一主体的货币性资产相交换。例如，将本企业生产的产品销售给其他企业，收回货币资金。

（4）以非货币性资产与另一主体的非货币性资产相交换，这类资产交换就是非货币性资产交换。

非货币性资产交换是一种非经常性的特殊交易行为，是交易双方主要以存货、固定资产、无形资产和长期股权投资等非货币性资产进行的交换。该交换不涉及或只涉及少量的货币性资产（即补价）。实务工作中，交易双方通过非货币性资产交换一方面可以满足各自生产经营的需要，同时可在一定程度上减少货币性资产的流出。如某企业需要另一个企业拥有的一项设备，另一个企业需要上述企业生产的产品作为原材料，双方就可能会出现非货币性资产交换的交易行为。《企业会计准则第 7 号——非货币性资产交换》（以下简称《非货币性资产交换准则》）规范了非货币性资产交换的确认、计量和相关信息的披露。

三、非货币性资产交换中的补价

非货币性资产交换并不意味着不涉及任何货币性资产。在实务中可能发生在换入非货币性资产的同时支付一定数额的货币性资产，在换出资产的同时收到一定数额的货币性资产。此时支付或收到的货币性资产，就是补价。那么补价在整个交易中占多大的比例可以认定为非货币性资产交换呢？《非货币性资产交换准则》规定，涉及少量货币性资产的交换为非货币性资产交换，通常以补价占整个资产交换金额的比例是否低于 25% 作为参考。也就是说，支付的货币性资产占换入资产公允价值（或占换出资产公允价值与支付的货币性资产之和）的比例，或者收到的货币性资产占换出资产公允价值（或占换入资产公允价值和收到的货币性资产之和）的比例低于 25% 的，视为非货币性资产交换；高于 25%（含

25%）的，视为货币性资产交换，适用相关准则的规定。

四、非货币性资产交换不涉及以下交易和事项

1. 与所有者或所有者以外方面的非货币性资产非互惠转让

所谓非互惠转让，是指企业将其拥有的非货币性资产无代价地转让给其所有者或其他企业，或由其所有者或其他企业将非货币性资产无代价地转让给企业。《非货币性资产交换准则》所述的非货币性资产交换是企业之间主要以非货币性资产形式的互惠转让，即企业取得一项非货币性资产，必须以付出自己拥有的非货币性资产作为代价。与所有者的非互惠转让，如以非货币性资产作为股利发放给股东等，属于资本性交易，适用《企业会计准则第 37 号——金融工具列报》。企业与所有者以外方面发生的非互惠转让，如政府无偿提供非货币性资产给企业建造固定资产，属于政府以非互惠方式提供非货币性资产，适用《企业会计准则第 16 号——政府补助》。

2. 在企业合并、债务重组和发行股票中取得的非货币性资产

在企业合并、债务重组中取得的非货币性资产，其成本确定分别适用《企业会计准则第 20 号——企业合并》和《企业会计准则第 12 号——债务重组》；企业以发行股票形式取得的非货币性资产，相当于以权益工具（如发行股票）换入非货币性资产，其成本确定适用《企业会计准则第 37 号——金融工具列报》。

第二节　非货币性资产交换的确认与计量原则

在非货币性资产交换的情况下，不论是一项资产换入另一项资产、一项资产换入多项资产、多项资产换入一项资产，还是多项资产换入多项资产，《非货币性资产交换准则》规定了确定换入资产成本的两种计量基础和交换所产生损益的确认原则。

一、公允价值计量

（一）公允价值计量的条件

非货币性资产交换同时满足下列两个条件的，应当以公允价值和应支付的相关税费作为换入资产的成本，公允价值与换出资产账面价值的差额计入当期损益：

（1）该项交换具有商业实质。

（2）换入资产或换出资产的公允价值能够可靠地计量。

由此可见，是否具有商业实质和资产的公允价值能否可靠确定就成为非货币性资产交换计量的基础。

（二）商业实质的判断

非货币性资产交换具有商业实质，是换入资产能够采用公允价值计量的重要条件之一，也是《非货币性资产交换准则》引入的重要概念。在确定资产交换是否具有商业实质时，企业应当重点考虑，由于发生了该项资产交换，预期使企业未来现金流量发生变动的程度，通过比较换出资产和换入资产预计产生的未来现金流量或其现值，确定非货币性资产交换是否具有商业实质。只有当换出资产和换入资产，预计未来现金流量或其现值两者之间的差额较大时，才能表明交易的发生，使企业经济状况发生了明显改变，非货币性资产交换因而具有商业实质。

根据《非货币性资产交换准则》的规定，符合下列条件之一的，视为具有商业实质：

1. 换入资产的未来现金流量在风险、时间和金额方面与换出资产显著不同

换入资产的未来现金流量在风险、时间和金额方面与换出资产显著不同，通常包括但不仅限于以下几种情况：

（1）未来现金流量的风险、金额相同，时间不同。例如，某企业以一批存货换入一项设备，因存货流动性强，能够在较短的时间内产生现金流量，设备作为固定资产要在较长的时间内为企业带来现金流量，假定两者产生的未来现金流量风险和总额均相同，但由于两者产生现金流量的时间跨度相差较大，则可以判断上述存货与固定资产的未来现金流量显著不同，因而该两项资产的交换具有商业实质。

（2）未来现金流量的时间、金额相同，风险不同。例如，A 企业以用于经营出租的一幢公寓楼，与 B 企业同样用于经营出租的一幢公寓楼进行交换，两幢公寓楼的租期、每期租金总额均相同，但是 A 企业是租给一家财务及信用状况良好的企业（该企业租用该公寓是给其单身职工居住），B 企业的客户则都是单个租户，相比较而言，A 企业取得租金的风险较小，B 企业由于租给散户，租金的取得依赖于各单个租户的财务和信用状况；因此，两者现金流量、流入的风险或不确定性程度存在明显差异，则两幢公寓楼的未来现金流量显著不同，进而可判断该两项资产的交换具有商业实质。

（3）未来现金流量的风险、时间相同，金额不同。例如，某企业以一项商标权换入另一企业的一项专利技术，预计两项无形资产的使用寿命相同，在使用寿命内预计为企业带来的现金流量总额相同，但是换入的专利技术是新开发

的，预计开始阶段产生的未来现金流量明显少于后期，而该企业拥有的商标每年产生的现金流量比较均衡，则两者各年产生的现金流量金额差异明显，则上述商标权与专利技术的未来现金流量显著不同，因而该两项资产的交换具有商业实质。

2. 换入资产与换出资产的预计未来现金流量现值不同，且其差额与换入资产和换出资产的公允价值相比是重大的

企业如按照上述第一项条件难以判断某项非货币性资产交换是否具有商业实质时，再根据第二项条件，通过计算换入资产和换出资产的预计未来现金流量现值，进行比较后判断。资产预计未来现金流量的现值，应当按照资产在持续使用过程中和最终处置时所产生的预计未来现金流量，选择恰当的折现率对其进行折现后的金额加以确定。《非货币性资产交换准则》所指资产的预计未来现金流量现值，应当按照资产在持续使用过程和最终处置时预计产生的税后未来现金流量，根据企业自身而不是市场参与者对资产特定风险的评价，选择恰当的折现率对预计未来现金流量折现后的金额加以确定，即《国际财务报告准则》所称的“主体特定价值”。

从市场参与者的角度分析，换入资产和换出资产预计未来现金流量在风险、时间和金额方面可能相同或相似，但是就企业自身而言，鉴于换入资产的性质和换入企业经营活动的特征等因素，换入资产与换入企业其他现有资产相结合，能够比换出资产产生更大的作用，使换入企业受该换入资产影响的经营活动产生的现金流量与换出资产明显不同，即换入资产对换入企业的使用价值与换出资产对该企业的使用价值明显不同，使换入资产的预计未来现金流量现值与换出资产的预计未来现金流量现值产生明显差异，因而表明该两项资产的交换具有商业实质。例如，某企业以一项专利权换入另一企业拥有的长期股权投资，假定从市场参与者来看，该项专利权与该项长期股权投资的公允价值相同，两项资产未来现金流量的风险、时间和金额亦相同，但是对换入企业来讲，换入该项长期股权投资，使该企业对被投资方由重大影响变为控制关系，从而对换入企业产生的预计未来现金流量现值与换出的专利权有较大差异；另一企业换入的专利权能够解决生产中的技术难题，从而对换入企业产生的预计未来现金流量现值与换出的长期股权投资有明显差异，因而该两项资产的交换具有商业实质。

3. 交换涉及的资产类别与商业实质的关系

企业在判断非货币性资产交换是否具有商业实质时，还可以从资产是否属于同一类别进行分析，不同类非货币性资产，因其产生经济利益的方式不同，一般来说，其产生的未来现金流量风险、时间和金额也不相同，因而不同类非货币性资产之间的交换是否具有商业实质，通常较易判断。不同类非货币性资

产，是指在资产负债表中列示的不同大类的非货币性资产，如存货、固定资产、投资性房地产、生物资产、长期股权投资、无形资产等都是不同类别的资产。例如，企业以一项用于出租的投资性房地产交换一项固定资产自用，属于不同类非货币性资产交换，在这种情况下，企业就将未来现金流量由每期产生的租金流转化为该项资产独立产生或包括该项资产的资产组协同产生的现金流。通常情况下，由定期租金带来的现金流量与用于生产经营用的固定资产产生的现金流量在风险、时间和金额方面有所差异，因此，该两项资产的交换应当视为具有商业实质。

同类非货币性资产交换是否具有商业实质，通常较难判断。同类非货币性资产是指在资产负债表中列示的同一大类的非货币性资产，如存货之间、固定资产之间、长期股权投资之间发生的交换等。例如，某企业将自己拥有的一幢建筑物与另一企业拥有的在同一地点的另一幢建筑物相交换，两幢建筑物的建造时间、建造成本等均相同，但两者未来现金流量的风险、时间和金额可能不同。比如，其中一项资产立即可供出售且企业管理层也打算将其立即出售，另一项难以出售或只能在一段较长的时间内出售，从而至少表明两项资产未来现金流量流入的时间明显不同，在这种情况下，该两项资产的交换视为具有商业实质。

通常情况下，商品用于交换具有类似性质和相等价值的商品，这种非货币性资产交换不产生损益，这种情况通常发生在某些特定商品上，如石油或牛奶，供应商为满足特定地区对这类商品的即时需要，在不同的地区交换各自的商品（存货）。如A石油销售公司有部分客户在B石油销售公司的所在地，B公司有部分客户在A公司所在地，为了满足两地客户的即时需求，A公司将其相同型号、容量和价值的石油供应给B公司在A公司所在地的客户；同样地，B公司也将相同型号、容量和价值的石油供应给A公司在B公司所在地的客户，这样的非货币性资产交换不具有商业实质，因此不能确认损益。

4. 关联方之间交换资产与商业实质的关系

在确定非货币性资产交换是否具有商业实质时，企业应当关注交易各方之间是否存在关联方关系。关联方关系的存在可能导致发生的非货币性资产交换不具有商业实质。

5. 公允价值的可靠计量

根据准则规定，符合下列情形之一的，表明换入资产或换出资产的公允价值能够可靠地计量。

（1）换入资产或换出资产存在活跃市场。对于存在活跃市场的存货、长期股权投资、固定资产、无形资产等非货币性资产，应当以该资产的市场价格为基础确定其公允价值。

（2）换入资产或换出资产不存在活跃市场，但同类或类似资产存在活跃市场。对于同类或类似资产存在活跃市场的存货、长期股权投、固定资产、无形资产等非货币性资产，应当以同类或类似资产市场价格为基础确定其公允价值。

（3）换入资产或换出资产不存在同类或类似资产的可比市场交易，应当采用估值技术确定其公允价值。

换入资产和换出资产公允价值均能够可靠计量的，应当以换出资产公允价值作为确定换入资产成本的基础，一般来说，取得资产的成本应当按照所放弃资产的对价来确定，在非货币性资产交换中，换出资产就是放弃的对价，如果其公允价值能够可靠确定，应当优先考虑按照换出资产的公允价值作为确定换入资产成本的基础；如果有确凿证据表明换入资产的公允价值更加可靠的，应当以换入资产公允价值为基础确定换入资产的成本，这种情况多发生在非货币性资产交换存在补价的情况，因为存在补价表明换入资产和换出资产公允价值不相等，一般不能直接以换出资产的公允价值作为换入资产的成本。

二、账面价值计量

不具有商业实质或交换涉及资产的公允价值均不能可靠计量的非货币性资产交换，应当按照换出资产的账面价值和应支付的相关税费作为换入资产的成本，无论是否支付补价，均不确认损益；收到或支付的补价作为确定换入资产成本的调整因素，其中，收到补价方应当以换出资产的账面价值减去补价加上应支付的相关税费作为换入资产的成本；支付补价方应当以换出资产的账面价值加上补价和应支付的相关税费作为换入资产的成本。

第三节　非货币性资产交换的会计处理

前已述及，非货币性资产交换有两种计量模式，采用公允价值计量必须符合两个条件，即非货币性资产交换具有商业实质、存在公允价值，不符合上述条件的则采用账面价值进行计量，不同的计量模式下非货币性资产交换的会计处理也不同。

一、以公允价值计量的会计处理

在以公允价值计量的情况下，不论是否涉及补价，只要换出资产的公允价值与其账面价值不相同，就一定会涉及损益的确认，因为非货币性资产交换损益通常是换出资产公允价值与换出资产账面价值的差额，通过非货币性资产交换予以实现。

非货币性资产交换的会计处理，视换出资产的类别不同而有所区别。

换出资产为存货的，应当视同销售处理，根据《企业会计准则第 14 号——收入》按照公允价值确认销售收入，同时结转销售成本，相当于按照公允价值确认的收入和按账面价值结转的成本之间的差额，也即换出资产公允价值和换出资产账面价值的差额，在利润表中作为营业利润的构成部分予以列示。

换出资产为固定资产、无形资产的，换出资产公允价值和换出资产账面价值的差额计入营业外收入或营业外支出。

换出资产为长期股权投资、可供出售金融资产的，换出资产公允价值和换出资产账面价值的差额计入投资收益。

换入资产与换出资产涉及相关税费的，如换出存货视同销售计算的销项税额，换入资产作为存货应当确认的可抵扣增值税进项税额，以及换出固定资产、无形资产视同转让应交纳的营业税等，按照相关税收规定计算确定。

1. 不涉及补价的情况

【例 1－1】20×6 年 8 月，甲公司以生产经营过程中使用的一台设备交换乙家具公司生产的一批办公家具，换入的办公家具作为固定资产管理。甲乙均为增值税一般纳税人，适用的增值税税率均为 17%。设备的账面原价为 1000000 元，在交换日的累计折旧为 150000 元，公允价值为 1000000 元。办公家具的账面价值为 800000 元，在交换日的市场价格为 1000000 元，计税价格等于市场价格。乙公司换入甲公司的设备是生产家具过程中需要使用的设备。

假设甲公司此前没有为该项设备计提资产减值准备，整个交易过程中，除支付清理费 1500 元外没有发生其他相关税费。假设乙公司此前也没有为库存商品计提存货跌价准备，其在整个交易过程中没有发生除增值税以外的其他税费。

分析：整个资产交换过程没有涉及收付货币性资产，因此，该项交换属于非货币性资产交换。本例是固定资产与存货相交换，对甲公司来讲，换入的办公家具是经营过程必需的资产；对乙公司来讲，换入的设备是生产家具过程中所必须使用的机器，两项资产交换后对换入企业的特定价值显著不同，两项资产的交换具有商业实质。同时，两项资产的公允价值都能够可靠地计量，符合《非货币性资产交换准则》规定以公允价值计量的两个条件，因此，甲公司和乙公司均应当以换出资产的公允价值为基础确定换入资产的成本，并确认产生的损益。

（1）甲公司的账务处理如下：

甲公司换入资产的增值税进项税额＝1000000×17%＝170000（元）

换出设备的增值税销项税额＝1000000×17%＝170000（元）

借：固定资产清理　850000
　　累计折旧　150000
　　贷：固定资产——设备　1000000
借：固定资产清理　1500
　　贷：银行存款　1500
借：固定资产——办公家具　1000000
　　应交税费——应交增值税（进项税额）　170000
　　贷：固定资产清理　851500
　　　　应交税费——应交增值税（销项税额）　170000
　　　　营业外收入　148500

（2）乙公司的账务处理如下：

根据增值税的有关规定，企业以库存商品换入其他资产，视同发生销售行为，应计算增值税销项税额，缴纳增值税。

换出办公家具的增值税销项税额 = 1000000 × 17% = 170000（元）

换入设备的增值税进项税额 = 1000000 × 17% = 170000（元）

借：固定资产——设备　1000000
　　应交税费——应交增值税（进项税额）　170000
　　贷：主营业务收入　1000000
　　　　应交税费——应交增值税（销项税额）　170000
借：主营业务成本　800000
　　贷：库存商品——办公家具　800000

【例 1－2】20×6 年 6 月，为了提高产品质量，甲冰箱制造公司以其持有的对丙公司的长期股权投资交换乙公司拥有的一项专利权。在交换日，甲公司持有的长期股权投资账面余额为 670 万元，已计提长期股权投资减值准备余额为 40 万元，在交换日的公允价值为 650 万元；乙公司专利权的账面原价为 800 万元，累计已摊销金额为 120 万元，在交换日的公允价值为 650 万元，乙公司没有为该项专利权计提减值准备。乙公司原已持有对丙公司的长期股权投资，从甲公司换入对丙公司的长期股权投资后，使丙公司成为乙公司的联营企业。假设整个交易过程中没有发生其他相关税费。

分析：该项资产交换没有涉及收付货币性资产，因此属于非货币性资产交换。本例属于以长期股权投资换入无形资产。对甲公司来讲，换入专利权能够大幅度改善产品质量，相对于对丙公司的长期股权投资来讲，预计未来现金流量的时间、金额和风险均不相同；对乙公司来讲，换入对丙公司的长期股权投资，使其对丙公司的关系由既无控制、共同控制或重大影响，改变为具有重大影响，因而可通过参与丙公司的财务和经营政策等方式，对其施加重大影响，增加了借此从丙公司活动中获取经济利益的权力，与专利权预计产生的未来现金流量在时间、风险和金额方面都有所不同。因此，该两项资产的交换具有商业实质；同时，两项资产的公允价值都能够可靠地计量，符合《非货币性资产交换准则》规定以公允价值计量的条件。甲公司和乙公司均应当以公允价值为基础确定换入资产的成本，并确认产生的损益。

（1）甲公司的账务处理如下：

借：无形资产——专利权　　6500000
　　长期股权投资减值准备　　400000
　　贷：长期股权投资　　6700000
　　　　投资收益　　200000

（2）乙公司的账务处理如下：

借：长期股权投资　　6500000
　　累计摊销　　1200000
　　营业外支出　　300000
　　贷：无形资产——专利权　　8000000

2. 涉及补价的情况

《非货币性资产交换准则》规定，在以公允价值确定换入资产成本的情况下，发生补价的，支付补价方和收到补价方应当分别情况处理：

（1）支付补价方：应当以换出资产的公允价值加上支付的补价（即换入资产的公允价值）和应支付的相关税费作为换入资产的成本；换入资产成本与换出资产账面价值加支付的补价、应支付的相关税费之和的差额应当计入当期损益。

（2）收到补价方：应当以换入资产的公允价值（或换出资产的公允价值减去补价）和应支付的相关税费作为换入资产的成本；换入资产成本加收到的补价之和与换出资产账面价值加应支付的相关税费之和的差额应当计入当期损益。

【例1－3】甲公司与乙公司经协商，以其拥有的全部用于经营出租目的的一幢公寓楼与乙公司持有的交易目的的股票投资交换。甲公司的公寓楼符合投资性房地产定义，公司未采用公允价值模式计量。在交换日，该幢公寓楼的账面原价为400万元，已提折旧80万元，未计提减值准备，在交换日的公允价值为450万元，营业税税额为22.5万元；乙公司持有的交易目的的股票投资账面价值为300万元，乙公司对该股票投资采用公允价值模式计量，在交换日的公允价值为400万元，乙公司支付了50万元给甲公司。乙公司换入公寓楼后仍然继续用于经营出租目的，并拟采用公允价值计量模式，甲公司换入股票投资后仍然用于交易目的。转让公寓楼的营业税尚未支付，假定除营业税外，该项交易过程中不涉及其他相关税费。

分析：该项资产交换涉及收付货币性资产，即补价 50 万元。

对甲公司而言：收到的补价 50 万元 ÷ 换入资产的公允价值 450 万元（换入股票投资公允价值 400 万元 + 收到的补价 50 万元）=11.11% <25%，属于非货币性资产交换。

对乙公司而言：支付的补价 50 万元 ÷ 换入资产的公允价值 450 万元 = 11.11% <25%，属于非货币性资产交换。

本例属于以投资性房地产换入以公允价值计量且其变动计入当期损益的金融资产。对甲公司而言，换入交易目的的股票投资使得企业可以在希望变现的时候取得现金流量，但风险程度要比租金稍大，用于经营出租目的的公寓楼，可以获得稳定均衡的租金流，但是不能满足企业急需大量现金的需要，因此，交易性股票投资带来的未来现金流量在时间、风险方面与用于出租的公寓楼带来的租金流有显著区别，因而可判断两项资产的交换具有商业实质。同时，股票投资和公寓楼的公允价值均能够可靠地计量，因此，甲公司、乙公司均应当以公允价值为基础确定换入资产的成本，并确认产生的损益。

（1）甲公司的账务处理如下：

借：其他业务成本 3200000
　　投资性房地产累计折旧 800000
　　贷：投资性房地产 4000000

借：营业税金及附加 225000
　　贷：应交税费——应交营业税 225000

借：交易性金融资产 4000000
　　银行存款 500000
　　贷：其他业务收入 4500000

（2）乙公司的账务处理如下：

借：投资性房地产 4500000
　　贷：交易性金融资产 3000000
　　　　银行存款 500000
　　　　投资收益 1000000

二、以账面价值计量的会计处理

《非货币性资产交换准则》规定，非货币性资产交换不具有商业实质，或者虽然具有商业实质但换入资产和换出资产的公允价值均不能可靠计量的，应当以换出资产账面价值为基础确定换入资产成本，无论是否支付补价，均不确认损益。

一般来讲，如果换入资产和换出资产的公允价值都不能可靠计量时，该项非货币性资产交换通常不具有商业实质，因为在这种情况下，很难比较两项资产产生的未来现金流量在时间、风险和金额方面的差异，很难判断两项资产交换后对企业经济状况改变所起的不同效用，因而此类资产交换通常不具有商业实质。

在不具有商业实质的非货币性资产交换中，或者虽具有商业实质但换入资产和换出资产的公允价值均不能可靠计量的，企业换入资产应以换出资产的账面价值为基础，无论是否支付补价，均不确认交换损益。

【例1－4】甲公司拥有一幢特殊用途的仓库，该仓库账面原价300万元，已计提折旧220万元，乙公司拥有一幢古建筑物，账面价值200万元；已提折旧130万元，两项资产均未计提减值准备。甲公司决定以其特殊用途的仓库交换乙公司该幢古建筑物拟改造为办公室使用，该特殊仓库是储存乙公司产品的必要资产。由于该特殊仓库系当时专门修建、性质特殊，其公允价值不能可靠计量；乙公司拥有的古建筑物因建筑年代久远，性质比较特殊，其公允价值也不能可靠计量。双方商定，乙公司以两项资产账面价值的差额为基础，支付甲公司10万元补价。假定交易中没有涉及相关税费。

分析：该项资产交换涉及收付货币性资产，即补价10万元。

对甲公司而言，收到的补价10万元÷换出资产账面价值80万元＝12.5%＜25%，因此，该项交换属于非货币性资产交换，乙公司的情况也类似。由于两项资产的公允价值不能可靠计量，因此，甲公司、乙公司换入资产的成本均应当按照换出资产的账面价值确定。

甲公司的账务处理如下：

借：固定资产清理	800000	
累计折旧	2200000	
贷：固定资产——仓库		3000000
借：固定资产——建筑物	700000	
银行存款	100000	
贷：固定资产清理		800000

乙公司的账务处理如下：

借：固定资产清理	700000	
累计折旧	1300000	
贷：固定资产——建筑物		2000000
借：固定资产——仓库	800000	
贷：固定资产清理		700000
银行存款		100000

三、涉及多项非货币性资产交换的处理

企业以一项非货币性资产同时换入另一企业的多项非货币性资产，或同时以多项非货币性资产换入另一企业的一项非货币性资产，或以多项非货币性资产同时换入多项非货币性资产，也可能涉及补价。在涉及多项非货币性资产的交换中，企业无法将换出的某一资产与换入的某一特定资产相对应。与单项非货币性资产之间的交换一样，涉及多项非货币性资产交换的计量，企业也应当首先判断是否符合《非货币性资产交换准则》，以及公允价值计量的两个条件，再分别确定各项换入资产的成本。

1. 涉及多项非货币性资产交换的几种情况

（1）资产交换具有商业实质且各项换出资产和各项换入资产的公允价值均能够可靠计量。在这种情况下，换入资产的总成本应当按照换出资产的公允价值总额为基础确定，除非有确凿证据证明换入资产的公允价值总额更可靠。各项换入资产的成本，应当按照各项换入资产的公允价值占换入资产公允价值总额的比例，对换入资产总成本进行分配，确定各项换入资产的成本。

（2）资产交换具有商业实质，且换入资产的公允价值能够可靠计量，换出资产的公允价值不能可靠计量。在这种情况下，换入资产的总成本应当按照换入资产的公允价值总额为基础确定，各项换入资产的成本，应当按照各项换入资产的公允价值占换入资产公允价值总额的比例，对换入资产总成本进行分配，确定各项换入资产的成本。

（3）资产交换具有商业实质，换出资产的公允价值能够可靠计量，但换入资产的公允价值不能可靠计量。在这种情况下，换入资产的总成本应当按照换出资产的公允价值总额为基础确定，各项换入资产的成本，应当按照各项换入资产的原账面价值占换入资产原账面价值总额的比例，按照换出资产公允价值总额确定的换入资产总成本进行分配，确定各项换入资产的成本。

（4）资产交换不具有商业实质，或换入资产和换出资产的公允价值均不能可靠计量。在这种情况下，换入资产的总成本应当按照换出资产原账面价值总额为基础确定，各项换入资产的成本，应当按照各项换入资产的原账面价值占换入资产原账面价值总额的比例，对按照换出资产账面价值总额为基础确定的换入资产总成本进行分配，确定各项换入资产的成本。

实际上，上述第（1）、（2）、（3）种情况，换入资产总成本都是按照公允价值计量，但各单项换入资产成本的确定，视各单项换入资产的公允价值能否可靠计量而分别处理；第（4）种情况属于不符合公允价值计量的条件，换入资产总成本按照换出资产账面价值总额确定，各单项换入资产成本的确定，按照各单项

换入资产的原账面价值占换入资产原账面价值总额的比例确定。

2. 以公允价值计量的情况

【例1－5】甲公司和乙公司均为增值税一般纳税人，适用的增值税税率均为17%。20×6年8月，为适应业务发展的需要，经协商，甲公司决定以生产经营过程中使用的厂房、设备以及库存商品换入乙公司生产经营过程中使用的办公楼、小汽车、客运汽车。甲公司厂房的账面原价为2250万元，在交换日的累计折旧为450万元，公允价值为1500万元；设备的账面原价为900万元，在交换日的累计折旧为720万元，公允价值为150万元；库存商品的账面余额为450万元，交换日的市场价格为525万元，市场价格等于计税价格。乙公司办公楼的账面原价为3000万元，在交换日的累计折旧为1500万元，公允价值为1650万元；小汽车的账面原价为450万元，在交换日的累计折旧为285万元，公允价值为239.25万元；客运汽车的账面原价为450万元，在交换日的累计折旧为270万元，公允价值为225万元。乙公司另外向甲公司支付银行存款96.5775万元，其中包括由于换出和换入资产的公允价值不同而支付的补价60.75万元，以及换出资产销项税额与换入资产进项税额的差额32.8275万元。

假定甲公司和乙公司都没有为换出资产计提减值准备；营业税税率为5%，甲公司换入乙公司的办公楼、小汽车、客运汽车均作为固定资产使用和管理；乙公司换入甲公司的厂房、设备作为固定资产使用和管理，换入的库存商品作为原材料使用和管理。甲公司开具了增值税专用发票。

分析：本例涉及收付货币性资产，应当计算甲公司收到的货币性资产占甲公司换出资产公允价值总额的比例（等于乙公司支付的货币性资产占乙公司换入资产公允价值与支付的补价之和的比例），即：60.75万元÷（1500＋150＋525）万元＝2.79%＜25%。

可以认定这项涉及多项资产的交换行为属于非货币性资产交换。对于甲公司而言，为了拓展运输业务，需要小汽车、客运汽车等，乙公司为了扩大产品生产，需要厂房、设备和原材料，换入资产对换入企业均能发挥更大的作用。因此，该项涉及多项资产的非货币性资产交换具有商业实质；同时，各单项换入资产和换出资产的公允价值均能可靠计量，因此，甲、乙公司均应当以公允价值为基础确定换入资产的总成本，确认产生的相关损益。同时，按照各单项换入资产的公允价值占换入资产公允价值总额的比例，确定各单项换入资产的成本。

甲公司的账务处理如下：

（1）根据税法的有关规定：

换出库存商品的增值税销项税额＝525×17%＝89.25（万元）

换出设备的增值税销项税额 = 150 × 17% = 25.5（万元）

换入小汽车、客运汽车的增值税进项税额 =（239.25 + 225）× 17% = 78.9225（万元）

换出厂房的营业税税额 = 1500 × 5% = 75（万元）

（2）计算换入资产、换出资产公允价值总额：

换出资产公允价值总额 = 1500 + 150 + 525 = 2175（万元）

换入资产公允价值总额 = 1650 + 239.25 + 225 = 2114.25（万元）

（3）计算换入资产总成本：

换入资产总成本 = 换出资产公允价值 - 补价 + 应支付的相关税费 = 2175 - 60.75 + 0 = 2114.25（万元）

（4）计算确定换入各项资产的公允价值占换入资产公允价值总额的比例：

办公楼公允价值占换入资产公允价值总额的比例 = 1650 ÷ 2114.25 = 78%

小汽车公允价值占换入资产公允价值总额的比例 = 239.25 ÷ 2114.25 = 11.4%

客运汽车公允价值占换入资产公允价值总额的比例 = 225 ÷ 2114.25 = 10.6%

（5）计算确定换入各项资产的成本：

办公楼的成本：2114.25 × 78% = 1649.115（万元）

小汽车的成本：2114.25 × 11.4% = 241.0245（万元）

客运汽车的成本：2114.25 × 10.6% = 224.1105（万元）

（6）会计分录：

借：固定资产清理	19800000	
累计折旧	11700000	
贷：固定资产——厂房		22500000
——设备		9000000
借：固定资产清理	750000	
贷：应交税费——应交营业税		750000
借：固定资产——办公楼	16491150	
——小汽车	2410245	
——客运汽车	2241105	
应交税费——应交增值税（进项税额）	789225	
银行存款	965775	
营业外支出	4050000	
贷：固定资产清理		20550000
主营业务收入		5250000
应交税费——应交增值税（销项税额）		1147500

借：主营业务成本　　4500000

　　贷：库存商品　　4500000

乙公司的账务处理如下：

（1）根据税法的有关规定：

换入资产原材料的增值税进项税额 = 525 × 17% = 89.25（万元）

换入设备的增值税进项税额 = 150 × 17% = 25.5（万元）

换出小汽车、客运汽车的增值税销项税额 =（239.25 + 225）× 17% = 78.9225（万元）

换出办公楼的营业税税额 = 1650 × 5% = 82.5（万元）

（2）计算换入资产、换出资产公允价值总额：

换入资产公允价值总额 = 1500 + 150 + 525 = 2175（万元）

换出资产公允价值总额 = 1650 + 239.25 + 225 = 2114.25（万元）

（3）计算换入资产总成本：

换入资产总成本 = 换出资产公允价值+支付的补价 = 2114.25 + 60.75 = 2175（万元）

（4）计算确定换入各项资产的公允价值占换入资产公允价值总额的比例：

厂房公允价值占换入资产公允价值总额的比例 = 1500 ÷ 2175 = 69%

设备公允价值占换入资产公允价值总额的比例 = 150 ÷ 2175 = 6.9%

原材料公允价值占换入资产公允价值总额的比例 = 525 ÷ 2175 = 24.1%

（5）计算确定换入各项资产的成本：

厂房的成本：2175 × 69% = 1500.75（万元）

设备的成本：2175 × 6.9% = 150.075（万元）

原材料的成本：2175 × 24.1% = 524.175（万元）

（6）会计分录：

借：固定资产清理　　18450000

　　累计折旧　　20550000

　　贷：固定资产——办公楼　　30000000

　　　　　　　　——小汽车　　4500000

　　　　　　　　——客运汽车　　4500000

借：固定资产清理　　825000

　　贷：应交税费——应交营业税　　825000

借：固定资产——厂房　　15007500

　　　　　　——设备　　1500750

　　原材料　　5241750

　　应交税费——应交增值税（进项税额）　　1147500

贷：固定资产清理	19275000
应交税费——应交增值税（销项税额）	789225
银行存款	965775
营业外收入	1867500

3、以账面价值计量的情况

【例1－6】20×6年5月，甲公司因经营战略发生较大转变，产品结构发生较大调整，原生产其产品的专有设备、生产该产品的专利技术等已不符合生产新产品的需要，经与乙公司协商，将其专用设备连同专利技术与乙公司正在建造中的一幢建筑物及对丙公司的长期股权投资进行交换。甲公司换出专有设备的账面原价为1800万元，已提折旧1125万元；专利技术账面原价为675万元，已摊销金额为405万元。乙公司在建工程截至交换日的成本为787.5万元，对丙公司的长期股权投资账面余额为225万元。由于甲公司持有的专有设备和专利技术市场上已不多见。因此，公允价值不能可靠计量。乙公司的在建工程因完工程度难以合理确定，其公允价值不能可靠计量，由于丙公司不是上市公司，乙公司对丙公司长期股权投资的公允价值也不能可靠计量。假定甲、乙公司均未对上述资产计提减值准备。

分析：本例不涉及收付货币性资产，属于非货币性资产交换。由于换入资产、换出资产的公允价值均不能可靠计量，甲、乙公司均应当以换出资产账面价值总额作为换入资产的成本，各项换入资产的成本，应当按各项换入资产的账面价值占换入资产账面价值总额的比例分配后确定。

甲公司的账务处理如下：

（1）根据税法有关规定：

换出专用设备的增值税销项税额＝(1800－1125)×17%＝114.75(万元)

换出专利技术的营业税＝(675－405)×5%＝13.5(万元)

(2)计算换入资产、换出资产账面价值总额：

换入资产账面价值总额＝787.5＋225＝1012.5(万元)

换出资产账面价值总额＝(1800－1125)＋(675－405)＝945(万元)

(3)确定换入资产总成本：

换入资产总成本＝换出资产账面价值总额＋应支付的相关税费

＝945＋114.75＋13.5＝1073.25(万元)

(4)计算各项换入资产账面价值占换入资产账面价值总额的比例：

在建工程占换入资产账面价值总额的比例＝787.5÷1012.5＝77.8%

长期股权投资占换入资产账面价值总额的比例＝225÷1012.5＝22.2%

（5）确定各项换入资产成本：

在建工程成本＝1073.25×77.8%＝834.9885（万元）

长期股权投资成本＝1073.25×22.2%＝238.2615（万元）

（6）会计分录：

借：固定资产清理　　6750000
　　累计折旧　　11250000
　　贷：固定资产——专有设备　　18000000

借：固定资产清理　　1147500
　　贷：应交税费——应交增值税（销项税额）　　1147500

借：在建工程　　8349885
　　长期股权投资　　2382615
　　累计摊销　　4050000
　　贷：固定资产清理　　7897500
　　　　无形资产——专利技术　　6750000
　　　　应交税费——应交营业税　　135000

乙公司的账务处理如下：

（1）根据税法有关规定：

换入专用设备的增值税进项税额＝（1800－1125）×17%＝114.75（万元）

换出在建建筑物的营业税＝787.5×5%＝39.375（万元）

（2）计算换入资产、换出资产账面价值总额：

换入资产账面价值总额＝（1800－1125）＋（675－405）＝945（万元）

换出资产账面价值总额＝787.5＋225＝1012.5（万元）

（3）确定换入资产的总成本：

换入资产总成本＝换出资产账面价值总额＋应支付的相关税费－增值税进项税额＝1012.5＋39.375－114.75＝937.125（万元）

（4）计算各项换入资产账面价值占换入资产账面价值总额的比例：

专有设备占换入资产账面价值总额的比例＝675÷945＝71.4%

专有技术占换入资产账面价值总额的比例＝270÷945＝28.6%

（5）确定各项换入资产的成本：

专有设备成本＝937.125×71.4%＝669.10725（万元）

专利技术成本＝937.125×28.6%＝268.01775（万元）

(6)会计分录：

借：固定资产——专有设备	6691072.5	
无形资产——专利技术	2680177.5	
应交税费——应交增值税（进项税额）	1147500	
贷：在建工程		7875000
长期股权投资		2250000
应交税费——应交营业税		393750

第四节　非货币性资产交换信息的披露

企业应当在附注中披露与非货币性资产交换有关的下列信息：

（1）换入资产、换出资产的类别。

（2）换入资产成本的确定方式。

（3）换入资产、换出资产的公允价值以及换出资产的账面价值。

（4）非货币性资产交换确认的损益。

思　考　题

（1）什么是货币性资产、非货币性资产、非货币性资产交换？

（2）非货币性资产交换给会计确认和计量带来哪些特殊问题？

（3）为什么要强调一项非货币性资产交换是否具有商业实质？

（4）我国现行会计准则对非货币性资产交换的会计处理方法是如何规定的？

（5）如何判断一项非货币性资产交换是否具有商业实质？

（6）如何认定换入资产或换出资产的公允价值能够可靠确定？

（7）非货币性资产交换中发生补价对确认和计量有何影响？

第二章　债务重组

学习目标

(1) 理解债务重组的概念。

(2) 理解债务重组的形式及确认。

(3) 掌握不同形式下债务重组的会计处理。

第一节　债务重组概述

一、债务重组的定义

在市场经济条件下，企业间的竞争日趋白热化，企业随时有可能陷入财务困境，当企业出现这样的问题时，很希望债权人能作出某些让步，以减轻债务人的负担，帮助其渡过难关，债务重组便应运而生。《企业会计准则第12号——债务重组》规定，债务重组，是指在债务人发生财务困难的情况下，债权人按照其与债务人达成的协议或者法院的裁定作出让步的事项。债务重组有两个基本特征：

1. 债务人发生财务困难

债务人发生财务困难，是指债务人出现资金周转困难或经营陷入困境，导致其无法或者没有能力按原定条件偿还债务。这是债务重组的前提条件，从而排除了债务人未处于财务困难条件下对债务协议所做的修改，如处于清算或改组时，虽然修改了债务条件，但不属于债务重组。

2. 债权人作出让步

债权人作出让步，是指债权人同意发生财务困难的债务人现在或者将来以低于重组债务账面价值偿还债务。债权人作出让步的情形包括债权人减免债务人部分债务本金或者利息、降低债务人应付债务的利率等。如在债务人发生财务困难时，债权人同意债务人用等值的存货抵偿到期债务，但不调整偿还金额，实质上债权人并未作出让步，不属于《债务重组准则》规范的内容。

因此债务人发生财务困难是债务重组的前提条件，债权人作出让步是债务重组的必要条件。

二、债务重组的方式

债务重组的方式主要包括以资产清偿债务、将债务转为资本、修改其他债务条件以及以上三种方式的组合等。

（1）以资产清偿债务，是指债务人转让其资产给债权人以清偿债务的债务重组方式。债务人用于清偿债务的资产包括现金资产和非现金资产，主要有现金、存货、金融资产、固定资产、无形资产等。

（2）将债务转为资本，是指债务人将债务转为资本，同时，债权人将债权转为股权的债务重组方式。债务转为资本时，对股份有限公司而言，是将债务转为股本；对其他企业而言，是将债务转为实收资本。其结果是，债务人因此而增加股本（或实收资本），债权人因此而增加长期股权投资等。但债务人根据转换协议，将应付可转换公司债券转为资本的，则属于正常情况下的债务转资本，不能作为债务重组处理。

（3）修改其他债务条件，是指不包括上述两种方式在内的修改其他债务条件进行的债务重组方式，如减少债务本金、减少或免去债务利息、延长债务偿还期限并减少债务本金或债务利息等。

（4）以上三种方式的组合，是指采用以上三种方式共同清偿债务的债务重组方式，也称混合重组方式。例如，以转让资产清偿某项债务的一部分，另一部分债务通过修改其他债务条件进行债务重组。主要包括以下可能的方式：

1）债务的一部分以资产清偿，另一部分则转为资本。

2）债务的一部分以资产清偿，另一部分则修改其他债务条件。

3）债务的一部分转为资本，另一部分则修改其他债务条件。

4）债务的一部分以资产清偿，一部分转为资本，另一部分则修改其他债务条件。

第二节 债务重组的会计处理

一、以资产清偿债务

（一）以现金清偿债务的会计处理

以现金清偿债务的，债务人应当将重组债务的账面价值与实际支付现金之间的差额，确认为债务重组利得，计入营业外收入。重组债务的账面价值，一般为债务的面值或本金、原值，如应付账款；如有利息的，还应加上应计未付利息，如长期借款等。

债权人应当将重组债权的账面余额与收到的现金之间的差额，确认为债务重组损失，计入营业外支出。债权人已对债权计提减值准备的，应当先冲减减值准备，冲减后尚有余额的，计入营业外支出，冲减后减值准备仍有余额的，应予转回并抵减当期资产减值损失。未对债权计提减值准备的，应直接将该差额确认为债务重组损失。

【例2－1】20×6年8月20日，甲公司从乙公司购买一批商品，增值税专用发票上注明的商品价款为100000元，增值税进项税额为17000元，商品验收入库，货款尚未支付。20×6年10月10日，甲公司资金周转发生困难，无法按合同规定偿还债务。经双方协商，乙公司同意减免甲公司20000元债务，余款立即清偿。账务处理如下：

（1）债务人甲公司的会计处理：

	借方	贷方
借：应付账款——乙公司	117000	
贷：银行存款		97000
营业外收入——债务重组利得		20000

（2）债权人乙公司的会计处理：

	借方	贷方
借：银行存款	97000	
营业外支出——债务重组损失	20000	
贷：应收账款——甲公司		117000

假设乙公司已为该应收账款计提了坏账准备5850元，则账务处理为：

	借方	贷方
借：银行存款	97000	
坏账准备	5850	
营业外支出——债务重组损失	14150	
贷：应收账款——甲公司		117000

（二）以非现金资产清偿债务的会计处理

以非现金资产清偿债务的方式进行债务重组的，应分别以下情况处理：

（1）债务人以非现金资产清偿某项债务的，债务人应分清债务重组利得与资产转让损益的界限，并于债务重组当期进行确认。

债务人应将重组债务的账面价值与转让的非现金资产的公允价值之间的差额确认为债务重组利得，作为营业外收入，计入当期损益。非现金资产的公允价值应当按下列顺序确认：

1）如果非现金资产属于企业持有的股票、债券等金融资产，且该金融资产存在活跃市场的，应当以金融资产的市价作为非现金资产的公允价值；不存在活跃市场的，应当采用相关准则规定的估值技术等合理的方法确定其公允价值。

2）如果非现金资产属于存货、固定资产、无形资产等其他资产，且存在活跃市场的，应当以市场价格为基础确定其公允价值；不存在活跃市场但与其类似资产存在活跃市场的，应当按类似资产的市场价格为基础确定其公允价值；上述两种方法仍不能确定非现金资产的市场价格的，应当采用估值技术等合理的方法确定其公允价值。

转让的非现金资产的公允价值与其账面价值的差额，在扣除转让过程中发生的相关税费后，作为转让资产损益，计入当期损益。非现金资产的账面价值，是指该资产的账面余额扣除其资产减值准备后的金额。根据非现金资产类型的不同，转让资产损益的处理也不同，具体有以下几种情况：

1）非现金资产为存货的，应当作为销售处理。确认销售收入并结转销售成本，非现金资产的转让损益体现在营业利润中。

2）非现金资产为固定资产、无形资产的，应当视同固定资产、无形资产处置处理。将处置净损益计入“营业外收入”或“营业外支出”。

3）非现金资产为企业所持有的股票、债券等投资的，其转让资产损益应计入“投资收益”。

（2）债务人以非现金资产清偿某项债务的，债权人应当对受让的非现金资产按其公允价值入账，重组债权的账面余额与受让的非现金资产的公允价值之间的差额，确认为债务重组损失，作为营业外支出，计入当期损益。重组债权已经计提减值准备的，应当先将上述差额冲减已计提的减值准备，冲减后仍有损失的，计入营业外支出（债务重组损失）；冲减后减值准备仍有余额的，应予转回并抵减当期资产减值损失。对于增值税应税项目，如债权人不向债务人另行支付增值税，则增值税进项税额可以作为冲减重组债权的账面余额处理；如债权人向债务人另行支付增值税，则增值税进项税额不能作为冲减重组债权的账面余额处理。

债权人收到非现金资产时发生的有关运杂费等，应当计入相关资产的价值。

【例2－2】甲公司欠乙公司购货款150000元。由于甲公司财务发生困难，短期内不能支付已于20×6年6月1日到期的货款。20×6年7月18日，经双方协商，乙公司同意甲公司以其生产的产品偿还债务。该产品的公允价值为90000元，实际成本为50000元。甲公司为增值税一般纳税人，适用的增值税税率为17%。乙公司于20×6年8月1日收到甲公司抵债的产品，并作为库存商品入库；乙公司对该项应收账款计提了5000元的坏账准备。

（1）债务人甲公司的账务处理：

1）计算债务重组利得：

应付账款的账面余额		150000
减：所转让产品的公允价值		90000
增值税销项税额	（90000×17%）	15300
债务重组利得		44700

2）应作会计分录如下：

借：应付账款——乙公司　150000

　　贷：主营业务收入　90000

　　　　应交税费——应交增值税（销项税额）　15300

　　　　营业外收入——债务重组利得　44700

借：主营业务成本　50000

　　贷：库存商品　50000

在本例中，甲公司销售产品取得的利润体现在营业利润中，债务重组利得作为营业外收入处理。

（2）债权人乙公司的账务处理：

1）计算债务重组损失：

应收账款账面余额	150000
减：受让资产的公允价值	90000
增值税进项税额	15300
差额	44700
减：已计提坏账准备	5000
债务重组损失	39700

2）应作会计分录如下：

借：库存商品　90000

　　应交税费——应交增值税（进项税额）　15300

　　坏账准备　5000

营业外支出——债务重组损失　　39700

贷：应收账款——甲公司　　150000

【例2-3】乙公司于20×6年2月3日销售一批商品给甲公司，销售时收到甲公司签发并承兑的一张面值为300000元，年利率为6%，6个月到期的商业承兑汇票。20×6年8月3日，甲公司的资金周转出现了问题，无法兑现票据。经双方协商，乙公司同意甲公司以一台汽车抵偿该票据款。该汽车的历史成本为350000元，累计折旧为60000元，评估确认的原价为300000元，评估确认的净值为250000元，甲公司发生评估费用2000元，对此汽车提取减值准备10000元。乙公司未对债权计提坏账准备。假设不考虑其他税费。

（1）债务人甲公司的账务处理：

1）计算债务重组利得：

应付票据的账面余额　　[300000+(300000×6%)÷2]309000

减：所转让汽车的公允价值　　250000

债务重组利得　　59000

2)计算转让汽车损益：

转让汽车的公允价值　　250000

减：转让汽车的账面余值　　(350000-60000-10000)280000

转让过程发生的评估费　　2000

转让汽车的损失　　32000

3)应作会计分录如下：

借：固定资产清理　　280000

累计折旧　　60000

固定资产减值准备　　10000

贷：固定资产　　350000

借：固定资产清理　　2000

贷：银行存款　　2000

借：应付票据　　309000

营业外支出——处置非流动资产损失　　32000

贷：固定资产清理　　282000

营业外收入——债务重组利得　　59000

（2）债权人乙公司的账务处理：

计算债务重组损失：

应收票据账面余额：　　309000

减：受让汽车的公允价值　　250000

债务重组损失　59000

借：固定资产　250000

　　营业外支出——债务重组损失　59000

　　贷：应收票据　309000

二、以债务转为资本

以债务转为资本方式进行债务重组的，应分别以下情况处理：

（1）债务人为股份有限公司时，债务人应将债权人因放弃债权而享有股份的面值总额确认为股本；股份的公允价值总额与股本之间的差额确认为资本公积。重组债务的账面价值与股份的公允价值总额之间的差额确认为债务重组利得，计入当期损益。债务人为其他企业时，债务人应将债权人因放弃债权而享有的股权份额确认为实收资本；股权的公允价值与实收资本之间的差额确认为资本公积。重组债务的账面价值与股权的公允价值之间的差额作为债务重组利得，计入当期损益。

（2）债务人将债务转为资本，即债权人将债权转为股权。在这种方式下，债权人应将重组债权的账面余额与因放弃债权而享有的股权的公允价值之间的差额，先冲减已提取的减值准备，减值准备不足冲减的部分，或未提取减值的，将该差额确认为债务重组损失。同时，债权人应将因放弃债权而享有的股权按公允价值计量。发生的相关税费，分别按照长期股权投资或者金融工具确认和计量等准则的规定进行处理。

【例2-4】乙公司于20×6年2月3日销售一批商品给甲公司，销售时收到甲公司签发并承兑的一张面值为300000元，年利率为6%、6个月到期的商业承兑汇票。20×6年8月3日，甲公司的资金周转出现了问题，无法兑现票据。经双方协商，乙公司同意甲公司以其发行的普通股抵偿该票据。甲公司用于抵偿的普通股为30000股，股票市价为每股9元，面值为每股1元。假设印花税税率为0.4%。乙公司未对债权计提坏账准备。假设不考虑其他税费。

（1）债务人甲公司的账务处理：

1）计算债务重组利得：

应付票据的账面余额	[300000+(300000×6%)÷2]309000
减：所享股份的公允价值	270000
债务重组利得	39000

2）应作会计分录如下：

借：应付票据　309000

　　贷：实收资本　30000

资本公积　　240000

营业外收入——债务重组利得　　39000

借：管理费用——印花税　　1080

贷：银行存款　　1080

（2）债权人乙公司的账务处理：

借：长期股权投资　　271080

营业外支出——债务重组损失　　39000

贷：应收票据　　309000

银行存款　　1080

三、以修改其他债务条件清偿债务

以修改其他债务条件进行债务重组的，债务人和债权人应分别以下情况处理：

（一）不附或有条件的债务重组

不附或有条件的债务重组，是指在债务重组中不存在或有应付（或应收）金额，该或有条件需要根据未来某种事项出现而发生的应付（或应收）金额，并且该未来事项的出现具有不确定性。

不附或有条件的债务重组，债务人应将修改其他债务条件后债务的公允价值作为重组后债务的入账价值。重组债务的账面价值与重组后债务的入账价值之间的差额计入损益。

以修改其他债务条件进行债务重组，如修改后的债务条款不涉及或有应收金额，则债权人应当将修改其他债务条件后的债权的公允价值作为重组后债权的账面价值，重组债权的账面余额与重组后债权账面价值之间的差额确认为债务重组损失，计入当期损益。如果债权人已对该项债权计提了减值准备，应当首先冲减已计提的减值准备，减值准备不足以冲减的部分，作为债务重组损失，计入营业外支出。

（二）附或有条件的债务重组

附或有条件的债务重组，是指在债务重组协议中附或有应付条件的重组。或有应付金额，是指依未来某种事项出现而发生的支出。未来事项的出现具有不确定性。如债务重组协议规定，“将××公司债务2000000元免除200000元，剩余债务展期一年，在展期内如果该公司有盈利，应按5%的年利率计收利息”。根据此项债务重组协议，债务人依未来是否盈利而发生的90000元（1800000×5%）支出，即为或有应付金额。但债务人是否盈利，在债务重组时不能确定，即具有不确定性。

附或有条件的债务重组，对于债务人而言，以修改其他债务条件进行的债务重组，修改后的债务条款如涉及或有应付金额，且该或有应付金额符合或有事项中有关预计负债确认条件的，债务人应当将该或有应付金额确认为预计负债。重组债务的账面价值与重组后债务的入账价值和预计负债金额之和的差额，作为债务重组利得，计入营业外收入。需要说明的是，在附或有支出的债务重组方式下，债务人应当在每期末，按照或有事项确认和计量要求，确定其最佳估计数，期末所确定的最佳估计数与原预计数的差额，计入当期损益。

对债权人而言，以修改其他债务条件进行债务重组，修改后的债务条款中涉及或有应收金额的，不应当确认或有应收金额，不得将其计入重组后债权的账面价值。或有应收金额属于或有资产，或有资产不予确认。只有在或有应收金额实际发生时，才计入当期损益。

【例2－5】20×6年5月30日甲公司从乙公司购买一批商品，价款为100000元，增值税税率为17%，货款约定一个月内支付。甲公司由于财务困难无法按期偿还应付乙公司的货款。假定乙公司为该应收账款计提了5000元的坏账准备，20×6年7月1日双方经协商达成一项债务重组协议，内容如下：

（1）乙公司同意将债务本金减少至70000元，并将债务到期日延长至20×6年12月31日。

（2）20×6年甲公司如果盈利，还要支付债务利息，利率为5%，到期日一次支付。

（1）债务人甲公司的会计处理：

1）计算债务重组利得：

应付账款账面余额	［100000×（1+17%）］	117000
减：重组后债务公允价值		70000
确认预计负债金额		1750
债务重组利得		45250

2）20×6年7月1日甲公司的账务处理：

借：应付账款——乙公司　　117000

　　贷：应付账款——乙公司（债务重组）　　70000

　　　　预计负债　　1750

　　　　营业外收入——债务重组利得　　45250

3）假设20×6年甲公司盈利，20×6年12月31日偿还债务本金和利息时的账务处理：

借：应付账款——乙公司（债务重组）　　70000

　　预计负债　　1750

贷：银行存款 71750

4）假设20×6年甲公司亏损，20×6年12月31日偿还债务本金时的账务处理：

借：应付账款——乙公司（债务重组） 70000

预计负债 1750

贷：银行存款 70000

营业外收入——债务重组利得 1750

（2）债权人乙公司的账务处理：

1）计算债务重组损失：

应收账款账面余额	[100000×（1+17%）]	117000
减：重组后债权公允价值		70000
已计提坏账准备		5000
债务重组损失		42000

2）20×6年7月1日乙公司的账务处理：

借：应收账款——甲公司（债务重组） 70000

坏账准备 5000

营业外支出——债务重组损失 42000

贷：应收账款——甲公司 117000

3）假设20×6年甲公司盈利，20×6年12月31日收到债权本金和利息时的账号处理：

借：银行存款 71750

贷：应收账款——甲公司（债务重组） 70000

营业外支出——债务重组损失 1750

4）假设20×6年甲公司亏损，20×6年12月31日收到债权本金时的账务处理：

借：银行存款 70000

贷：应收账款——甲公司（债务重组） 70000

四、以上三种方式的组合

以上三种方式的组合方式进行的债务重组，主要有以下几种情况：

（1）以现金、非现金资产两种方式的组合清偿某项债务的，重组债务的账面价值与支付的现金、转让的非现金资产的公允价值的差额作为债务重组利得。非现金资产的公允价值与其账面价值的差额作为转让资产损益。

债权人重组债权的账面价值与收到的现金、受让的非现金资产的公允价值，以及已提减值准备的差额作为债务重组损失。

（2）以现金、债务转为资本两种方式的组合清偿某项债务的，重组债务的账面价值与支付的现金、债权人因放弃债权而享有的股权的公允价值的差额作为债务重组利得。股权的公允价值与股本（或实收资本）的差额作为资本公积。

债权人重组债权的账面价值与收到的现金、因放弃债权而享有的股权的公允价值，以及已提减值准备的差额作为债务重组损失。

（3）以非现金资产、债务转为资本两种方式的组合清偿某项债务的，重组债务的账面价值与转让的非现金资产的公允价值、债权人因放弃债权而享有的股权的公允价值的差额为债务重组利得。非现金资产的公允价值与账面价值的差额作为转让资产损益；股权的公允价值与股本（或实收资本）的差额作为资本公积。

债权人重组债权的账面价值与受让的非现金资产的公允价值、因放弃债权而享有的股权的公允价值，以及已提减值准备的差额作为债权重组损失。

（4）以现金、非现金资产、债务转为资本三种方式的组合清偿某项债务的，重组债务的账面价值与支付的现金、转让的非现金资产的公允价值、债权人因放弃债权而享有股权的公允价值的差额作为债务重组利得；非现金资产的公允价值与其账面价值的差额作为转让资产损益；股权的公允价值与股本（或实收资本）的差额作为资本公积。

债权人重组债权的账面价值与收到的现金、受让的非现金资产的公允价值、因放弃债权而享有的股权的公允价值，以及已提减值准备的差额作为债权重组损失。

（5）以资产、债务转为资本等方式清偿某项债务的一部分，并对该项债务的另一部分以修改其他债务条件进行债务重组。在这种方式下，债务人应先以支付的现金、转让的非现金资产的公允价值、债权人因放弃债权而享有的股权的公允价值冲减重组债务的账面价值，余额与重组后债务的公允价值进行比较，据此计算债务重组利得。债权人因放弃债权而享有的股权的公允价值与股本（或实收资本）的差额作为资本公积；非现金资产的公允价值与其账面价值的差额作为转让资产损益，于当期确认。

债权人应先以收到的现金、受让非现金资产的公允价值、因放弃债权而享有的股权的公允价值冲减重组债权的账面价值，差额与重组后债务的公允价值进行比较，据此计算债务重组损失。

【例2-6】20×6年1月1日，甲公司从乙公司购买了一批材料，该批材料的货款为500000元，增值税税率为17%，付款期为一个月。甲公司由于财务困难无法按期偿还货款。假设乙公司为该应收账款提取了5%的坏账准备，20×6年3月1日，经双方协商达成债务重组协议：

（1）甲公司以一批自产的存货偿还部分债务，该存货的成本为200000元，公允价值为300000元，增值税税率为17%。

（2）乙公司同意减免剩余债务的20%，并延期至20×6年12月31日。

（1）债务人甲公司的会计处理：

1）计算债务重组利得：

应付账款账面余额	[500000×(1+17%)]	585000
减：偿债存货的公允价值及相关税费	[300000×(1+17%)]	351000
重组后债务的公允价值	[(585000－351000)×(1－20%)]	187200
债务重组利得	[585000－351000－187200]	46800

2)20×6年3月1日甲公司账务处理：

借：应付账款——乙公司　　585000

　　贷：主营业务收入　　300000

　　　　应交税费——应交增值税(销项税额)　　51000

　　　　应付账款——乙公司(债务重组)　　187200

　　　　营业外收入——债务重组利得　　46800

同时：

借：主营业务成本　　200000

　　贷：库存商品　　200000

(2)债权人乙公司的账务处理：

1)计算债务重组损失：

应收账款账面余额	[500000×(1+17%)]	585000
减：受让商品的公允价值及相关税费	[300000×(1+17%)]	351000
重组后债权的公允价值	[(585000－351000)×(1－20%)]	187200
差额	[585000－351000－187200]	46800
减：已计提坏账准备	(585000×5%)	29250
债务重组损失		17550

2）20×6年3月1日乙公司的账务处理：

借：库存商品　　300000

　　应交税费——应交增值税（进项税额）　　51000

　　应收账款——甲公司（债务重组）　　187200

　　坏账准备　　29250

　　营业外支出——债务重组损失　　17550

　　贷：应收账款——甲公司　　585000

第三节　债务重组的信息披露

债务人和债权人都应该在财务报表附注中披露与债务重组有关的信息。

一、债务人的披露

债务人应当披露以下与债务重组有关的信息：

（1）债务重组方式。

（2）确认的债务重组利得金额。

（3）将债务转为资本所导致的股本（实收资本）增加额。

（4）或有应付金额。

（5）债务重组中转让的非现金资产的公允价值。

二、债权人的披露

债权人应当披露以下与债务重组有关的信息：

（1）债务重组方式。

（2）债务重组损失总额。

（3）债权转为股权所导致的长期股权投资增加额及长期股权投资占债权人股权的比例。

（4）或有应收金额。

（5）债务重组中受让的非现金资产的公允价值、由债权转成的股份的公允价值和修改其他债务条件后债权的公允价值的确定方法及依据。

思　考　题

（1）什么是债务重组？债务重组的方式有哪些？

（2）你认为债务重组涉及的会计问题主要是什么？

（3）在债务重组协议涉及或有应付金额的情况下，债务人与债权人应当如何处理？

（4）你认为《企业会计准则》允许债务人确认债务重组收益有何意义？可能存在什么问题？

第三章　租赁会计

学习目标

（1）掌握租赁的概念与特征，了解租赁的分类及各类别的具体内容。

（2）理解并掌握租赁开始日、租赁期、租赁期开始日，以及资产余值、担保余值、未担保余值、最低租赁付款额、最低租赁收款额、或有租金、履约成本、租赁内含利率、租赁投资净额的概念。

（3）掌握租赁的分类，融资租赁的确认条件。

（4）理解经营租赁的特征，对相关事项的会计处理要求，并掌握承租人、出租人的会计处理过程。

（5）深入理解融资租赁的特征，掌握我国《企业会计准则》对融资租赁业务在各个时点及各个环节的会计处理要求。

第一节　租赁会计概述

租赁由于筹资成本低，可以节省承租人的资金投入，并且形式灵活，可以减少资产陈旧的风险，租赁业务作为企业融资的重要形式，在促进社会经济的发展中发挥着越来越重要的作用，越来越多的企业通过租赁形式获取相关资产的使用权。

一、租赁的概念与特征

租赁，是指在约定的期间内，出租人将资产使用权让与承租人以获取租金的协议。租赁作为一种经济活动，习惯上称为租赁业务。这种业务是由出租人和承租人共同形成，通常以协议或合同的形式存在，是出租人和承租人这两个经济主体之间通过签订协议，约定转让资产使用权的时间、支付的对价以及期满后的资产处置等内容的过程。这种业务的性质是以资产为媒介，以租金为纽带，联结出租、承租双方的一种特殊业务，体现的是双方在资产使用权上的相互关系。

租赁作为一项经济活动或一项协议，其主要特征是：

（1）在租赁期内转移资产的使用权，而不是转移资产的所有权。

这就说明了租赁业务是所有权与使用权相分离的，租赁期内，出租人出让或承租人取得的只是资产的使用权，租赁资产的所有权仍归出租人。租期届满，租赁资产的所有权要么归还出租人，要么由承租人廉价购买，具体应视租约的规定。同时租赁业务又是融资与融物相统一的，租赁属于一种信用形式，出租人出让资产，无异于向需要使用资产的承租人同时提供了等量的资金信贷；承租人租入资产，也无异于同时取得了相当于资产购置成本的信贷资金。

（2）这种转移是有偿的，取得使用权以支付租金为代价。这就与无偿提供使用权的借用合同相区别。

二、租赁的相关概念

（1）租赁期，是指租赁协议规定的不可撤销的租赁期间。如果承租人有权选择续租该资产，并且在租赁开始日就可以合理确定承租人将会行使这种选择权，不论是否再支付租金，续租期也包括在租赁期之内。

（2）租赁开始日，是指租赁协议日与租赁各方就主要条款作出承诺日中的较早者。在租赁开始日，承租人和出租人应当将租赁认定为融资租赁或经营租赁，并确定在租赁期开始日应确认的金额。

（3）租赁期开始日，是指承租人有权行使其使用租赁资产权利的日期，表明租赁行为的开始。在租赁期开始日，承租人应当对租入资产、最低租赁付款额和未确认融资费用进行初始确认；出租人应当对应收融资租赁款、未担保余值和未实现融资收益进行初始确认。

（4）担保余值，就承租人而言，是指由承租人或与其有关的第三方担保的资产余值；就出租人而言，是指就承租人而言的担保余值加上与独立于承租人和出租人的第三方担保的资产余值。其中，资产余值是指在租赁开始日估计的租赁期届满时租赁资产的公允价值。为了促使承租人谨慎地使用租赁资产，尽量减少出租人的风险和损失，租赁协议有时要求承租人或与其有关的第三方对租赁资产的余值进行担保，此时的担保余值是针对承租人而言的。除此以外，担保人还可能是独立于承租人和出租人的第三方，如担保公司，此时的担保余值是针对出租人而言的。

（5）未担保余值，是指租赁资产余值中扣除就出租人而言的担保余值以后的资产余值。对出租人而言，如果租赁资产余值中包含未担保余值，表明这部分余值的风险和报酬并没有转移，其风险应由出租人承担，因此，未担保余值不能作为应收融资租赁款的一部分。

（6）最低租赁付款额，是指在租赁期内，承租人应支付或可能被要求支付的各种款项（不包括或有租金和履约成本），加上由承租人或与其有关的第三方担保的资产余值，但是，出租人支付但可退还的税金不包括在内。承租人有购买租赁资产选择权，所订立的购买价款预计将远低于行使选择权时租赁资产的公允价值，因而在租赁开始日就可以合理确定承租人将会行使这种选择权的，购买价款应当计入最低租赁付款额。

（7）最低租赁收款额，是指出租人因租赁业务而应收承租人的各种款项，包括承租人的最低租赁付款额加上独立于承租人和出租人的第三方对出租人担保的资产余值。

（8）或有租金，是指金额不固定、以时间长短以外的其他因素（如销售量、使用量、物价指数等）为依据计算的租金。

（9）履约成本，是指租赁期内为租赁资产支付的各种使用费用，如技术咨询和服务费、人员培训费、维修费、保险费等。履约成本是在租赁协议以外发生的额外费用，在租赁会计中，一般将其作为期间费用处理。

（10）初始直接费用，是指承租人和出租人在租赁谈判和签订租赁合同过程中发生的，可归属于租赁项目的费用，主要包括手续费、律师费、差旅费、印花税等费用。

（11）租赁内含利率，是指在租赁开始日，由出租人计算的，使最低租赁收款额的现值与未担保余值的现值之和等于租赁资产公允价值与出租人的初始直接费用之和的折现率。其计算公式为：

最低租赁收款额现值＋未担保余值现值＝租赁资产公允价值＋初始直接费用

租赁内含利率是出租人摊销未实现融资收益、确定每期租赁收益的主要指标，也是承租人摊销未确定融资费用、确定每期租赁成本的有用指标。

（12）租赁投资净额，是指出租人最低租赁收款额及未担保余值之和与未实现融资收益之间的差额。租赁投资净额是出租人融资租赁资产的投资本金，是计算出租人每期租金收益（即每期未确认融资收益的摊销数）的计算基础，出租人每期租金收益的计算公式是：

出租人每期租金收益＝租赁投资净额×租赁内含利率

【例3－1】甲企业与红光租赁公司签订了一份租赁协议。协议规定：甲企业向红光租赁公司租赁一套全新设备，租赁期为8年，年租金为75万元，自租赁开始日每年平均支付。预计租赁期满，该资产的公允价值为150万元，甲企业有权以15万元的价格获得所有权。甲企业控股的子公司和独立于甲企业与红光租赁公司的W担保公司分别为该租赁资产提供了30万元和60万元的担保。协议还规定，甲企业每年应向红光公司支付12万元的咨询培训费，并应按销售收入的1%向红光公司支付额外租金，假定甲企业每年的销售收入均为1500万元。

要求：分析该案例中的租金、或有租金、资产余值、承租人的担保余值、对出租人而言的担保余值、未担保余值、履约成本、承租人的最低租赁付款额和出租人的最低租赁收款额等相关数据。

本例中的相关指标金额的计算及分析过程如表3－1所示。

表3－1　相关指标金额的计算及分析表　　单位：万元

项目	金额	分析计算过程
租金总额	600	75×8＝600
年或有租金	15	1500×1%＝15
资产余值	150	该设备租赁期满的公允价值
对承租人而言的担保余值	30	甲企业控股的子公司
对出租人而言的担保余值	90	甲企业控股的子公司和W担保公司担保价值合计
未担保余值	60	资产余值－担保余值＝150－90＝60
年履约成本	12	甲企业每年支付的咨询培训费
承租人的最低租赁付款额	645	租金＋承租人的担保余值＋期满购买价＝600＋30＋15＝645
出租人的最低租赁收款额	705	最低租赁付款额＋W公司担保余值＝645＋60＝705

三、租赁的分类

租赁有广义与狭义之分，广义的租赁泛指一切财产使用权的有偿转让活动，包括以融资为主要目的、以设备为主要对象的租赁，以及为满足短期、临时需要，以动产或不动产为对象的租赁；狭义的租赁仅指融资租赁。

1. 按与租赁资产所有权有关的风险和报酬是否转移，可分为融资租赁和经营租赁

（1）融资租赁，是指实质上已转移与资产所有权有关的全部风险和报酬的租赁。所有权最终可能转移，也可能不转移。

满足下列标准之一的，即应认定为融资租赁：

1）在租赁期届满时，租赁资产的所有权转移给承租人。即如果在租赁协议中已经约定，或者根据其他条件在租赁开始日就可以合理地判断，租赁期届满时出租人会将资产的所有权转移给承租人，那么该项租赁应当认定为融资租赁。

2）承租人有购买租赁资产的选择权，所订立的购买价款预计将远低于行使选择权时租赁资产的公允价值，因而在租赁开始日就可合理地确定承租人将会行使这种选择权。

例如，出租人和承租人签订了一项租赁协议，租赁期限为 3 年，租赁期届满时承租人有权以 10000 元的价格购买租赁资产，在签订租赁协议时估计该租赁资产租赁期届满时的公允价值为 40000 元，由于购买价格仅为公允价值的 25%（远低于公允价值 40000 元），如果没有特别的情况，承租人在租赁期届满时将会购买该项资产。在这种情况下，在租赁开始日即可判断该项租赁应当认定为融资租赁。

3）即使资产的所有权不转移，但租赁期占租赁资产使用寿命的大部分。这里的“大部分”掌握在租赁期占租赁开始日租赁资产使用寿命的 75% 以上（含 75%，下同）。如果租赁资产是旧资产，在租赁前已使用年限超过资产自全新时起算可使用年限的 75% 以上时，则这条判断标准不适用，不能使用这条标准确定租赁的分类。

例如，某项租赁设备全新时可使用年限为 10 年，已经使用了 3 年，从第 4 年开始租出，租赁期为 6 年，由于租赁开始时该设备使用寿命为 7 年，租赁期占使用寿命 85.7%（6 年 ÷ 7 年），符合第 3 条标准，因此，该项租赁应当归类为融资租赁；如果从第 4 年开始，租赁期为 3 年，租赁期占使用寿命的 42.9%，就不符合第 3 条标准，因此该项租赁不应认定为融资租赁（假定也不符合其他判断标准）。假如该项设备已经使用了 8 年，从第 9 年开始租赁，租赁期为 2 年，此时，该设备使用寿命为 2 年，虽然租赁期为使用寿命的 100%（2 年 ÷ 2 年），但由于在租赁前该设备的已使用年限超过了可使用年限（10 年）的 75%（8 年 ÷ 10 年 = 80% > 75%），因此，也不能采用这条标准来判断租赁的分类。

4）承租人租赁开始日的最低租赁付款额的现值，几乎相当于租赁开始日租赁资产公允价值；出租人在租赁开始日最低租赁收款额的现值，几乎相当于租赁开始日租赁资产公允价值。这里的“几乎相当于”，通常掌握在 90% 以上。

5）租赁资产性质特殊，如果不做较大改造，只有承租人才能使用。一般情况下，经营租赁和融资租赁在租赁过程中的区别主要在于：在经营租赁方式下，出租方购买租赁资产时，一般不会考虑个别承租人的特殊需要，而会根据大多数承租人的需要提供通用资产；但在融资租赁方式下，出租方在购买租赁资产时，一般会根据承租人的特殊需要，为其量身定做，根据承租人对资产型号、规格等方面的特殊要求专门购买或建造，具有专购、专用性质。这些租赁资产如果不作较大的重新改制，其他企业通常难以使用。这种情况下，该项租赁也应当认定为融资租赁。

（2）经营租赁，是指除融资租赁以外的租赁。

这种分类是租赁最基本的分类，其他分类方式都是建立在此种分类基础之上的。

2. 以出租人取得租赁物的来源和方式为标准，可将租赁分为销售方式租赁、直接融资租赁、杠杆租赁、售后租回交易和转租租赁

（1）销售方式租赁，是指具有销售性质的租赁，它是制造商或经销商营销商品的一条途径，即制造商或经销商作为出租人，将其制造或经销的商品收取一定租金提供给承租人使用。在这种情况下，出租人获取的收益不仅含有融资收益，还包括产销差价或进销差价，即租赁开始日资产的公允价值或最低租赁付款额的现值大于或小于资产的成本或账面价值。销售型租赁与分期付款方式较为接近，主要区别是前者的资产所有权没有转移，而后者的所有权发生了转移。

（2）直接融资租赁，是指出租人将自行购入的资产租给承租人并收取租金的租赁业务。它在形式上与销售方式租赁十分相似，主要的区别在于直接融资租赁中，出租人所赚取的主要是融资收益，在租赁开始日，租赁资产的公允价值等于该资产的成本或账面价值。从事金融业务的出租人通常提供的是直接融资租赁。

（3）杠杆租赁，又称举债经营租赁，是一种由出租人以自筹加信贷方式筹集资金，购置资产而形成的租赁。在这种租赁中，出租人一般只要投资20%～40%，即可取得租赁物名义上的所有权，而其余投资由银行等金融机构提供贷款来解决。这种方式的出租人多为专业的租赁公司。

（4）售后租回交易（回租租赁），是指承租人先将自己取得的资产卖给租赁公司，然后再以租赁合同的形式将资产租回使用的租赁业务。在这种租赁方式下，卖主同时是承租人，买主同时是出租人。承租人通过售后回租，将一次性的固定投入转化为未来的分次支出，可以既保证正常的生产经营活动，又有效缓解自身的资金压力，是一种灵活的租赁方式。

（5）转租租赁，是指租赁公司先作为承租人取得资产，再作为出租人将资产租给直接使用资产的承租人，从而构成有双层租赁关系的租赁行为。这种业务的中间人要从租入、租出之间的租金差额中获取转租业务的收益。

第二节　经营租赁会计

一、经营租赁中承租人的会计核算

1. 经营租赁中承租人的会计核算原则

我国《企业会计准则第21号——租赁》对经营租赁中承租人的会计处理规范如下：

（1）对租入资产的处理。在经营租赁中，由于承租人租赁资产只是为了满足经营上的临时需要，不涉及租赁资产所有权上风险和报酬转移的问题，因此，承租人经营性租入的资产不能作为本企业的资产计价入账，也不必计提折旧。

（2）对租金的处理。对于经营租赁支付的租金，承租人应当在租赁期内各个期间按照直线法计入相关资产成本或当期损益；其他方法更为系统合理的，也可以采用其他方法。

一般情况下，采用直线法将承租人支付的经营租赁租金确认为费用较为合理，但在某些特殊情况下，则应采用比直线法更系统合理的方法，比如根据租赁资产的使用量来确认租金费用。例如，某企业租入一台起重机，根据起重机的工作小时来确认当期应分摊的租金费用就比按年限平均法确认更合理。

承租人确认的租金费用，借记“制造费用”、“销售费用”、“管理费用”等科目，贷记“银行存款”等科目。

（3）初始直接费用的处理。承租人发生的初始直接费用，应当计入当期损益。

其账务处理为：借记“管理费用”等科目，贷记“银行存款”等科目。

（4）或有租金的处理。在经营租赁下，承租人对或有租金的处理与融资租赁下相同，即在实际发生时计入当期损益。其账务处理为：借记“销售费用”等科目，贷记“银行存款”等科目。

（5）出租人提供激励措施的处理。出租人提供免租期的，承租人应将租金总额在不扣除免租期的整个租赁期内，按直线法或其他合理的方法进行分摊，免租期内应当确认租金费用及相应的负债。出租人承担了承租人某些费用的，承租人应将该费用从租金费用总额中扣除，按扣除后的租金费用余额在租赁期内进行分摊。

2. 经营租入固定资产的核算方法

【例3－2】设20×6年1月1日，甲公司向乙公司租入全新设备一套，租期为3年。设备的价值为2000万元，预计使用年限为10年。租赁合同规定，租赁开始日甲公司向乙公司一次性预付租金50万元，以后，各年末分别另付20万元、20万元、21万元，租赁期满后预付租金不退回，乙公司收回设备使用权。甲公司在租赁期开始日向有关单位支付初始直接费用20000元（假设甲公司和乙公司均在年末确认租金费用和租金收入，并且不存在租金逾期支付的情况）。

分析：此项租赁不符合融资租赁的任何一条标准，应作为经营租赁处理。

在确认租金费用时，不能依据各期实际支付租金的金额确定，而应采用直线法平均分摊确认各期的租金费用。此项租赁租金总额为111万元，按直线法计算，每年应确认的租金费用为37万元。

甲公司应作会计处理如下：

（1）20×6年1月1日，支付初始直接费用时：

借：管理费用　　20000

　　贷：银行存款　　20000

（2）支付一次性预付租金时：

借：长期待摊费用　　500000

　　贷：银行存款　　500000

（3）20×6年12月31日，支付租金20万元时：

借：管理费用　　370000

　　贷：银行存款　　200000

　　　　长期待摊费用　　170000

20×7年12月31日的处理同上。

（4）20×8年12月31日，支付租金21万元时：

借：管理费用　　370000

　　贷：银行存款　　210000

　　　　长期待摊费用　　160000

二、经营租赁中出租人的会计核算

1. 经营租赁中出租人的会计核算原则

（1）对租出资产的处理。由于用于经营租赁的资产的产权并没有发生转移，应作为自有资产进行核算，但应将用于出租的固定资产与企业自用的固定资产分开进行明细核算。

（2）租金的处理。在一般情况下，出租人应采用直线法将收到的租金在租赁期内确认为收益，但在某些特殊情况下，则应采用比直线法更合理的方法。

（3）初始直接费用的处理。经营租赁中出租人发生的初始直接费用，是指在租赁谈判和签订租赁合同过程中发生的可归属于租赁项目的手续费、律师费、差旅费、印花税等，应当计入当期损益。金额较大的应当资本化，在整个经营租赁期内按照与确认租金收入相同的基础分期计入当期损益。

（4）租赁资产折旧的计提。对于经营租赁资产中的固定资产，应当采用出租人对类似应折旧资产通常所采用的折旧政策计提折旧。

（5）或有租金的处理。在经营租赁下，出租人对或有租金的处理与融资租赁下相同，即在实际发生时计入当期收益。

（6）出租人对经营租赁提供激励措施的处理。出租人提供免租期的，出租人应将租金总额在不扣除免租期的整个租赁期内，按直线法或其他合理的方法进行分配，免租期内出租人应当确认租金收入。出租人承担了承租人某些费用的，出租人应将该费用自租金收入总额中扣除，按扣除后的租金收入余额在租赁期内进行分配。

2. 经营租赁中出租人的会计核算方法

从事经营租赁资产的出租人既可以是专业租赁公司，也可以是兼营租赁业务的公司，在账务处理上，专营或兼营租赁业务稍有差别。

（1）专业租赁公司经营租赁的会计处理。专业租赁公司，一般应设置“经营租赁资产”、“经营租赁资产累计折旧”、“租赁收入”等账户进行会计核算。

“经营租赁资产”账户应分设“未出租资产”和“已出租资产”两个二级账户来反映经营租赁资产的使用情况。

【例3－3】某专业租赁公司20×6年8月购入经营租赁设备10台，共计300万元，设备的使用年限是10年，预计使用期满无残值，采用直线法计提折旧，年折旧率为10%。同年9月1日，该公司将购入的10台设备全部出租，租期至20×6年12月31日，月租金收入为每台4000元。根据以上经济业务，该出租人应作如下会计处理：

（1）购入租赁设备时：

借：经营租赁资产——未出租资产　　3000000

　　贷：银行存款　　3000000

（2）将设备出租时：

借：经营租赁资产——已出租资产　　3000000

　　贷：经营租赁资产——未出租资产　　3000000

（3）每月计提折旧时：

借：销售费用——折旧费　　25000

　　贷：经营租赁资产累计折旧　　25000

（4）每月收到租金时：

借：银行存款　　40000

　　贷：租赁收入　　40000

（5）年底收回出租资产时：

借：经营租赁资产——未出租资产　　3000000

　　贷：经营租赁资产——已出租资产　　3000000

（2）非专业租赁公司经营租赁的会计处理。如果是非专业租赁公司出租闲置固定资产，首先应作转账处理，即将固定资产由“未使用”或“不需用”转入“租出”；取得的租赁收入应通过“其他业务收入——租赁收入”核算，发生的各项支出，如折旧费、修理费等，应通过“其他业务成本——租赁支出”核算。

【例3－4】沿用例【例3－2】的资料，来说明出租人乙公司的会计处理。乙公司应作如下会计处理：

（1）20×6年1月1日，出租设备时：

借：固定资产——租出　　20000000

　　贷：固定资产——未使用　　20000000

（2）收到50万元甲公司的预付租金时：

借：银行存款　　500000

　　贷：其他应收款　　500000

（3）20×6年12月31日，收到租金20万元时：

借：银行存款　　200000

　　其他应收款　　170000

　　贷：其他业务收入——租赁收入　　370000

20×7年12月31日处理同上。

（4）20×8年12月31日，收到租金21万元时：

借：银行存款　　210000

　　其他应收款　　160000

　　贷：其他业务收入——租赁收入　　370000

每年计提折旧时：

借：其他业务成本——租赁支出　　2000000

　　贷：累计折旧——出租资产折旧　　2000000

第三节　融资租赁会计

一、融资租赁中承租人的会计核算

1. 租赁期开始日

在租赁期开始日，承租人应当将租赁开始日租赁资产公允价值与最低租赁付款额现值两者中较低者作为租入资产的入账价值，将最低租赁付款额作为长期应付款的入账价值，其差额作为未确认融资费用。承租人在租赁谈判和签订租赁合同过程中发生的，可归属于租赁项目的手续费、律师费、差旅费、印花税等初始直接费用，应当计入租入资产价值。

在租赁期开始日，承租人应对租赁资产公允价值与最低租赁付款额的现值进行比较，并将两者中的较低者加上初始直接费用作为租赁资产的入账价值，借记“固定资产——融资租入固定资产”或“在建工程”科目，同时，将最低租赁付款额作为长期应付款入账，贷记“长期应付款——应付融资租赁款”科目，按发生的初始直接费用金额，贷记“银行存款”等科目，将其差额借记“未确认融资费用”科目。

承租人在计算最低租赁付款额的现值时，折现率的选择思路是：

（1）如果知悉出租人的租赁内含报酬率，应当采用出租人的租赁内含利率作为折现率。

（2）如果不知悉出租人的租赁内含报酬率，应当采用租赁合同规定的利率作为折现率。

如果出租人的租赁内含利率和租赁合同规定的利率均无法知悉，应当采用同期银行贷款利率作为折现率。

2. 未确认融资费用的分摊

在融资租赁下，“长期应付款”科目反映的是承租人向出租人支付的租金总额，包含了本金（即租赁资产的初始入账价值）和利息（即未确认融资费用）两部分。承租人支付租金时，一方面应减少长期应付款；另一方面应同时将未确认的融资费用按一定的方法在整个租赁期内进行分摊，确认每期的融资费用。

在分摊未确认的融资费用时，按照租赁准则的规定，承租人应当采用实际利率法。在摊销时，应借记“财务费用（在建工程）”科目，贷记“未确认融资费用”科目。

在采用实际利率法的情况下，根据租赁开始日租赁资产入账价值的不同情况，融资费用分摊率的选择也不同，未确认融资费用的分摊率确定的基本思路是：①以最低租赁付款额的现值为入账价值时，则按计算最低租赁付款额现值时所采用的折现率作为分摊率。②以租赁资产公允价值作为入账价值的，应当重新计算分摊率。该分摊率是使最低租赁付款额的现值与租赁资产公允价值相等的折现率。

3. 租赁资产折旧的计提

承租人应对融资租入的固定资产计提折旧。

（1）折旧政策。对于融资租入资产，计提租赁资产折旧时，承租人应采用与自有应折旧资产相一致的折旧政策。同自有应折旧资产一样，租赁资产的折旧方法一般有年限平均法、工作量法、双倍余额递减法、年数总和法等。如果承租人或与其有关的第三方对租赁资产余值提供了担保，则应计折旧总额为租赁期开始日固定资产的入账价值扣除担保余值后的余额；如果承租人或与其有关的第三方未对租赁资产余值提供担保，且无法合理确定租赁届满后承租人是否能够取得租赁资产所有权，应计折旧总额为租赁期开始日固定资产的入账价值。

（2）折旧期间。确定租赁资产的折旧期间应以租赁合同而定。如果能够合理确定租赁期届满时承租人将会取得租赁资产所有权，即可认为承租人拥有该项资产的全部使用寿命，因此应以租赁期开始日租赁资产的寿命作为折旧期间；如果无法合理确定租赁期届满后承租人是否能够取得租赁资产的所有权，应以租赁期与租赁资产寿命两者中较短者作为折旧期间。

4. 履约成本的处理

履约成本是指租赁期内为租赁资产支付的各种使用费用，如技术咨询和服务费、人员培训费、维修费、保险费等。承租人发生的履约成本通常应计入当期损益。

5. 或有租金的处理

或有租金是指金额不固定、以时间长短以外的其他因素（如销售量、使用量、物价指数等）为依据计算的租金。由于或有租金的金额不固定，无法采用系统合理的方法对其进行分摊，因此或有租金在实际发生时计入当期损益。

（1）如果或有租金是以销售量、使用量为依据计算的，计入“销售费用”科目。

（2）如果或有租金是以物价指数计算的，计入“财务费用”科目。

6. 租赁期届满时的处理

租赁期届满时，承租人对租赁资产的处理通常有返还、优惠续租和留购三种情况。

（1）返还租赁资产。租赁期届满，承租人向出租人返还租赁资产时，通常借记“长期应付款——应付融资租赁款”、“累计折旧”科目，贷记“固定资产——融资租入固定资产”科目。

（2）优惠续租租赁资产。承租人行使优惠续租选择权，应视同该项租赁一直存在而作出相应的账务处理。

如果租赁期届满时没有续租，根据租赁合同规定须向出租人支付违约金时，借记“营业外支出”科目，贷记“银行存款”等科目。

（3）留购租赁资产。在承租人享有优惠购买选择权的情况下，支付购买价款时，借记“长期应付款——应付融资租赁款”科目，贷记“银行存款”等科目；同时，将固定资产从“融资租入固定资产”明细科目转入有关明细科目。

【例3－5】20×5年12月1日，甲公司与乙公司签订了一份租赁合同，向乙公司租入塑钢机一台。合同主要条款如下：

（1）租赁标的物：塑钢机。

（2）起租日：20×6年1月1日。

（3）租赁期：20×6年1月1日至20×8年12月31日，共36个月。

（4）租金支付：自20×6年1月1日，每隔6个月于月末支付租金150000元。

（5）该机器的保险、维护等费用均由甲公司负担，估计每年约10000元。

（6）该机器在20×6年1月1日的公允价值为700000元。

（7）租赁合同规定的利率为7%（6个月利率）（乙公司租赁内含利率未知）。

（8）甲公司在租赁谈判和签订租赁合同过程中发生可归属于租赁项目的手续费、差旅费1000元。

（9）该机器的估计使用年限为8年，已使用3年，期满无残值。承租人采用年限平均法计提折旧。

（10）租赁期届满时，甲公司享有优惠购买该机器的选择权，购买价为100元，估计该日租赁资产的公允价值为80000元。

（11）20×7年和20×8年两年，甲公司每年按该机器所生产的产品——塑钢窗户的年销售收入的5%向乙公司支付经营分享收入。

假设20×7年、20×8年甲公司分别实现塑钢窗户销售收入100000元和150000元。假设20×8年12月31日，甲公司向乙公司支付购买价款100元。

要求：根据上述资料，判断租赁类型并进行相应的计算与账务处理。

有关处理如下：

（1）判断租赁类型。本例存在优惠购买选择权，优惠购买价100元远低于行使选择权日租赁资产的公允价值80000元，所以在租赁开始日，就可合理确定甲公司将会行使这种选择权，符合第2条判断标准；另外，最低租赁付款额的现值为715116.6元（计算过程见后）大于租赁资产公允价值的90%即630000元（700000元×90%），符合第4条判断标准。所以这项租赁应当认定为融资租赁。

（2）计算租赁开始日最低租赁付款额的现值，确定租赁资产入账价值。

1）最低租赁付款额=各期租金之和+行使优惠购买选择权支付的金额

=150000×6+100=900100（元）

2）计算现值的过程如下：

每期租金150000元的年金现值=150000×（P/A，7%，6）

优惠购买选择权行使价100元的复利现值=100×（P/F，7%，6）

查表得知（P/A，7%，6）=4.767，（P/F，7%，6）=0.666

现值合计=150000×4.767+100×0.666=715050+66.6

=715116.6（元）>700000（元）

根据公允价值与最低租赁付款额现值孰低原则，租赁资产的入账价值应为其公允价值700000元。

3）计算未确认融资费用。

未确认融资费用=最低租赁付款额－租赁开始日租赁资产的公允价值

=900100－700000=200100（元）

4）将初始直接费用1000元计入资产价值，则：

甲公司融资租入资产的入账价值=700000+1000=701000（元）

5）会计分录：

20×6年1月1日：

借：固定资产——融资租入固定资产	701000	
未确认融资费用	200100	
贷：长期应付款——应付融资租赁款		900100
银行存款		1000

（3）未确认融资费用分摊的处理。

1）确定融资费用分摊率。由于租赁资产入账价值为其公允价值，因此应重新计算融资费用分摊率。计算过程如下：

租赁开始日最低租赁付款额的现值=租赁开始日租赁资产公允价值

得出：

150000×（P/A，r，6）+100×（P/F，r，6）=700000（元）

可在多次测试的基础上，用插值法计算融资费用分摊率。

当r=7%时，150000×4.767+100×0.666=715050+66.6=715116.6（元）

>700000（元）。

当 r=8%时，150000×4.623+100×0.630=693450+63=693513（元）<700000（元）。

因此，7%<r<8%。用插值法计算如下：

现值	利率
715116.6	7%
700000	r
693513	8%

(715116.6－700000)÷(715116.6－693513)=(7%－r)÷(7%－8%)

r=(21603.6×7%+15116.6×1%)÷21603.6=7.70%

即融资费用分摊率为7.70%。

2）在租赁期内采用实际利率法分摊未确认融资费用如表3－2所示。

表3－2　未确认融资费用分摊表（实际利率法）

20×6年1月1日　　　　单位：元

日期 ①	租金 ②	确认的融资费用 ③=期初⑤×7.70%	应付本金减少额 ④=②－③	应付本金额 期末⑤=期初⑤－④
20×5年12月31日				700000.00
20×6年6月30日	150000	53900.00	96100.00	603900.00
20×6年12月31日	150000	46500.30	103499.70	500400.30
20×7年6月30日	150000	38530.82	111469.18	388931.12
20×7年12月31日	150000	29947.70	120052.30	268878.82
20×8年6月30日	150000	20703.67	129296.33	139582.49
20×8年12月31日	150000	10517.51*	139482.49*	100
20×8年12月31日	100		100	
合计	900100	200100	700000	

注：*做尾数调整：10517.51=150000－139482.49；139482.49=139582.49－100。

3）会计分录：

①20×6年6月30日，支付第一期租金时：

借：长期应付款——应付融资租赁款 150000

贷：银行存款 150000

借：财务费用 53900

贷：未确认融资费用 53900

②20×6年12月31日，支付第二期租金时：

借：长期应付款——应付融资租赁款 150000

贷：银行存款 150000

借：财务费用 46500.30

贷：未确认融资费用 46500.30

③20×7年6月30日付第三期租金时：

借：长期应付款——应付融资租赁款 150000

贷：银行存款 150000

借：财务费用 38530.82

贷：未确认融资费用 38530.82

④20×6年12月31日，支付第四期租金时：

借：长期应付款——应付融资租赁款 150000

贷：银行存款 150000

借：财务费用 29947.70

贷：未确认融资费用 29947.70

⑤20×6年6月30日，支付第五期租金时：

借：长期应付款——应付融资租赁款 150000

贷：银行存款 150000

借：财务费用 20703.67

贷：未确认融资费用 20703.67

⑥20×6年12月31日，支付第六期租金时：

借：长期应付款——应付融资租赁款 150000

贷：银行存款 150000

借：财务费用 10517.51

贷：未确认融资费用 10517.51

（4）租赁资产折旧的计提。根据本例的租赁条款，承租人租赁期满时的优惠购买价款为100元，远远低于行使优惠购买选择权当日租赁资产公允价值80000元，所以，可以确定期满时，会取得这项资产的所有权，因此，公司应在该项租赁资产的剩余年限（5年）内计提折旧，假设该租赁资产采用直线法计提折旧，则：

年折旧额 = 701000 ÷ 5 = 140200（元）

会计分录为：

20×6 年 12 月 31 日，计提本年折旧（假定按年计提折旧）：

借：制造费用——折旧费　　140200

　　贷：累计折旧　　140200

20×7～20×8 年各年分录同上。

（5）履约成本的处理。根据相关会计准则的规定，对于承租人融资租入固定资产发生的修理费、保险费等履约成本，应于费用发生时直接计入当期费用。所以，根据租赁协议，甲公司每年支付的 10000 元修理费、保险费等履约成本，应直接计入“制造费用”账户，每年发生时的会计处理如下：

借：制造费用　　10000

　　贷：银行存款　　10000

（6）或有租金的处理。根据租赁协议，在 20×7 年和 20×8 年，甲公司每年按该机器所生产的产品——塑钢窗户的年销售收入的 5% 向乙公司支付经营分享收入，也就是或有租金。20×7 年、20×8 年公司分别实现钢窗户销售收入 100000 元和 150000 元。这两笔或有租金均应于支付时直接计入“销售费用”账户，发生时处理如下：

1）20×7 年 12 月 31 日：

借：销售费用　　5000

　　贷：银行存款　　5000

2）20×8 年 12 月 31 日：

借：销售费用　　7500

　　贷：银行存款　　7500

（7）租赁期满时的账务处理。

20×8 年 12 月 31 日，甲公司向乙公司支付购买价款 100 元。应作会计处理如下：

借：长期应付款——应付融资租赁款　　100

　　贷：银行存款　　100

借：固定资产——生产用固定资产　　701000

　　贷：固定资产——融资租入固定资产　　701000

二、融资租赁中出租人的会计核算

1. 租赁期开始日的处理

在租赁期开始日，出租人应当将租赁开始日最低租赁收款额与初始直接费用之和作为应收融资租赁款的入账价值，同时记录未担保余值；将最低租赁收款额、初始直接费用及未担保余值之和与其现值之和的差额确认为未实现融资收益。

出租人在租赁开始日按照上述规定转出租赁资产，租赁资产公允价值与账面价值的差额，应当计入当期损益。因此，在租赁期开始日，租出资产时，应将最低租赁收款额与初始直接费用之和，借记"长期应收款——应收融资租赁款"科目；按未担保余值，借记"未担保余值"科目；按租出资产的账面价值，贷记"融资租赁资产"科目；按初始直接费用，贷记"银行存款"科目；按融资租赁资产公允价值与账面价值的差额，计入"营业外支出"科目或"营业外收入"科目；按借贷方差额，贷记"未实现融资收益"科目。

【例3-6】续【例3-5】假设融资租赁固定资产账面价值为700000元。出租人（乙公司）为签订该项租赁合同发生初始直接费用10000元，已用银行存款支付。以下说明乙公司的会计处理。

（1）判断租赁类型。本例存在优惠购买选择权，优惠购买价100元远低于行使选择权日租赁资产的公允价值80000元，因此在20×5年12月31日就可合理确定甲公司将会行使这种选择权，符合第2条判断标准；另外，在本例中，最低租赁收款额的现值=710000元（计算过程见后），大于租赁开始日租赁资产公允价值的90%，即630000元（700000元×90%），符合第4条判断标准；因此这项租赁应认定为融资租赁。

（2）计算租赁开始日最低租赁收款额及其现值和未实现融资收益。

最低租赁付款额=租金+对承租人而言的担保余值+租赁期满时的购买价款

=150000×6+0+100=900100（元）

最低租赁收款额=最低租赁付款额+独立的第三方的担保余值

=900100+0=900100（元）

应收融资租赁款=最低租赁收款额+出租人的初始直接费用

=900100+10000=910100（元）

未实现融资收益=（应收融资租赁款+未担保余值）-（租赁资产公允价值+初始直接费用）=（910100+0）-（700000+10000）=200100（元）

（3）编制会计分录。

20×6年1月1日：

借：长期应收款——应收融资租赁款	910100
贷：银行存款	10000
融资租赁固定资产	700000
未实现融资收益	200100

在本例中，融资租赁固定资产在租赁期开始日的账面价值正好与公允价值一致。如果账面价值高于或者低于公允价值，其差额应当计入当期损益，通过“营业外收入”或“营业外支出”科目核算。

（4）根据会计准则的规定，初始直接费用将参与租赁内含利率的计算，这将会导致以后各期未实现融资收益的摊销延后，因此，为了避免未实现融资收益高估，在初始确认时应对未实现融资收益进行调整，借“未实现融资收益”科目，贷“长期应收款——应收融资租赁款”科目。本例中：

借：未实现融资收益　　10000

　　贷：长期应收款——应收融资租赁款　　10000

2. 收取租金及未实现融资收益分配的核算

根据租赁合同的约定，出租人将定期收取租金，该租金应通过“租赁收入”科目核算。由于融资租赁具有融资的性质，所以出租人每期收取的租金中实际上既包含了回收的租赁资产本金，也包含了融资收益（即利息）。在融资租赁会计中，出租人在每期收到租金的同时，还必须确认每期租金中所包含的利息收入，并将该利息由“未实现融资收益”科目转入“租赁收入”科目。

根据现行准则的规定，未实现融资收益的分配应采用实际利率法，以租赁投资净额为依据，以租赁内含利率为分配率，每期计算应摊销的未实现融资收益，并据以确认租赁收入，借记“未实现融资收益”科目，贷记“租赁收入”科目。

【例3-7】续【例3-5】。乙公司在20×6年1月1日至20×8年12月31日租赁期间未实现融资收益分配表以及各期的会计处理如下：

（1）计算租赁内含利率。假设乙公司的租赁内含利率为r，由于不存在未担保余值，则存在下列等式关系，最低租赁收款额的现值等于租赁资产公允价值与初始直接费用之和：

$150000\times(P/A,r,6)+100\times(P/F,r,6)=710000$（元）

根据这一等式，可在多次测试的基础上，用插值法计算租赁内含利率。

当 $r=7\%$ 时，$150000\times4.767+100\times0.666=715050+66.6=715116.6$（元）$>710000$（元）

当 $r=8\%$ 时，$150000\times4.623+100\times0.630=693450+63=693513$（元）$<710000$（元）

因此，$7\%<r<8\%$。用插值法计算如下：

现值	利率
715116.6	7%
710000	r
693513	8%

(715116.6 − 710000)/(715116.6 − 693513) = (7% − r)/(7% − 8%)

r = (21603.6 × 7% + 5116.6 × 1%) ÷ 21603.6 = 7.24%

即租赁内含利率为7.24%。

(2) 编制租赁期内未实现融资收益分配表，如表3－3所示。

表3－3　未确认融资收益分配表（实际利率法）

20×6年1月1日　　单位：元

日期 ①	租金 ②	确认的融资收入 ③=期初⑤×7.24%	租赁投资净额减少额 ④=②－③	租赁投资净额余额 期末⑤=期初⑤－④
20×5年12月31日				710000.00
20×6年6月30日	150000	51404.00	98596.00	611404.00
20×6年12月31日	150000	44265.65	105734.35	505669.65
20×7年6月30日	150000	36610.48	113389.52	392280.13
20×7年12月31日	150000	28401.08	121598.92	270681.21
20×8年6月30日	150000	19597.32	130402.68	140278.53
20×8年12月31日	150000	9821.47*	140178.53*	100.00
20×8年12月31日	100		100.00	
合计	900100	190100.00	710000.00	

注：*做尾数调整：9821.47 = 150000 − 140178.53；140178.53 = 140278.53 − 100.00。

(3) 编制会计分录：

1) 20×6年6月30日收到第一期租金时：

借：银行存款　　150000

　　贷：长期应收款——应收融资租赁款　　150000

借：未实现融资收益　　51404

　　贷：租赁收入　　51404

2) 20×6年12月31日收到第二期租金时：

借：银行存款　　150000

　　贷：长期应收款——应收融资租赁款　　150000

借：未实现融资收益　　44265.65
　　贷：租赁收入　　44265.65

3）20×7年6月30日收到第三期租金时：

借：银行存款　　150000
　　贷：长期应收款——应收融资租赁款　　150000
借：未实现融资收益　　36610.48
　　贷：租赁收入　　36610.48

4）20×7年12月31日收到第四期租金时：

借：银行存款　　150000
　　贷：长期应收款——应收融资租赁款　　150000
借：未实现融资收益　　28401.08
　　贷：租赁收入　　28401.08

5）20×8年6月30日收到第五期租金时：

借：银行存款　　150000
　　贷：长期应收款——应收融资租赁款　　150000
借：未实现融资收益　　19597.32
　　贷：租赁收入　　19597.32

6）20×8年12月31日收到第六期租金时：

借：银行存款　　150000
　　贷：长期应收款——应收融资租赁款　　150000
借：未实现融资收益　　9821.47
　　贷：租赁收入　　9821.47

3. 未担保余值发生变动时的处理

租赁准则规定，出租人至少应当于每年年度终了，对未担保余值进行复核。

由于未担保余值的金额决定了租赁内含利率的大小，从而决定着未实现融资收益的分配，因此，为了真实地反映企业的资产和经营业绩，根据谨慎性原则的要求，在未担保余值发生减少和已确认损失的未担保余值得以恢复的情况下，均应当重新计算租赁内含利率，以后各期根据修正后的租赁投资净额和重新计算的租赁内含利率确定应确认的租赁收入。在未担保余值增加时，不做任何调整。其账务处理如下：

（1）期末，如果出租人的未担保余值已经发生减值，则应当对其进行减值处理，借记“资产减值损失”科目，贷记“未担保余值减值准备”科目。同时，将未担保余值减少额与由此所产生的租赁投资净额的减少额的差额，借记“未实现融资收益”科目，贷记“资产减值损失”科目。

【例3-8】续【例3-5】，并假设租赁资产在租赁开始日（20×6年1月1日）的未担保余值为1000元，于20×7年12月31日减值为500元。则租赁期开始日和20×7年末的租赁内含利率的计算以及会计分录如下：

（1）租赁期开始日，存在未担保余值时的会计分录为：

借：长期应收款——应收融资租赁款　　910100

　　未担保余值　　1000

　　贷：银行存款　　10000

　　　　融资租赁资产　　700000

　　　　未实现融资收益　　201100

同时，将初始直接费用调整为未实现融资收益：

借：未实现融资收益　　10000

　　贷：长期应收款——应收融资租赁款　　10000

（2）20×6年1月1日，租赁期开始日计算租赁内含利率：

150000×（P/A，r，6）+（100+1000）×（P/F，r，6）=710000

r=7.27%

计算租赁期内各期应分摊的融资收益如表3-4所示。

表3-4　未实现融资收益分摊表

20×6年1月1日　　单位：元

日期 ①	租金 ②	确认的融资收入 ③=期初⑤×7.27%	租赁投资净额减少额 ④=②-③	租赁投资净额余额 期末⑤=期初⑤-④
20×5年12月31日				710000.00
20×6年6月30日	150000	51617.00	98383.00	611617.00
20×6年12月31日	150000	44464.56	105535.44	506081.56
20×7年6月30日	150000	36792.13	113207.87	39287369
20×7年12月31日	150000	28561.92	121438.08	271435.60
20×8年6月30日	150000	19733.37	130266.63	141168.97
20×8年12月31日	150000	9931.03*	140068.97*	1100.00
20×8年12月31日	100		100.00	
合计	900100	191100.00	709000.00	

注：*做尾数调整：9931.03=150000-140068.97；140068.97=141168.97-1100.00。

通过表3-4可以看出，当存在1000元未担保余值时，乙公司的租赁内含利率发生了变化，每期未实现融资收益的分摊金额和会计分录也将发生变化（会计分录略）。

（3）20×7 年 12 月 31 日，未担保余值发生减值时，租赁内含利率的计算，未实现融资收益分摊表及会计分录如下：

150000×（P/A，r，3）+（100+500）×（P/F，r，3）=392873.69

r=7.19%

重新计算租赁期内各期应分摊的融资收益如表 3-5 所示。

表 3-5　未实现融资收益分摊表

20×7 年 12 月 31 日　　　　单位：元

日期 ①	租金 ②	确认的融资收入 ③=期初⑤×7.27%或×7.19%	租赁投资净额减少额 ④=②-③	租赁投资净额余额 期末⑤=期初⑤-④
20×5 年 12 月 31 日				710000.00
20×6 年 6 月 30 日	150000	51617.00	98383.00	611617.00
20×6 年 12 月 31 日	150000	44464.56	105535.44	506081.56
20×7 年 6 月 30 日	150000	36792.13	113207.87	392873.69
20×7 年 12 月 31 日	150000	28247.62	121752.38	271121.30
20×8 年 6 月 30 日	150000	19493.62	130506.38	140614.92
20×8 年 12 月 31 日	150000	9985.08*	140014.92*	600.00
20×8 年 12 月 31 日	100		100.00	
合计	900100	190600.00	709500.00	

注：*做尾数调整：9985.08=150000-140014.92；140014.92=140614.92-600.00。

20×7 年 12 月 31 日未担保余值发生变动的租赁投资净额的减少额 = 271435.60-271121.30=314.30（元）

20×7 年 12 月 31 日未担保余值减少额-租赁投资净额的减少额 = 500-314.30=185.70（元）

编制会计分录：

借：资产减值损失　　500

　　贷：未担保余值减值准备　　500

借：未实现融资收益　　185.70

　　贷：资产减值损失　　185.70

（2）如果已确认损失的未担保余值得以恢复，应在原已确认的损失金额内转回，借记“未担保余值减值准备”科目，贷记“资产减值损失”科目。同时，将未担保余值恢复额与由此所产生的租赁投资净额的增加额的差额，借记“资产减值损失”科目，贷记“未实现融资收益”科目。

4. 或有租金的处理

出租人在融资租赁下收到的或有租金应计入当期损益。借记“银行存款”或“应收账款”科目，贷记“租赁收入”科目。

【例3-9】续【例3-5】假设20×7年和20×8年，甲公司分别实现塑钢窗户年销售收入100000元和150000元。根据租赁合同的规定，两年应向甲公司收取的经营分享收入分别为5000元和7500元。会计分录为：

（1）20×7年：

借：银行存款（或应收账款）　　5000

　　贷：租赁收入　　5000

（2）20×8年：

借：银行存款（或应收账款）　　7500

　　贷：租赁收入　　7500

5. 租赁期届满时的处理

租赁期届满时，出租人应区别以下情况进行会计处理：

（1）出租人收回租赁资产。这时有可能出现以下三种情况：

1）对资产余值全部担保的。出租人收到承租人交还的租赁资产时，应当借记“融资租赁资产”科目，贷记“长期应收款——应收融资租赁款”科目。如果收回租赁资产的价值低于担保余值，则担保人（包括承租人的担保人和独立的第三方）必须承担相应的损失，出租人收取价值损失补偿金时，借记“其他应收款”科目，贷记“营业外收入”科目。

2）对资产余值部分担保的。出租人收到承租人交还的租赁资产时，借记“融资租赁资产”科目，贷记“长期应收款——应收融资租赁款”、“未担保余值”等科目。如果收回租赁资产的价值扣除未担保余值后的余额低于担保余值，则应向担保人收取价值损失补偿金，借记“其他应收款”科目，贷记“营业外收入”科目。

3）对资产余值全部未担保的。出租人收到承租人交还的租赁资产时，借记“融资租赁资产”科目，贷记“未担保余值”科目。

（2）优惠续租租赁资产。①如果承租人行使优惠续租选择权，则出租人应视同该项租赁一直存在而作出相应的账务处理，如继续分配未实现融资收益等。②如果租赁期届满时承租人未按租赁合同规定续租，出租人应向承租人收取违约金，并将其确认为营业外收入。同时，将收回的租赁资产按上述规定进行处理。

（3）出租人出售租赁资产。租赁期届满时，承租人行使了优惠购买选择权。出租人应按收到的承租人支付的购买资产的价款，借记“银行存款”等科目，贷记“长期应收款——应收融资租赁款”科目。

【例3－10】沿用【例3－5】资料，假设20×9年1月1日，租赁期满，乙公司收到甲公司支付的购买资产的价款100元。会计分录为：

借：银行存款　　100

　　贷：长期应收款——应收融资租赁款　　100

思考题

（1）什么是租赁？其特征是什么？如何对租赁进行分类？可分为哪些类别？

（2）融资租赁与经营租赁是以什么为基础分类的？二者的区别表现在哪些方面？

（3）销售型租赁、直接融资租赁、杠杆租赁、售后租回租赁、转租租赁各自的特点是什么？

（4）租赁开始日、租赁期、租赁期开始日之间的关系怎样？明确这样的时间概念有何意义？

（5）最低租赁付款额和最低租赁收款额的含义分别是什么？二者的区别在哪里？各自应用于哪些方面？

（6）或有租金、履约成本、租赁内含利率在租赁会计处理方面有何意义？各自的具体内容是什么？

（7）在经营租赁中，有哪些需要处理的具体问题？请简要概括承租人和出租人应怎样进行会计处理。

（8）在融资租赁中，有哪些需要处理的具体问题？请简要概括承租人和出租人应怎样进行会计处理。

（9）请对经营租赁、融资租赁二者间的相同与区别之处进行整理和归纳，并对其进行详细说明。

第四章　外币交易会计

学习目标

(1) 掌握外币、外汇、外币交易、记账本位币等相关概念，熟知境内、境外经营记账本位币的确定条件。

(2) 掌握外币交易的构成内容，汇率的标价、分类以及相关概念，熟知汇兑损益及其构成，掌握我国会计准则对汇兑损益的处理原则。

(3) 明确外币业务的记账方法、外币交易的两种观点。

(4) 掌握我国外币交易在外币交易日的会计处理以及资产负债表日的会计处理，能熟练进行外币交易的会计处理。

第一节　外币交易会计概述

在经济日益全球化的趋势下，资本的跨国流动和国际贸易不断扩大。一方面，外币资本参股内资银行，外资企业在我国内地开办外商独资、合资企业，向内资企业或国内市场不断注入外币资本；另一方面，内资企业与国际市场之间的业务往来不断增加，逐步向国际市场拓展业务，参与国际资本市场竞争的程度和规模呈增长趋势，正在由资本输入向资本输出转变，在这种情况下，企业经常会涉及外币折算业务。

为了反映企业或企业集团的经营业绩和财务状况，需要将不同货币计量的资产、负债、收入、费用等折算为一种货币反映，或将以其他货币反映的子公司、联营企业、合营企业和分支机构的经营业绩和财务状况折算为企业记账本位币反映，企业选定的用于反映企业经营业绩和财务状况的货币即为记账本位币，记账

本位币以外的货币称为外币，以外币计价或者结算的交易称为外币交易。

一、外币与外汇

外币，是企业记账本位币以外的货币。通常用于企业因贸易、投资等经济活动所引起的对外结算业务。

外汇，是外币资金的总称。国际货币基金组织（IMF）对外汇的定义：外汇是货币行政管理当局以银行存款、国库券、长短期政府债券等形式保有的在国际收支逆差时可以使用的债权。我国《外汇管理暂行规定》对外汇的定义：外汇，是指以外币表示的用于国际结算的支付手段以及可用于国际支付的特殊债券和其他货币资产。具体包括：①外国货币，包括纸币、铸币等；②外币有价证券，包括政府公债、国库券、公司债券、股票、息票等；③外汇收支凭证，包括票据、银行存款凭证、邮政储蓄凭证等；④其他外汇资金。

二、记账本位币

（一）记账本位币与列报货币

记账本位币，是指企业经营所处的主要经济环境中的货币。

企业通常应选择人民币作为记账本位币。业务收支以人民币以外的货币为主的企业，可以按照《企业会计准则第 19 号——外币折算》第五条的规定，选定其中一种货币作为记账本位币。但是，编报的财务报表应当折算为人民币。

列报货币，是指企业列报财务报表时所采用的货币。同一企业的记账本位币与列报货币可能一致，也可能不一致，也就是说，我国企业的正式编表货币只能是人民币，而记账本位币是可以是人民币，也可以是人民币以外的其他货币。

（二）记账本位币的确定

1. 企业选定记账本位币应考虑的因素

（1）该货币主要影响商品和劳务销售价格，通常以该货币进行商品和劳务销售价格的计价和结算。

（2）该货币主要影响商品和劳务所需人工、材料和其他费用，通常以该货币进行上述费用的计价和结算。

（3）融资活动获得的资金以及保存从经营活动中收取款项时所使用的货币。

需要说明的是，在确定企业的记账本位币时，上述因素的重要程度因企业具体情况不同而不同，需要企业管理层根据实际情况进行判断，但是，这并不能说明企业管理层可以根据需要随意选择记账本位币，而是根据实际情况确定一种货币作为记账本位币。

2. 境外经营记账本位币的确定

境外经营有两方面的含义：①指企业在境外的子公司、合营企业、联营企业、分支机构；②当企业在境内的子公司、联营企业、合营企业或者分支机构，选定的记账本位币不同于企业的记账本位币的，也应当视同境外经营。确定境外经营，不是以位置是否在境外为判定标准，而是要看其选定的记账本位币是否与企业的记账本位币相同。

企业选定境外经营的记账本位币，除考虑前面所讲的因素外，还应考虑下列因素：

（1）境外经营对其所从事的活动是否拥有很强的自主性。

（2）境外经营活动中与企业的交易是否在境外经营活动中占有较大比重。

（3）境外经营活动产生的现金流量是否直接影响企业的现金流量、是否可以随时汇回。

（4）境外经营活动产生的现金流量是否足以偿还其现有债务和可预期的债务。

（三）记账本位币的变更

企业选择的记账本位币一经确定，不得改变，除非与确定记账本位币相关的企业经营所处的主要经济环境发生了重大变化。主要经济环境发生重大变化，通常是指企业主要产生和支出现金的环境发生重大变化，使用该环境中的货币最能反映企业的主要交易业务的经济结果。

企业因经营所处的主要经济环境发生重大变化，确需变更记账本位币的，应当采用变更当日的即期汇率将所有项目折算为变更后的记账本位币，折算后的金额作为以新的记账本位币计量的历史成本，由于采用同一即期汇率进行折算，不会产生汇兑差额。企业需要提供确凿的证据证明企业经营所处的主要经济环境确实发生了重大变化，并应当在附注中披露变更的理由。

企业记账本位币发生变更的，在按照变更当日的即期汇率将所有项目折算为变更后的记账本位币时，其比较财务报表应当以可比当日的即期汇率折算所有资产负债表和利润表项目。

三、外币交易

外币交易，是指企业以外币计价或者结算的交易。

外币折算准则规范的外币交易包括：①买入或者卖出以外币计价的商品或者劳务。②借入或者借出外币资金。③其他以外币计价或者结算的交易。

四、汇率

汇率，又称汇价，是指以一国货币表示的另一国货币的价格，即将一国货币换算成另一国货币的比率。

1. 汇率标价方法

（1）直接标价法。是指以一定单位的外国货币为标准折算为一定数量的本国货币的标价方法（我国采用此种标价方法）。其特点是：外币数额固定不变，本国货币的数额随着汇率的高低变化而变化，本国货币币值的大小与汇率的高低成反比。

（2）间接标价法。是指以一定数量的本国货币为标准，折算为若干单位的外国货币，即每单位本国货币可兑换外币的金额。其特点是：本国货币数额固定不变，外国货币的数额随着汇率的高低变化而变化，本国货币币值的大小与汇率的高低成正比。

2. 汇率的种类

（1）固定汇率和浮动汇率。固定汇率（官方汇率）是指由政府规定该国货币同其他国家货币的比价。浮动汇率（市场汇率）是指外汇市场上由交易双方供求关系形成的汇率。

（2）现行汇率和历史汇率。现行汇率（记账汇率）是指企业发生外币业务或编制会计报表时所采用的汇率。历史汇率（账面汇率）是相对于现行汇率而言的，指最初取得外币资产或承担外币负债时的汇率。

（3）即期汇率和即期汇率的近似汇率。即期汇率通常是指中国人民银行公布的当日人民币外汇牌价的中间价。即期汇率的近似汇率是指按照系统合理的方法确定的与交易发生日即期汇率近似的汇率，通常采用当期平均汇率或加权平均汇率等。

（4）买入汇率、卖出汇率和中间汇率。买入汇率是指银行向客户买入外汇时所采用的汇率。卖出汇率是指银行向客户出售外汇时所采用的汇率。中间汇率是指银行买入汇率和卖出汇率的平均价。

五、汇兑损益

1. 概念

汇兑损益，是指企业在进行外币业务会计处理时，由于采用不同的汇率换算，而产生的折合成记账本位币金额的差额。它给企业带来收益或者损失，也是衡量企业外汇风险的一个指标。

2. 汇兑损益的种类

(1) 交易损益，是指在发生以外币计价或结算的商品交易中，因收回或偿付债权债务而产生的交易汇兑损益。

(2) 兑换损益，是指在发生外币与记账本位币，或一种外币与另一种外币进行兑换时产生的损益。

(3) 调整损益，是指在会计期末将所有外币债权、债务和外币货币资金账户按规定的汇率进行调整时而产生的汇兑损益。

(4) 折算损益，是指在会计期末，为了编制合并财务报表或重新表述会计记录和财务报表金额，而把外币计量单位的金额转化为记账本位币计量单位金额的过程中产生的损益。

3. 汇兑损益的确认

汇兑损益一般情况下是作为财务费用计入当期损益的，因而汇兑损益的确认问题直接影响到企业财务成果的计算和企业的纳税，关于汇兑损益的确认，有两种不同的观点：

(1) 只有已实现的汇兑损益才能计入当期损益。这种观点认为，本期汇兑损益的确认，应以实现为准，即只有已实现的汇兑损益才能作为本期的汇兑损益登记入账。未实现的汇兑损益不能确认入账，待以后实现时才能予以确认。按照这种观点，除已实现的汇兑损益可以入账外，不管外部实际汇率发生多大变化，对于企业外币性资产和负债项目，一般不能因汇率变动而调整其账面的记账本位币金额。即使调整也应区分已实现汇兑损益和未实现汇兑损益，对于未实现汇兑损益要递延到以后会计期间，待实际业务发生或已结算完成后，再计入该期损益。

(2) 所有的汇兑损益全部计入当期损益。这种观点主张将本期已实现和未实现汇兑损益全部计入当期损益，即只要汇率发生变动，就应当确认其汇兑损益已经实现。因此，期末对于各项外币货币性项目均应按照规定的汇率，重新调整所有外币账户的余额。产生的汇兑损益不论是否在本期内已经实现，全部计入当期损益。

4. 我国《企业会计准则》对汇兑损益的处理原则

(1) 外币货币性项目。货币性项目是指企业拥有的货币和应以货币结算的项目。其主要表现为企业的货币资金、应收账款、应收票据、其他应收款、长期应收款以及有固定利息收入的长期证券投资等货币性资产，也表现为企业的短期借款、应付账款、应付票据、其他应付款、应付职工薪酬、长期借款、应付债券、长期应付款以及其他可由固定货币金额表现的货币性负债。

采用资产负债表日即期汇率折算。因资产负债表日即期汇率与初始确认或者前一资产负债表日即期汇率不同而产生的汇兑损益，计入当期损益。

（2）以历史成本计量的外币非货币性项目。外币非货币性项目是指货币性项目以外的项目，即非上述项目的资产与负债等，如存货、交易性金融资产、长期股权投资、固定资产、无形资产等都为非货币性项目。

采用交易发生日的即期汇率折算，不改变其记账本位币金额。

（3）以公允价值计量的外币非货币性项目。采用公允价值确定日的即期汇率折算，折算后的记账本位币金额与原记账本位币金额的差额作为公允价值变动（含汇率变动）处理，计入当期损益。如交易性金融资产等。

（4）企业收到投资者以外币投入的资本。采用交易发生日即期汇率折算，不得采用合同约定汇率和即期汇率的近似汇率折算，外币投入资本与相应的货币性项目的记账本位币金额之间不产生外币资本折算差额。

（5）编制合并财务报表。企业编制合并财务报表涉及境外经营的，如有实质上构成对外经营净投资的外币货币性项目，因汇率变动而产生的汇兑差额，应在所有者权益“外币报表折算差额”项目单独列示；处置境外经营时，计入处置当期损益。

第二节　外币交易的会计处理

一、外币业务的记账方法

外币业务的记账方法一般有外币统账制和外币分账制两种。

1. 外币统账制

外币统账制，是指企业发生外币业务时，即折算为记账本位币入账。采用这种方法，外币在账簿上只做辅助记录。在将外币折合成记账本位币时，可用当日汇率法和期初汇率法。

（1）当日汇率法。这种方法是对每笔外币业务均按照业务发生当天的市场汇率折算为记账本位币。除了外币兑换业务，平时不确认汇兑损益，月末再将各外币账户的余额按月末汇率折合为记账本位币金额，折合后的记账本位币金额与账面记账本位币金额的差额，确认为汇兑损益。采用当日汇率法，需要了解每日的市场汇率，增加了会计人员的工作量，这种方法一般适用于外币种类较少、外币业务量较小的企业。

（2）期初汇率法。这种方法是对每笔外币业务均在发生时按当期期初（当月 1 日）的市场汇率折算为记账本位币。除了外币兑换业务，平时不确认汇兑损益，月末再将各外币账户的余额按月末汇率折合为记账本位币金额，折合后的记账本位币金额与账面记账本位币金额的差额，确认为汇兑损益。采用期初汇率法，只需掌握每月 1 日的市场汇率，减少了会计人员的工作量，这种方法适用于外币业务较多的企业。

在我国，除了经办外币业务的金融企业外，大多数企业都采用外币统账制。

2. 外币分账制

外币分账制，是指企业在外币业务发生时，直接按照原币记账，不需要按一定的汇率折算成记账本位币，月末再将所有外币的发生额按一定的市场汇率折算为记账本位币，并确认汇兑损益。采用这种方法，需要按币种分设账户，分币种核算损益。这种方法减少了日常会计核算的工作量，可及时反映外币业务情况，一般适合外币业务繁多的企业。

在我国，外币交易频繁、外币币种较多的金融企业大多采用外币分账制。

二、外币交易的两种观点

1. 单一交易观点

这种观点认为：应将外币交易的发生和以后结算视为一笔交易的两个阶段，该交易只有在清偿有关应收、应付外币账款后才算完成，在此过程中，由于汇率变动而产生的折合为记账本位币的差额应调整该项交易的成本或收入。外币交易会计中不单独反映“汇兑损益”。

【例 4-1】中国某公司 20×6 年 5 月 16 日以赊销方式向美国某公司出口商品一批，共计 10000 美元，当天的汇率为 1 美元 = 6.5 元人民币；5 月 31 日的汇率为 1 美元 = 6.48 元人民币；结算日为 20×6 年 6 月 24 日，当天汇率为 1 美元 = 6.47 元人民币。买卖双方约定货款以美元结算，该公司所选择的记账本位币为人民币。

要求：根据单一交易观点编制会计分录。

根据上述业务编制会计分录如下：

（1）20×6 年 5 月 16 日：

借：应收账款——美元（10000×6.5）　　65000

　　贷：主营业务收入　　65000

（2）20×6 年 5 月 31 日：

借：主营业务收入　　200

　　贷：应收账款——美元［10000×（6.5-6.48）］　　200

（3）20×6 年 6 月 24 日：

借：主营业务收入 100

  贷：应收账款——美元［10000×（6.48－6.47）］ 100

同时：

借：银行存款——美元（10000×6.47） 64700

  贷：应收账款——美元 64700

【例4－2】中国某公司20×6年5月16日以赊购方式从美国某公司进口商品一批，共计10000美元，当天的汇率为1美元＝6.5元人民币；5月31日的汇率为1美元＝6.48元人民币；结算日为20×6年6月24日，当天汇率为1美元＝6.47元人民币。买卖双方约定货款以美元结算，该公司所选择的记账本位币为人民币。

要求：根据单一交易观点编制会计分录。

根据上述业务编制会计分录如下：

（1）20×6年5月16日：

借：库存商品 65000

  贷：应付账款——美元（10000×6.5） 65000

（2）20×6年5月31日：

借：应付账款——美元［10000×（6.5－6.48）］ 200

  贷：库存商品 200

（3）20×6年6月24日：

借：应付账款——美元［10000×（6.48－6.47）］ 100

  贷：库存商品 100

同时：

借：应付账款——美元 64700

  贷：银行存款——美元（10000×6.47） 64700

2. 两项交易观点

这种观点认为：外币交易的发生和结算应作为两项相互独立的交易处理，该交易在结算时，由于汇率变动而产生的折合成记账本位币的差额，不应调整原来的成本或收入。在这种观点下，对于已实现的汇兑损益应单独反映，计入当期损益；对于未实现的汇兑损益，有两种处理方法：一种是当期确认法，另一种是递延法。

（1）当期确认法，是指将未实现的汇兑损益计入当期损益。主张采用这种方法的理由是：在持续经营的前提下，企业要分期确定收益，如果一笔外币购销交易的发生日和结算日分属于两个会计期间，那么，在报表编制日和结算日汇率变动对该交易所涉及的外币应收应付账户的影响也应分别归属于前后两个会计期间，因此，为了反映汇率变动跨越两个会计期间的实际过程，应在每期期末按期末汇率将外币应收应付款项的外币金额调整为记账本位币，并在当期确认由于汇率变动而形成的汇兑损益，在实际结算日再确认由于上期期末和结算日之间的汇率变动所形成的汇兑损益。

（2）递延法，是指将未实现的汇兑损益反映在“递延汇兑损益”账户，递延到以后各期，待外币账款结算时，再将递延的汇兑损益转入当期。主张采用递延法的理由是：汇率的变动不可能永远是单向的，在汇率发生逆向变动的情况下，上期期末确认的未实现汇兑损益在本期就不可能实现，从而歪曲了企业前后两个会计期间的损益情况。因此，未实现汇兑损益不应直接计入当期损益，而应将它递延到下一个会计期间的结算日。

【例4－3】沿用【例4－1】资料，采用当期确认法将资产负债表日的汇兑损益作为已实现的损益，计入当期损益。根据上述业务编制会计分录如下：

（1）20×6年5月16日：

借：应收账款——美元（10000×6.5） 65000

贷：主营业务收入 65000

（2）20×6年5月31日：

借：财务费用——汇兑损益 200

贷：应收账款——美元［10000×(6.5－6.48)］ 200

（3）20×6年6月24日：

借：财务费用——汇兑损益 100

贷：应收账款——美元［10000×(6.48－6.47)］ 100

同时：

借：银行存款——美元（10000×6.47） 64700

贷：应收账款——美元 64700

【例4－4】沿用【例4－1】资料，采用递延法将资产负债表日的汇兑损益作为递延处理，其账务处理程序如下：

（1）20×6年5月16日：

借：应收账款——美元（10000×6.5） 65000

贷：主营业务收入 65000

（2）20×6年5月31日：

借：递延汇兑损益 200

贷：应收账款——美元［10000×(6.5－6.48)］ 200

（3）20×6年6月24日：

借：递延汇兑损益 100

贷：应收账款——美元［10000×(6.48－6.47)］ 100

同时：

借：银行存款——美元（10000 ×6.47）　　64700

　　贷：应收账款——美元　　64700

另外，将递延汇兑损益结转为已实现的汇兑损益：

借：财务费用——汇兑损益　　300

　　贷：递延汇兑损益　　300

在以上两种观点的三种处理方法中，主要区别是对外币折算差额的处理不同，其中，单项交易观的处理方法不符合国际公认的确认销售收入的实现原则，也没有在会计处理中反映外汇交易的汇率风险，一般很少采用。关于两项交易观的会计处理，在未实现汇兑损益数额不大、跨期不长的情况下，采用递延法和当期确认法所产生的差别不大。当期确认法比较简单，使当期会计报表能够及时反映汇率变动对企业财务状况的影响，但在汇率发生大幅度逆向变动的情况下，会引起企业当期收益既包括巨额未实现交易损益，又包括正常经营损益，导致会计报表不能正确反映当期经营成果，收益大幅度波动。递延法可以弥补当期确认法的不足，在汇率大幅度发生逆向变动的情况下，可以从一定程度上减轻汇率变动所引起的企业收益的波动；在汇率发生单向变动的情况下，如果发生未实现的汇兑收益企业可以获得推迟纳税的利益，但却掩盖了汇率变动的事实，将未实现的汇兑损益递延到以后各期直至结算期，会影响以后各期直至结算期的收益。

两项交易观是国际通行的会计惯例。国际会计准则委员会在《外汇汇率变动影响会计》中建议按两项交易观处理外币交易，并主张在大多数情况下采用立即确认未实现汇兑损益的方法。美国财务会计准则委员会在 1981 年 12 月公布的第 52 号财务会计准则公告“外币交易和外币财务报表折算的会计处理”中，也要求对外币交易的会计处理采用两项交易观，并规定发生的汇兑损益应在汇率变动的当期予以确认。

我国外币交易的处理也采用了两项交易观，对汇兑损益的处理采用了当期确认法。

三、我国外币交易的会计处理

企业应按会计核算的需要设置外币账户，外币账户包括外币现金、外币银行存款以及外币结算的债权（如应收账款、应收票据、预付账款等）和债务（如短期借款、长期借款、应付账款、应付票据、应付工资、应付股利、预收账款等）用以核算企业发生的外币业务。

1. 交易日的会计处理

企业发生外币交易的，应当在初始确认时，采用交易日的即期汇率或即期汇率的近似汇率将外币金额折算为记账本位币金额。

（1）外币购销业务的处理。

【例4－5】国内某公司的记账本位币为人民币，属于增值税一般纳税企业。20×6年5月18日从国外购入某原材料，共计50000欧元，当日的即期汇率为1欧元=9.28元人民币，按照规定计算应缴纳的进口关税为50000元人民币，支付的进口增值税为78880元人民币，货款尚未支付，进口关税及增值税已用银行存款支付。

账务处理如下：

借：原材料（50000×9.28+50000）　514000

　　应交税费——应交增值税（进项税额）　78880

　　贷：应付账款——欧元（50000×9.28）　464000

　　　　银行存款——人民币（50000+78880）　128880

【例4－6】国内甲公司的记账本位币为人民币。20×6年5月25日，向国外乙公司出口商品一批，根据销售合同，货款共计100000美元，当日的即期汇率为1美元=6.5元人民币。假定不考虑增值税等相关税费，货款尚未收到。

账务处理如下：

借：应收账款——美元（100000×6.5）　650000

　　贷：主营业务收入　650000

（2）外币借款业务的处理。企业的外币借款是企业外币筹资的重要方式，企业应将借入的外币按当日即期汇率折合为记账本位币入账。

【例4－7】某公司记账本位币为人民币，20×5年7月1日从银行借入一年期借款10000美元，年利率为5%，借款当天的即期汇率为1美元=6.79元人民币；20×5年12月31日的即期汇率为1美元=6.62元人民币；20×6年7月1日偿还借款本金，还款当天的即期汇率为1美元=6.47元人民币。

账务处理如下：

（1）20×5年7月1日：

借：银行存款——美元（10000×6.79）　67900

　　贷：短期借款——美元（10000×6.79）　67900

（2）20×5年12月31日计提20×5年下半年应付利息：

借：财务费用——利息支出（250×6.62）　1655

　　贷：应付利息——美元　1655

（3）20×5年12月31日：

借：短期借款——美元［10000×(6.79－6.62)］　1700

　　贷：财务费用——汇兑差额　1700

（4）20×6 年7月1日：

借：应付利息——美元　　1655

　　财务费用——利息支出（250×6.47）　　1617.5

　　短期借款——美元　　66200

　　贷：银行存款——美元（10500×6.47）　　67935

　　　　财务费用——汇兑差额［10250×（6.62－6.47）］　　1537.5

（3）投入外币资本业务的处理。企业收到投资者以外币投入的资本，无论是否有合同约定汇率，均不得采用合同约定汇率和即期汇率的近似汇率折算，而是采用交易日即期汇率折算，这样，外币投入资本与相应的货币性项目的记账本位币金额相等，不产生外币资本折算差额。

【例4－8】设我国某公司接受国外某公司的股权投资。投资合同约定，双方的总投资额为1000万元人民币，国外公司所占股份为21%，需用美元交付。签订合同时美元对人民币的汇率为1美元＝7.0元人民币，外商需要投入30万美元，在该合营企业实际收到对方汇来的美元时，美元对人民币的汇率为1美元＝6.9元人民币。

账务处理如下：

借：银行存款——美元（300000×6.90）　　2070000

　　贷：实收资本　　2070000

（4）外币兑换业务的处理。外币兑换业务，是指企业从银行买入外币或将外币卖给银行以及将一种外币兑换为另一种外币的经济业务。

企业发生的外币兑换业务或涉及外币兑换的交易事项，应当以交易实际采用的汇率，即银行买入价或卖出价折算。由于汇率变动产生的折算差额计入当期损益。

1）企业将外币卖给银行。

【例4－9】某公司将其所持有的3000美元卖给银行，当天的银行买入价为1美元＝6.60元人民币，当日的即期汇率为1美元＝6.70元人民币。

账务处理如下：

借：银行存款——人民币户（3000×6.60）　　19800

　　财务费用——汇兑损益　　300

　　贷：银行存款——美元户（3000×6.70）　　20100

2）企业从银行买入外币。

【例4－10】甲公司以人民币向中国银行买入5000美元，甲公司以中国人民银行公布的人民币汇率中间价作为即期汇率，当日的即期汇率为1美元＝6.8元人民币，中国银行当日美元卖出价为1美元＝6.85元人民币。

甲公司当日应作会计分录：

借：银行存款——美元户（5000×6.80）　　34000

　　财务费用——汇兑损益　　250

　　贷：银行存款——人民币户（5000×6.85）　　34250

2. 资产负债表日及结算日的处理

资产负债表日，企业应当分别外币货币性项目和外币非货币性项目进行处理。

（1）货币性项目的处理。货币性项目是企业持有的货币和将以固定或可确定金额的货币收取的资产或者偿付的负债。货币性项目分为货币性资产和货币性负债，货币性资产包括现金、银行存款、应收账款和应收票据以及持有至到期投资等；货币性负债包括应付账款、其他应付款、短期借款、应付债券、长期借款、长期应付款等。

对于外币货币性项目，资产负债表日或结算日，因汇率波动而产生的汇兑差额作为财务费用处理，同时调增或调减外币货币性项目的记账本位币金额。

在资产负债表日，企业应对各种外币货币性账户的期末余额，按照期末即期汇率折合为记账本位币金额。将按期末即期汇率折合的记账本位币金额与原账面记账本位币金额之间的差额，作为汇兑损益，计入"财务费用"或有关账户。在资产负债表日，外币货币性账户余额的调整程序如下：

1）根据各外币货币性账户期末外币余额，按照期末即期汇率计算出人民币余额。

2）将期末所折合的人民币余额与调整前原账面人民币余额进行比较，计算出人民币余额的差额。

3）根据应调整的人民币差额，确定所产生的汇兑损益的数额。

4）进行调整各外币货币性账户账面余额的账务处理，并将汇兑损益计入"财务费用"账户。

【例4－11】某公司根据有关外币货币性账户的余额和资产负债表日的即期汇率等数据资料，编制的期末外币货币性账户余额调整计算如表4－1所示。

表4－1　期末外币货币性账户余额调整计算表

外币账户名称	美元余额	期末即期汇率	调整后人民币余额	调整前人民币余额	差额
银行存款	15000	6.60	99000	101500	2500
应收账款	0	6.60	0	1000	1000

续表

外币账户名　称	美元余额	期　末即期汇率	调整后人民币余额	调整前人民币余额	差额
短期借款	20000	6.60	132000	134000	2000
应付账款	12000	6.60	79200	80400	1200
合计	—	—	—	—	300

根据上述计算结果，作调整外币账户余额的账务处理：

借：财务费用——汇兑损益　　2500
　　贷：银行存款——美元户　　2500
借：财务费用——汇兑损益　　1000
　　贷：应收账款——美元户　　1000
借：短期借款——美元户　　2000
　　贷：财务费用——汇兑损益　　2000
借：应付账款——美元户　　1200
　　贷：财务费用——汇兑损益　　1200

或合并编制分录如下：

借：财务费用——汇兑损益　　300
　　短期借款——美元户　　2000
　　应付账款——美元户　　1200
　　贷：银行存款——美元户　　2500
　　　　应收账款——美元户　　1000

（2）非货币性项目的处理。非货币性项目是货币性项目以外的项目，如存货、长期股权投资、交易性金融资产（股票、基金）、固定资产、无形资产等。

1）以历史成本计量的外币非货币性项目。对于以历史成本计量的外币非货币性项目，已在交易发生日按当日即期汇率折算，资产负债表日不应改变其原记账本位币金额，不产生汇兑差额。因为这些项目在取得时已按取得时日即期汇率折算，从而构成这些项目的历史成本，如果再按资产负债表日的即期汇率折算，就会导致这些项目价值不断变动，从而使这些项目的折旧、摊销和减值不断地随之变动。这与这些项目的实际情况不符。

【例4－12】某外商投资企业进口一台机器设备，设备价款500000美元，尚未支付，当日的即期汇率为1美元＝6.8元人民币。当月月末的即期汇率为1美元＝6.7元人民币，假定不考虑其他相关税费，该企业的记账本位币为人民币。

分析：该项设备属于企业的固定资产，购入时已按当日即期汇率折算为人民币 3400000 元。由于“固定资产”属于非货币性项目，因此，当月月末，不需要按当日即期汇率进行调整。

由于存货在资产负债表日采用成本与可变现净值孰低计量，因此，在以外币购入存货并且该存货在资产负债表日的可变现净值以外币反映的情况下，在计提存货跌价准备时应当考虑汇率变动的影响。

【例 4 – 13】甲公司以每台 2000 美元的价格从美国某供货商手中购入国际最新型号 H 商品 10 台，并于当日支付了相应货款（假定甲公司有美元存款）。当年年末，已售出 H 商品 2 台，国内市场仍无 H 商品供应，但 H 商品在国际市场的价格已降至每台 1950 美元。

购买日的即期汇率是 1 美元 = 6.8 元人民币，购买当年 12 月 31 日的汇率是 1 美元 = 6.9 元人民币。假定不考虑增值税等相关税费。

甲公司应作会计分录：

（1）购入 H 商品时：

借：库存商品——H 商品　　136000

　　贷：银行存款　　136000

（2）12 月 31 日，由于库存 8 台 H 商品市场价格下跌，表明其可变现净值低于成本，应计提存货跌价准备。

借：资产减值损失　　1160

　　贷：存货跌价准备　　1160

$2000 \times 8 \times 6.8 - 1950 \times 8 \times 6.9 = 1160$ 元（人民币）

本例中，期末在计算库存商品——H 商品的可变现净值时，在国内没有相应产品的价格，因此，只能依据 H 商品的国际市场价格为基础确定其可变现净值，但需要考虑汇率变动的影响，期末以国际市场价格为基础确定的可变现净值应按照期末汇率折算，再与库存 H 商品的记账本位币成本相比较，确定其应提的跌价准备。

2）以公允价值计量的外币非货币性项目。对于以公允价值计量的股票、基金等非货币性项目，如果期末的公允价值以外币反映，则应当先将该外币按照公允价值确定当日的即期汇率折算为记账本位币金额，再与原记账本位币金额进行比较，其差额作为公允价值变动损益（含汇率变动），计入当期损益。

【例 4 – 14】国内甲公司以每股 1.5 美元的价格购入乙公司 B 股 10000 股作为交易性金融资产，当日即期汇率为 1 美元 = 6.8 元人民币，款项已付。当年年末，由于市价变动，当月购入的乙公司 B 股的市价变为每股 2 美元，当日即期汇率为 1 美元 = 6.6 元人民币。次年 2 月 27 日，甲公司将所购乙公司 B 股股票按当日市价每股2.2美元全部售出（即结算日），当日即期汇率为1美元=6.4元人民币。该公司的记账本位币是人民币。

其会计处理程序如下：

（1）购买日，该公司对上述交易应作以下财务处理：

借：交易性金融资产　102000

　　贷：银行存款——美元户　102000

（2）资产负债表日，将公允价值变动（含汇率变动）计入当期损益时：

借：交易性金融资产　（2×10000×6.6－1.5×10000×6.8）30000

　　贷：公允价值变动损益　30000

（3）次年2月27日，将所购B股股票全部售出时：

借：银行存款——美元户　（2.2×10000×6.4）140800

　　贷：交易性金融资产　132000

　　　　投资收益　8800

同时：

借：公允价值变动损益　30000

　　贷：投资收益　30000

思　考　题

（1）什么是外币？什么是外汇？什么外币交易？

（2）什么是记账本位币？确定境内、境外企业记账本位币时要考虑哪些因素？

（3）外币交易的业务构成怎样？与外币业务相关的汇率概念有哪些？

（4）什么是汇兑损益？由什么内容构成？其在外币业务核算中有什么重要意义？

（5）什么是货币性项目？什么是非货币性项目？了解这些内容有何意义？

（6）我国《企业会计准则》对外币交易会计处理是怎样要求的？具体的业务处理特征是什么？

（7）怎样理解期末外币交易的会计处理？在处理过程中会出现什么样的问题？怎样解决？

（8）我国对汇兑损益的处理方式是怎样规定的？与借款费用的处理原则有什么关系？

第五章 外币报表折算

学习目标

(1) 掌握外币报表折算的概念，企业为什么要进行外币报表折算?

(2) 熟悉外币报表折算的四种方法，并能说明各种折算方法的特点。

(3) 掌握我国企业会计准则对外币报表折算的要求。

第一节 外币报表折算概述

一、外币报表折算的意义

随着经济的发展，国际经济交往日益频繁，企业跨国经营越来越多，跨国公司得到迅速发展。企业在跨国经营中，就会碰到外币报表折算这一问题。

跨国经营的母子公司间，由于所处的地域不同，经营环境不同，因此母子公司间就可能采用不同的记账本位币，母子公司的财务报表是用不同的货币表述的。为了反映跨国公司作为一个整体的财务状况、经营成果以及现金流量情况，需要编制跨国公司的合并财务报表，以满足跨国公司的股东、债权人等有关方面的决策需要。这样就需要将用不同货币表示的财务报表，用相同的货币统一起来，这样两张报表的数字才能相加，这就意味着必须将按某种外币表示的个别财务报表折算为按另一种货币表述的财务报表。由于编制合并财务报表的主要目的是为了满足母公司股东和债权人的需要，因而，合并财务报表一般是以母公司所使用的货币表述，为此，子公司的财务报表必须按母公司的记账本位币重新表述，这样才能使两张财务报表得以在相同的货币表述基础上进行合并。

外币报表折算就是为了反映和揭示一个企业集团整体的财务状况、经营成果和有关经济信息，运用一定的核算方法，将所属企业不同货币金额表述的财务报表按另一种选定的货币金额对其进行重新表述的过程。

外币报表折算不同于货币兑换。货币兑换是一种货币实际兑换为另一种货币的等值金额，而外币报表折算只是将以一种货币反映的财务报表转换为以另一种货币来表述，不存在实际的货币兑换，并不影响原企业的财务状况和经营成果。

二、外币报表折算应注意的问题

1. 统一母公司与子公司的财务报表决算日和会计期间

在折算之前，应统一母公司与子公司的财务报表决算日和会计期间，使子公司财务报表决算日和会计期间与母公司的财务报表决算日和会计期间保持一致。两者不一致时，应当按照母公司的本身财务报表决算日和会计期间，对子公司财务报表进行调整，根据调整后的财务报表进行折算，或者要求国外子公司按照母公司的要求编报相同会计期间的财务报表。

2. 统一母公司与子公司所采用的会计政策和会计处理方法

母公司应当统一母公司与国外子公司所采用的会计政策和会计处理方法，使国外子公司所采用的会计政策和会计处理方法与母公司保持一致。当国外子公司所采用的会计政策和会计处理方法与母公司不一致时，母公司应当按照本身规定的会计政策和会计处理方法对子公司的财务报表进行必要的调整，根据调整后的财务报表进行折算。依据重要性原则，如果国外子公司所采用的会计政策和会计处理方法与母公司的要求差异不大，母公司也可直接根据该财务报表进行折算。

三、外币报表折算要解决的问题

1. 折算汇率的选择

在外币报表折算过程中，不同的项目可选择不同的汇率折算，因此，选用什么样的汇率就成为外币报表折算的重要因素。通常可供选择的汇率有：①现行汇率，是报表编制日的汇率；②历史汇率，是报表项目确认入账时的汇率；③报告期的平均汇率。

2. 折算损益的处理

外币报表折算损益，是指在报表折算时，由于对报表不同项目采用不同汇率折算而产生的外币折算差额。这种折算损益需要反映在财务报表中。在外币贬值的情况下，外币资产会发生折算损失；当外币升值时，则会产生折算收益。负债项目则正好相反。对于这种损失和收益的调整，可采用计入当期损益或递延到以后各期的方法。

（1）计入当期损益。这种处理方法是将外币报表折算损益单独列示于当期损益表内，并合并反映在资产负债表的未分配利润项目中。这种方法的解释是：由于汇率的变动引起了资产和负债折合后价值的改变，因而导致企业资产净值发生改变，从而使企业收益受到影响，所以应将外币报表折算损益计入当期损益，才能如实反映企业的财务信息。这种方法的收益额中包含了汇率变动的影响，可能会导致收益的剧烈波动和财务成果的失真。

（2）递延到以后各期。这种处理方法是将外币报表折算损益列示于资产负债表的所有者权益项目下，做递延处理。这种方法的解释是：外币报表折算损益是一种未实现损益，是子公司报表以母公司记账本位币的重新表述，而汇率是多变的，在本期为折算损失，下期就可能是折算收益，它们是可以抵销的，因此作为递延处理，更能真实地反映企业的财务状况。但这种方法掩盖了汇率变动的影响。

第二节 外币报表折算的方法

由于世界各国货币之间比价的不断变化以及明显加剧的变动幅度，使得如何选择折算汇率和如何处理折算差额成为外币报表折算要解决的主要问题，因而形成了多样化的外币报表折算方法体系。从目前世界各国外币报表折算的情况来看，主要使用的折算方法有区分流动与非流动项目法、区分货币与非货币项目法、现行汇率法和时态法。

一、区分流动与非流动项目法

区分流动与非流动项目法是将资产负债表项目按其流动性划分为流动性项目和非流动性项目两大类，对每类项目采用不同的汇率进行折算的一种方法。

这种方法的基本内容是：

（1）流动资产项目和流动负债项目按资产负债表日的现行汇率折算。

（2）其他资产、负债项目，均按历史汇率折算。

（3）实收资本项目按历史汇率折算。

（4）资产负债表上的留存收益项目是平衡数，无须按特定汇率折算。计算公式是：

折合后资产负债表的留存收益＝折算后的资产总额－折算后的负债总额－折算后的实收资本总额

（5）利润表中的固定资产折旧费用和无形资产摊销费用按相关资产入账时的历史汇率折算。

（6）利润表中的收入和费用项目，均按当期的平均汇率折算。

（7）对折算损益的处理，是遵循谨慎性原则，如为折算净损失，计入当期损益；如为折算净收益，则予以递延，记入资产负债表，用来抵销未来会计期间可能发生的折算损失。

流动与非流动项目法，是早期普遍采用的折算方法，这种方法试图对不同的资产和负债项目采用不同的折算汇率，但折算汇率的选择标准缺乏足够的理论依据，也就是说没有充分的理由说明为什么流动性项目要按现行汇率折算，而非流动性项目要按历史汇率折算。

二、区分货币与非货币项目法

区分货币与非货币项目法是指将外币报表中的资产和负债项目区分为货币性项目和非货币性项目两大类，并分别采用不同的汇率折算的一种方法。货币性项目既包括企业拥有的货币和权利，如现金、银行存款、应收账款、应收票据等货币性资产，也包括企业应付的以定量货币为限的债务，如应付票据、应付账款、短期借款、长期借款等货币性负债，这些货币性项目按现行汇率折算。货币性项目以外的其他项目均为非货币性项目，非货币性项目按历史汇率折算。

这种方法的基本内容是：

（1）资产负债表中的货币性项目，包括货币性资产和货币性负债，按编表日的现行汇率折算。

（2）资产负债表中的非货币性项目，包括存货、固定资产、无形资产等，按历史汇率折算。

（3）资产负债表中的实收资本项目按历史汇率折算。

（4）资产负债表上的留存收益项目和流动与非流动项目法一样属于平衡数，不必按特定汇率折算，可倒挤确定。

（5）利润表中的固定资产折旧费用和无形资产摊销费用，同区分流动与非流动法一样，按相关资产入账时的历史汇率折算。

（6）由于存货按历史汇率折算，因而销售成本实际上也是按历史汇率折算的，在实际折算时，销售成本一般按倒挤法确定。计算公式为：

销售成本＝期初存货＋本期购货－期末存货

（7）利润表中的其他项目均按业务发生时的汇率或编表期的平均汇率折算。

（8）折算差额计入当期损益，并单独反映在利润表中。

区分货币性与非货币性项目法同区分流动与非流动项目法一样，试图通过对资产与负债进行分类组合，选用不同的汇率进行折算，二者的区别是分类的标准不同。这种方法的优点是考虑到货币性项目容易受汇率变动的影响，因而采用现行汇率进行折算，但这种方法也存在着和区分流动与非流动汇率法同样的缺陷，即报表项目的分类缺乏充分的理由，如果非货币性项目（如存货）是按现行市价表述的，则按现行汇率折算应是更合理的。

三、现行汇率法

现行汇率法是采用资产负债表日的现行汇率，将外币财务报表中的资产和负债项目都按现行汇率进行折算的一种方法。它是所有外币报表折算中最简单的一种方法，也是会计实务中采用较多的一种方法。

这种方法的基本内容是：

（1）资产负债表中的资产和负债项目均按编表日的现行汇率折算。

（2）资产负债表中的实收资本项目，按投入时的历史汇率折算。

（3）资产负债表中的留存收益项目，是个平衡数，可倒挤确定。

（4）利润表中的收入和费用项目，按发生时的汇率折算或为了简化核算，按编表期内的平均汇率折算。

（5）折算差额，一般作递延处理，单独列示在资产负债表中所有者权益项目内。

这种方法的主要优点是简便易行，采用单一汇率进行折算，等于对这些项目乘以同一系数，折算后的资产负债表仍保持原外币报表中各项目之间的比例关系（只有所有者权益的内部结构发生变化），据此计算出来的各种财务指标能够反映子公司的实际情况。这种方法的主要缺陷仍然是资产、负债折算的汇率选择缺乏足够的理论依据，当汇率发生较大的变化时，这些资产和负债都将承受汇率变动的影响，可能会使某些项目的实际价值受到影响。

四、时态法

时态法也称时间度量法，是指依据资产、负债项目的计价方法分别采用现行汇率或历史汇率进行折算的方法。这种方法的理论依据是：外币报表折算实际上是将外币报表按一种新的货币单位重新表述的过程，在这一过程中，改变的只是计量单位，而不是被计量项目的计量属性。因此，外币报表项目应按其采用的计量属性所对应的计量日期的实际汇率折算，这样才能不改变外币报表项目的计量基础。

这种方法的基本内容是：

（1）资产负债表中的货币资金、应收应付项目以及非流动负债项目，按现行汇率折算。

（2）资产负债表中按历史成本计价的各项非货币性资产（如未曾计提减值准备的存货、固定资产、无形资产等），按取得时的历史成本折算；如果本期末没有计提减值准备，但以前期间曾计提过减值准备，则按最近一次计提减值准备时的历史汇率折算。

（3）资产负债表中按现行市价计价的非货币性资产项目（如本期末计提了减值准备的存货、固定资产、无形资产等是按现行市价计价的），按编表日的现行汇率折算。

（4）资产负债表中的实收资本项目按投入时的历史汇率折算。

（5）资产负债表中的留存收益为轧算的平衡数，可倒挤确定。

（6）利润表中的折旧费和摊销费用，按相关资产取得时或最近一次计提减值准备时的历史汇率折算。

（7）利润表中的其他项目均按项目发生时的历史汇率折算，或为了简化，按编表期的平均汇率折算。

（8）折算差额计入当期损益，并单独反映在利润表中。

时态法的实质在于，折算后的会计报表应当保持资产、负债在国外子公司会计报表的计量基础，不应因计量单位的改变而改变了被计量项目的计量属性。

这种方法的主要优点是：折算汇率的选择标准具有较强的理论依据。这种方法的主要缺点是：由于对资产负债表各项目采用不同的折算汇率，使得折算后的资产负债表有关项目之间的比率不同于原报表中的比率。

五、折算方法的比较

上述四种方法，对利润表的折算，所用的折算汇率是基本相同的。在汇率选择上的区别主要表现在资产负债表的项目上。现将不同折算方法下，资产负债表各项目折算所用汇率汇总，如表 5－1 所示。

表 5－1　外币财务报表折算方法比较

资产负债表项目	流动与 非流动项目法	货币与 非货币项目法	时态法	现行汇率法
货币资金	C	C	C	C
应收账款	C	C	C	C

续表

资产负债表项目	流动与非流动项目法	货币与非货币项目法	时态法	现行汇率法
存货				
按成本	C	H	H	C
按市价	C	H	C	C
投资				
按成本	H	H	H	C
按市价	H	H	C	C
固定资产	H	H	H	C
其他资产	H	H	H	C
应付账款	C	C	C	C
长期借款	H	C	C	C
实收资本/股本	H	H	H	H
留存收益	※	※	※	※

注：C 表示现行汇率；H 表示历史汇率；※表示轧算的平衡数。

从表 5－1 可以看出：

（1）无论哪种折算方法，对资产负债表中的实收资本（或股本）项目都是按收到资本日的历史汇率进行折算的，对货币性资产和货币性流动负债项目都是按期末现行汇率进行折算的。

（2）区分货币与非货币项目法和时态法的区别在于存货和投资项目的折算。当存货和投资项目按历史成本和按历史汇率折算时，这两种方法的区别实际上就不存在了。

第三节　我国外币财务报表的折算

一、境外经营财务报表的折算

企业的子公司、合营企业、联营企业和分支机构如果采用与企业相同的记账本位币，即使是设在境外，其财务报表也不存在折算问题。但是，如果企业境外经营的记账本位币不同于企业的记账本位币，在将企业的境外经营通过合并报表、权益法核算等纳入到企业的财务报表中时，需要将企业境外经营的财务报表折算为以企业记账本位币反映的财务报表。

1. 折算方法

在对企业境外经营财务报表进行折算前，应当调整境外经营的会计期间和会计政策，使之与企业会计期间和会计政策相一致，根据调整后会计政策及会计期间编制相应货币（记账本位币以外的货币）的财务报表，再按照以下方法对境外经营财务报表进行折算：

（1）资产负债表中的资产和负债项目，采用资产负债表日的即期汇率折算，所有者权益项目除“未分配利润”项目外，其他项目采用发生时的即期汇率折算。

（2）利润表中的收入和费用项目，采用交易发生日的即期汇率或即期汇率的近似汇率折算。

（3）产生的外币财务报表折算差额，在编制合并财务报表时，应在合并资产负债表中所有者权益项目下单独作为“外币报表折算差额”项目列示。

比较财务报表的折算比照上述规定处理。

2. 外币报表折算举例

【例5－1】国内甲公司的记账本位币为人民币，该公司仅有一全资子公司乙公司，无其他境外经营。乙公司设在美国，自主经营，所有办公设备及绝大多数人工成本等均以美元支付，除极少量的商品购自甲公司外，其余的商品采购均来自当地，乙公司对所需资金自行在当地融资、自担风险。因此，根据记账本位币的选择确定原则，乙公司的记账本位币应为美元。20×6年12月31日，甲公司准备编制合并财务报表，需要先将乙公司的美元财务报表折算为人民币表述。乙公司的有关资料如下：

20×6年12月31日的即期汇率为1美元＝6.6元人民币，20×6年的平均汇率为1美元＝6.8元人民币，实收资本为125000美元，发生日的即期汇率为1美元＝7.5元人民币，上年12月31日的即期汇率为1美元＝7.25元人民币，累计盈余公积为11000美元，折算为90300元人民币，累计未分配利润为20000美元，折算为人民币166000元，乙公司在年末提取盈余公积6000美元。

乙公司相关的利润表、资产负债表、所有者权益变动表的编制分别如表5－2、表5－3和表5－4所示。

表 5－2　利润表

编制单位：乙公司　　　　20×6 年度　　　　单位：元

项目	本年累计数（美元）	汇率	折算为人民币金额
一、营业收入	105000	6.8	714000
减：营业成本	40000	6.8	272000
营业税金及附加	6000	6.8	40800
销售费用	8000	6.8	54400
管理费用	12000	6.8	81600
财务费用	10000	6.8	68000
二、营业利润	29000		197200
加：营业外收入	5000	6.8	34000
减：营业外支出	4000	6.8	27200
三、利润总额	30000		204000
减：所得税费用	10000	6.8	68000
四、净利润	20000		136000
五、每股收益			

表 5－3　资产负债表

编制单位：乙公司　　　　20×6 年 12 月 31 日　　　　单位：元

资产	期末数（美元）	汇率	折算为人民币金额	负债和股东权益	期末数（美元）	汇率	折算为人民币金额
流动资产：				流动负债：			
货币资金	20000	6.6	132000	短期借款	10000	6.6	66000
交易性金融资产	10000	6.6	66000	应付票据	2000	6.6	13200
应收票据	8000	6.6	52800	应付账款	15000	6.6	99000
应收账款	22000	6.6	145200	应付职工薪酬	12000	6.6	79200
存货	40000	6.6	264000	应交税费	3000	6.6	19800
流动资产合计	100000		660000	流动负债合计	42000		277200
非流动资产：				非流动负债：			
固定资产	120000	6.6	792000	长期借款	12000	6.6	79200
无形资产	30000	6.6	198000	长期应付款	20000	6.6	132000
非流动资产合计	150000		990000	非流动负债合计	32000		211200
				所有者权益：			

续表

资产	期末数（美元）	汇率	折算为人民币金额	负债和股东权益	期末数（美元）	汇率	折算为人民币金额
				实收资本	125000	7.5	937500
				盈余公积	17000		131100
				未分配利润	34000		261200
				报表折算差额	0		-168200
				所有者权益合计	176000		1161600
资产总计	250000		1650000	负债和所有者权益总计	250000		1650000

表 5-4　所有者权益变动表

编制单位：乙公司　　　　20×6 年度　　　　单位：元

项目	实收资本			盈余公积			未分配利润		外币报表折算差额	所有者权益合计（人民币）
	美元	汇率	人民币	美元	汇率	人民币	美元	人民币		
一、本年年初余额	125000	7.5	937500	11000		90300	20000	166000		1193800
二、本年增减变动金额										
（一）净利润							20000	136000		136000
（二）直接计入所有者权益的利得和损失										
其中：外币报表折算差额									-168200	-168200
（三）利润分配										
1. 提取盈余公积				6000	6.8	40800	-6000	-40800		
三、本年年末余额	125000	7.5	937500	17000		131100	34000	261200	-168200	1161600

二、恶性通货膨胀经济中境外经营财务报表的折算

1. 恶性通货膨胀经济的判定

当一个国家经济环境显示出（但不局限于）以下特征时，应当判定该国处于恶性通货膨胀经济中：

（1）三年累计通货膨胀率接近或超过 100%。

（2）利率、工资和物价与物价指数挂钩，物价指数是物价变动趋势和幅度的相对数。

（3）一般公众不是以当地货币而是以相对稳定的外币为单位作为衡量货币金额的基础。

（4）一般公众倾向于以非货币性资产或相对稳定的外币来保存自己的财富，持有的当地货币立即用于投资以保持购买力。

（5）即使信用期限很短，赊销、赊购交易仍按补偿信用期预计购买力损失的价格成交。

2. 处于恶性通货膨胀经济中境外经营财务报表的折算

企业对处于恶性通货膨胀经济中的境外经营财务报表进行折算时，需要先对其财务报表进行重述：对资产负债表项目运用一般物价指数予以重述，对利润表项目运用一般物价指数变动予以重述。然后，再按资产负债表日即期汇率进行折算。

（1）资产负债表项目的重述。在对资产负债表项目进行重述时，由于现金、应收账款、其他应收款等货币性项目已经以资产负债表日的计量单位表述，因此不需要进行重述；通过协议与物价变动挂钩的资产和负债，应根据协议约定进行调整；非货币项目中，有些是以资产负债表日的计量单位列示的，如存货已经以可变现净值列示，不需要进行重述。其他非货币性项目，如固定资产、投资、无形资产等，应自购置日起以一般物价指数予以重述。

（2）利润表项目的重述。在对利润表项目进行重述时，所有项目金额都需要自其初始确认之日起，以一般物价指数变动进行重述，以使利润表的所有项目都以资产负债表日的计量单位表述。由于上述重述而产生的差额计入当期净利润。

对资产负债表和利润表项目进行重述后，再按资产负债表日的即期汇率将资产负债表和利润表折算为记账本位币报表。

在境外经营不再处于恶性通货膨胀经济中时，应当停止重述，按照停止之日的价格水平重述的财务报表进行折算。

三、境外经营的处置

企业可能通过出售、清算、返还股东或放弃全部或部分权益等方式处置其在境外经营中的利益。企业应在处置境外经营的当期，将已列入合并财务报表所有者权益的外币报表折算差额中与该境外经营相关部分，自所有者权益项目转入处置当期损益。如果是部分处置境外经营，应当按处置的比例计算处置部分的外币报表折算差额，转入处置当期损益。

四、外币折算信息的披露

我国企业会计准则要求披露的信息比较简单，只要求在附注中披露与外币折算有关的如下信息：

（1）企业及其境外经营选定的记账本位币及选定的原因，记账本位币发生变更，说明变更理由。

（2）采用近似汇率的，近似汇率的确定方法。

（3）计入当期损益的汇兑差额。

（4）处置境外经营对外币财务报表折算差额的影响。

思 考 题

（1）什么是外币报表折算？为什么要对外币报表进行折算？外币报表折算与货币兑换是什么关系？

（2）外币报表折算应注意的问题是什么？

（3）外币报表折算要解决的问题是什么？如何解决？

（4）简述外币财务报表折算的基本方法，并对这些方法进行评价。

（5）简述我国现行财务报表折算的规定。

第六章　分支机构会计

学习目标

(1) 了解分支机构的基本特征。
(2) 理解分支机构会计的特点。
(3) 掌握总部及分支机构商品往来的会计处理。
(4) 掌握总部及分支机构费用分摊的会计处理。
(5) 掌握联合报表的编制。

第一节　分支机构会计概述

一、分支机构的含义

分支机构也称分厂或分店、分公司，是由总公司设立的、不具有企业法人资格、其民事责任由总公司承担的业务经营单位。

分支机构是现代企业拓展延伸的一种组织形式，随着企业扩张和集团经济的发展，越来越多的分支机构在企业的发展中起着举足轻重的作用。分支机构在不同的企业或行业有不同的名称，如在有些企业称为分支机构，有些企业称为分厂等。分支机构既可以异地设立，也可以同城设立在不同地点；既可以自行设立，也可以委托外部代理。

根据总公司在资金和商品赊销上对分支机构的控制不同，分支机构可分为分散制分支机构和集中制分支机构两类。

1. 分散制分支机构

分散制分支机构，是指分支机构奉行总公司统一的经营方针和管理方针，它们在总公司的管辖下，拥有相对独立的业务经营自主权，其所需资本完全依赖总公司。具体表现如下：分支机构可以以自己的名义开立银行往来账户，取得的销售收入作为分支机构的存款，各项营业开支自行支付；分支机构可拥有完备的商品库存，其货源大部分由总公司供给，也可以从别处购进；分支机构可全权支配营运资金，自行决定可实行赊销的客户和赊销的额度，并由分支机构直接向客户交货取款，分支机构单独核算其盈亏。

2. 集中制分支机构

集中制分支机构，根据分支机构与总部之间的关系又分为不完全独立会计核算和完全不独立会计核算。实行不完全独立会计核算的分支机构应设置部分账簿，并进行处理和记录，另一部分账簿由总部统一记录，分支机构不负责记录；实行完全不独立会计核算的分支机构的所有会计业务均由总部统一记录，分支机构不设置正式会计账簿，只需将相关业务和凭证及时报送总部并进行必要的辅助或备忘记录。集中制可以节省会计处理成本，并能保持总公司及各分支机构会计处理的一致性。但是由于各项凭证寄送时，容易遗失或延误，影响会计报表编报的完整性和时效性，在实际工作中很少采用。

本章所介绍的会计核算围绕分散制分支机构展开。

二、分支机构的基本特征

（1）分支机构不具备法人资格。分支机构不具备法人资格，其民事责任由设立该分支机构的企业承担。分支机构在经营业务、经营方针等各方面都要受到公司总部不同程度的控制，这种控制主要表现在资金的筹措、投放，人事管理以及经营决策的确定等方面。

（2）分支机构是一个相对独立的会计主体。分支机构可以独立开立银行账户、独立设置账户、独立核算业务、独立编制报表。但是，这种独立是相对的，其核算的内容只是分支机构所能控制和负责的部分，其会计报表只是满足内部管理的需要，不对外提供。

三、分支机构会计的特点

作为整个企业的一个组成部分，分支机构必须严格遵守总部统一的经营方针和管理方针。分支机构在总部授权范围内具有财务自主权，并作为单独一级核算单位进行独立核算。它们通常需要设置一套较为完整的账簿，用来记录其本身发生的经济业务，单独核算财务状况和经营成果，定期编制会计报表，向总部报告。但分支机构会计科目的名称与编号、会计报表的内容和格式，以及内部控制制度和会计方针，一般由总部事先规定。

总部对分支机构的营运资金实行严密控制，分支机构的销售额、现金回收率、库存资金占用等经营目标由总部核定并下达给各分支机构执行，总部定期对各分支机构的经营情况进行考核。在此前提下，分支机构通常也具有相对独立的经营自主权。它们可以拥有齐全的库存商品，除向总部进货之外，也可以自行向其他厂商购进商品。顾客订货时，分支机构可以自行决定顾客认货条件，并直接向顾客交货。赊购、赊销引起的应付、应收款，由分支机构自行负责结算。分支机构可以以自己的名义在银行开户、存取现金、委托银行办理结算业务。一般来说，分支机构的固定资产投资、巨额租赁和巨额广告投入等均由总部直接控制，分支机构无权对外投资、购置固定资产等。

总部与分支机构之间经营与管理关系密切，它们之间会发生大量的往来业务，总部与分支机构要设置一些相对应的账户，从不同的角度反映同一会计事项。总部设置“分支机构往来”账户，分支机构设置“总部往来”账户，它们的金额相等、记账方向相反。

第二节　分支机构会计的核算

分支机构的主要会计核算包括总部与分支机构之间以及分支机构之间的交易和往来，在各自的账簿体系中应当如何记录，在各自编制的内部财务报告中应当如何反映；在汇总编制整个企业对外的财务报告时，应当如何处理这些内部交易和往来业务对各内部财务报告的影响。这些往来业务在以各分支机构作为会计主体时均被视为对外业务予以记录和报告，但若以整个企业作为会计主体时这些业务只能作为对内业务，其影响不应包括在以整个企业作为会计主体对外编制的财务报告中，在编制整个企业对外财务报告时必须被完全抵销。正确核算这些内部往来业务，不仅关系到各分支机构作为内部核算单位的会计核算和内部报告的准确性，而且关系到整个企业编制的对外财务报告的准确性。

总部与分支机构之间内部往来业务大致有以下几类：①总部向分支机构拨付营运资金，包括现金、商品、备件等；②总部向分支机构分配应由其负担的费用；③各分支机构将货款移交总部；④各分支机构将内部核算的利润转账给总部；⑤各分支机构之间商品、备件的调拨或销售。上述内部往来按其是否涉及实体性资金的移动又可以分为两大类：①伴随着实体性资金移动的内部往来

业务，如现金、实物资产的转移等；②没有实体性资金移动的内部往来业务，如总部向各分支机构分配其各自应承担的费用、各分支机构将利润转账给总部等。由于实体性资金在各内部核算单位之间的移动，所牵涉的环节较多，往往需要周转数日才能到达对方，再加上在实体性资金转移过程中出现差错、损失等事项，导致往来双方的记录经常出现差异。如果往来双方业务频繁，上述差异将使往来双方的账目核对变得异常复杂，使总部汇编整个企业对外的财务报告更加困难。因此，如何处理好前一类内部往来业务是分支机构应着重解决的一个重要问题。

一、账户设置

分支机构会计除了设置一般会计科目外，双方还需要设立独立的账户。

1. 总部的账户设置

（1）设置“分支机构往来”（或“投资分支机构”）账户。“分支机构往来”是一个非流动性资产项目，借方反映总部向分支机构提供的现金、资产、劳务和分支机构的净利润，贷方反映从分支机构收回的现金、资产和分支机构的亏损。

（2）设置“存货加价——拨付××分支机构”账户。由于核算总机构拨付给分支机构存货时，其拨付价常常会超过成本价，其贷方记录总机构拨付给分支机构存货时，其拨付价超过成本价的金额；借方记录对拨付价超过成本价的对冲。其期末余额一般在贷方，反映会计期末总机构拨付给分支机构存货的拨付价超过成本价的金额。当总机构拨付分支机构的存货是按成本价时，就不需设置“存货加价——拨付××分支机构”科目。

分支机构往来

（1）向分支机构拨款	（1）分支机构交来现金
（2）向分支机构发出商品	（2）分支机构交来商品
（3）向分支机构发出其他资产	（3）分支机构交来其他资产
（4）转给分支机构的各项费用	（4）分支机构转来的亏损
（5）分支机构转来的利润	

存货加价——拨付××分支机构

（1）存货拨付价超过成本价的对冲	（1）存货拨付价超过成本价的金额

2. 分支机构的账户设置

分支机构设置“总部往来”（或“总公司往来”）账户。分支机构不单独设立权益类账户，“总部往来”是一个准权益类账户，类似权益类核算的要求。其贷方反映由总部提供的现金、资产、劳务等，借方反映上交总部或向总部提供的现金、资产等业务，期末结算时，分支机构将利润（或亏损）由该账户转出。“分支机构往来”账户与“总部往来”账户的金额相等、记账方向相反。

总部往来

（1）交总公司现金	（1）总公司拨款
（2）交总公司商品	（2）总公司拨付商品
（3）交总公司其他资产	（3）总公司拨付其他资产
（4）期末结转亏损到总公司	（4）总公司转来的费用
	（5）期末结转利润到总公司

二、设立分支机构

当分支机构设立时，总部会将一定的现金、商品和设备拨付给分支机构。这时总部和分支机构都要进行会计处理。

总部的会计分录：

借：分支机构往来

　　贷：库存现金

　　　　库存商品

　　　　固定资产

分支机构的会计分录：

借：库存现金

　　库存商品

　　固定资产

　　贷：总部往来

【例6－1】20×6年度，某公司总部设立一分支机构，总部拨付给分支机构现金10000元，设备价值50000元。双方的会计处理如表6－1所示。

表6－1　总部与分支机构的会计分录　　单位：元

总部		分支机构	
借：分支机构往来	60000	借：库存现金	10000
贷：库存现金	10000	固定资产——设备	50000
固定资产——设备	50000	贷：总部往来	60000

三、总部发往分支机构商品

总部发往分支机构商品属于企业内部的商品调拨，不能作为销售处理。但总部与分支机构是两个不同的会计主体，应分别进行独立核算。常用的计价方法有成本法、成本加成法和售价法。

1. 成本法

成本法，是指总部发往分支机构的商品按照制造成本或购买成本计价，这是最简单、最普遍的计价方法。成本法可以避免期末库存商品中包含的未实现利润，反映分支机构真实的经营成果。但这种方法会使全部利润在对外销售的总部或分支机构实现，从而夸大该分支机构的经营业绩，忽略了其他部门的业绩。

总部的会计分录：

借：分支机构往来

　　贷：库存商品——运交分支机构（总部的成本价）

分支机构的会计分录：

借：库存商品——总部发送（总部的成本价）

　　贷：总部往来

【例 6－2】20×6 年度，某公司总部与分支机构之间有如下业务：

（1）总部拨给分支机构商品 30000 元。

（2）分支机构对外赊购商品 15000 元。

（3）分支机构对外销售商品 23000 元，其中赊销 15000 元，销售成本 20000 元。

（4）分支机构收到应收账款 15000 元。

不考虑增值税，按照成本法编制总部与分支机构的会计处理如表 6－2 所示。

2. 成本加成法

成本加成法，是指总部发往分支机构的商品按其制造成本或购买成本加一定百分比的利润计价的方法。这种方法弥补了成本法的不足，但却使得期末库存商品中包含未实现利润。为消除库存商品中所含的未实现利润，总部在期末编制联合报表时，需要进行必要的调整，从而增加了核算的复杂性。一方面，在总部的账上要反映这一加价因素；另一方面，期末总部要对加价部分对分支机构利润的影响进行调整。以成本加成计价，只要总部拨付的商品未对外全部销售，那么分部期末存货中就包含未实现的内部销售利润，总部在编制联合报表的时候，应进行适当的调整将其消除。期末双方的会计处理将在联合财务报表部分介绍。

表6－2 总部和分支机构的会计处理 单位：元

总部	分支机构
（1）借：分支机构往来 30000 贷：库存商品——运交分支机构 30000	借：库存商品——总部发送 30000 贷：总部往来 30000
（2）无	借：库存商品 15000 贷：应付账款 15000
（3）无	借：银行存款 8000 应收账款 15000 贷：主营业务收入 23000 借：主营业务成本 20000 贷：库存商品 20000
（4）无	借：银行存款 15000 贷：应收账款 15000

总部的会计分录：

借：分支机构往来

　　贷：库存商品——运交分支机构（总部的成本价）

　　　　存货加价——拨付××分支机构

分支机构的会计分录：

借：库存商品——总部发送（成本加成价）

　　贷：总部往来

【例6－3】某总公司运交分支机构商品的成本计50000元，分支机构按55000元记录。本期分支机构以赊销的形式出售总公司运来商品的80%，成本为44000元，售价为50000元。总部对分支机构的销货均以成本加价10%。不考虑增值税，按照成本加成法编制总部与分支机构的会计处理如表6－3所示。

3. 售价法

售价法是指总部发往分支机构的商品按其对外售价计价。这种方法可以加强总部对分支机构库存商品的管理、控制。这种方法在会计处理上与成本加成法的区别是，总部在平时发送商品后按照零售价登记库存商品的减少，期末再调整“存货加价”账户。

表 6－3　总部和分支机构的会计处理　　单位：元

总部			分支机构		
总部发出商品：					
借：分支机构往来	55000		借：库存商品——总部发送	55000	
贷：库存商品——运交分支机构		50000	贷：总部往来		55000
存货加价——拨付分支机构		5000			
分支机构销售：			借：应收账款	50000	
无			贷：主营业务收入		50000
			借：主营业务成本	44000	
			贷：库存商品		44000

总部的会计分录：

借：分支机构往来

　　贷：库存商品——运交分支机构（零售价）

分支机构的会计分录：

借：库存商品——总部发送（零售价）

　　贷：总部往来

【例 6－4】接【例 6－3】，若该批商品总部的零售价是 55000 元，其他条件相同，则会计处理如表 6－4 所示。

表 6－4　总部和分支机构的会计处理　　单位：元

总部			分支机构		
总部发出商品：					
借：分支机构往来	55000		借：库存商品——总部发送	55000	
贷：库存商品——运交分支机构		55000	贷：总部往来		55000
分支机构销售：			借：应收账款	50000	
无			贷：主营业务收入		50000
			借：主营业务成本	44000	
			贷：库存商品		44000

四、分支机构之间的往来

总部下设多个分支机构时，各分支机构之间一般不设置往来账户。各分支机构之间如果发生商品或其他物资调拨等外来业务，全部通过总部进行核算，而不直接计入其他分支机构的往来账户，总部可以完整地反映整个企业的所有业务，有利于总部的统一经营与管理。

【例6－5】某总部下设的两分支机构之间调拨商品，分支机构甲将商品调拨给分支机构乙。在会计处理上视为调出商品的分支机构甲将商品发给总部，调入商品的分支机构乙从总部得到商品。总部和分支机构的会计处理如表6－5所示。

表6－5　总部和分支机构的会计处理　　单位：元

调出商品分支机构甲	总部	调入商品分支机构乙
借：总部往来 　贷：库存商品	借：分支机构往来——乙 　贷：分支机构往来——甲	借：库存商品 　贷：总部往来

五、总部与分支机构之间费用的分摊

1. 总部分配应由分支机构负担的费用

总部：

借：分支机构往来

　　贷：费用

分支机构：

借：费用

　　贷：总部往来

2. 分支机构分配应由总部负担的费用

总部：

借：费用

　　贷：分支机构往来

分支机构：

借：总部往来

　　贷：费用

【例6－6】20×6年，某公司甲分部发生广告费10000元，由总部和甲分部共同分摊，各承担50%。此外，总部退休保险费用和一般管理费用分别为80000元和100000元，这些费用已经支出，甲分部和乙分部分别承担其中的40%。总部和分支机构的会计分录如表6－6所示。

表6－6 总部和分支机构的会计分录 单位：元

总部	分支机构甲	分支机构乙
(1) 广告费 借：销售费用——广告费 5000 　贷：分支机构往来 5000	借：销售费用——广告费 10000 　贷：库存现金 10000 借：总部往来 5000 　贷：销售费用——广告费 5000	
(2) 保险费及一般管理费用 借：管理费用——退休保险费 80000 　　　　——一般管理费用 100000 　贷：库存现金 180000 借：分支机构往来——甲 72000 　　　　——乙 72000 　贷：管理费用——退休保险费 64000 　　　　——一般管理费用 80000	借：管理费用——退休保险费 32000 　　　　——一般管理费用 40000 　贷：总部往来 72000	借：管理费用——退休保险费 32000 　　　　——一般管理费用 40000 　贷：总部往来 72000

六、期末结账

1. 调整“总部往来”账户与“分支机构往来”账户的余额

在期末结账前，要核对“总部往来”与“分支机构往来”这两个账户的余额是否相等。如果不相等，则表示总部与分支机构的某一方未及时入账或者一方出现记账错误，要及时进行核查，其方法与银行存款余额调节表的编制类似。属于会计差错的，要及时纠正；属于未达账项的，要编制调整分录或在工作底稿上调整。

【例6－7】某企业总部与分支机构期末往来账户如表6－7、表6－8所示。总部发往分支机构的商品按成本价结转。

表6－7 “分支机构往来”账户 单位：元

日期	摘要	借方	贷方	余额
12.1	期初余额			100000（借）
12.8	分支机构汇来现金		40000	60000（借）

续表

日期	摘要	借方	贷方	余额
12.22	发往分支机构商品	60000		120000（借）
12.29	代分支机构支付费用	30000		150000（借）
12.30	发往分支机构商品	80000		230000（借）
12.31	代分支机构收款		50000	180000（借）

表6-8 “总部往来”账户 单位：元

日期	摘要	借方	贷方	余额
12.1	期初余额			100000（贷）
12.5	汇往总部现金	40000		60000（贷）
12.25	总部发来商品		60000	120000（贷）
12.30	汇往总部现金	70000		50000（贷）
12.31	代总部支付费用	20000		30000（贷）

根据上述资料，分支机构汇往总部现金40000元，总部发往分支机构商品60000元，均在“分支机构往来”及“总部往来”账户中有所反应，而总部代分支机构支付费用30000元，总部发往分支机构商品80000元，总部代分支机构收回账款50000元，分支机构汇往总部现金70000元，分支机构代总部支付费用20000元，上述各项属于未达账项，应当进行调整，双方的调整分录如表6-9、表6-10所示。

表6-9 总部和分支机构的会计分录 单位：元

总部	分支机构
借：在途现金　70000 　贷：分支机构往来　70000 借：费用　20000 　贷：分支机构往来　20000	借：费用　30000 　贷：总部往来　30000 借：在途商品　80000 　贷：总部往来　80000 借：总部往来　50000 　贷：应收账款　50000

表6-10　往来账户调整表　　单位：元

总部"分支机构往来"账户		分支机构的"总部往来"账户	
调整前余额	180000（借）	调整前余额	30000（贷）
减：分支机构汇来	70000	加：总部代付费用	30000
分支机构代付	20000	总部发来商品	80000
		减：总部代收	50000
调整后余额	90000（借）	调整后余额	90000（贷）

调整后，"分支机构往来"账户与"总部往来"账户金额相等，方向相反。

2. 结转分支机构利润

期末，将分支机构的利润作为总部对分支机构的投入处理，联合报表编制完成后，分支机构将所有收入、费用和成本类账户结转至"总部往来"账户。分支机构的结账分录一般为：

借：主营业务收入

　　贷：主营业务成本

　　　　费用

　　　　本年利润

借：本年利润

　　贷：总部往来

如果分支机构发生亏损，则"总部往来"登记在借方。

3. 结转总部的利润

期末，联合报表编制完成后，总部确认分支机构实现利润，并将分支机构实现利润并入全企业利润；将本年度分支机构已销售的总部本年度存货拨付价款中的加价部分作为分支机构的利润，最后也并入全企业利润。

借：存货加价

　　贷：本年利润

借：分支机构往来

　　贷：本年利润

第三节　联合财务报表的编制

一、联合财务报表的编制方法

联合财务报表是指将整个企业，包括总部和所有分支机构的财务状况和经营成果视为一个整体而编制的报表。本报表应根据总部与分支机构的个别财务报表，将总部和各分支机构的资产、负债、收入和费用等项目综合反映。联合报表的编制与合并报表的编制在原理上非常相似，都要抵销相对的账户，以免合并时重复计算，非相对账户则直接相加，另外还要消除内部交易中所产生的未实现损益。

1. 抵销相对应账户

由于总部与分支机构之间的往来都是通过“分支机构往来”和“总部往来”这两个科目来核算的，因此，抵销相对应的会计分录很简单。抵销“总部往来”和“分支机构往来”的会计分录为：

借：总部往来

　贷：分支机构往来

2. 抵销内部交易中产生的未实现损益

抵销内部交易中产生的未实现损益可以分为三个方面：一是期初存货中所包含的未实现损益；二是本期购货中所包含的未实现损益；三是期末存货中所包含的未实现损益。抵销分录分别如下：

抵销包括在销货成本中的期初存货加价：

借：存货加价

　　贷：主营业务成本

抵销本年度运送到分支机构的商品加价：

借：存货加价

　　贷：主营业务成本

抵销分支机构期末存货的加价：

借：主营业务成本

　　贷：存货

前面两个分录是将子公司已经登记的商品销售成本调整到总部成本的基础上，第三个分录则是将未销售的存货成本调整到总部成本的基础上，同时，抵销期末存货中未实现的损益。

【例6－8】某公司20×5年12月31日总部和分支机构的资产负债表如表6－11所示。

以下是20×6年度总部及分支机构的营业情况：

（1）总部和分支机构向外界赊购，货物金额分别为200000元和10000元。

（2）总部赊销收入288000元，其中包括对分支机构的销售88000元。对分支机构销货均以成本加价10%，分支机构对其顾客销货总计200000元。

（3）总部和分部分别支付销售费用64000元和44000元。

（4）总部销售费用分摊至分支机构2000元。

表 6-11　某公司总部和分支机构的资产负债表

20×5 年 12 月 31 日　　　　单位：元

报表项目	总部	分支机构
货币资金	100000	60000
应收账款	24000	6000
存货	30000	22000
固定资产	100000	50000
减：累计折旧	20000	20000
分支机构往来	60000	—
资产总额	294000	118000
应付账款	10000	2000
其他应付款	95000	56000
存货加价	2000	—
总部往来	—	60000
股本	150000	—
未分配利润	37000	—
负债及股东权益合计	294000	118000

（5）总部和分支机构分别偿还应付账款 5000 元和 3000 元。

（6）总部和分支机构的行政管理部门固定资产的折旧分别为 10000 元和 5000 元。

（7）20×6 年 12 月 31 日，总部的存货为 22000 元，分支机构的存货为 10000 元，其中 1200 元为从外界购入，期初存货均为从总部购入。

（8）不考虑增值税。

下面分步骤编制联合财务报表。

第一，编制 20×6 年度该公司总部及分支机构相应的会计分录，如表 6-12 所示。

表 6-12　总部和分支机构的会计分录　　　　单位：元

总部		分支机构	
（1）借：库存商品	200000	借：库存商品	10000
贷：应付账款	200000	贷：应付账款	10000

续表

总部		分支机构	
（2）借：应收账款	200000	借：应收账款	200000
贷：主营业务收入	200000	贷：主营业务收入	200000
借：分支机构往来	88000	借：库存商品	88000
贷：库存商品	80000	贷：总部往来	88000
存货加价	8000		
（3）借：销售费用	64000	借：销售费用	44000
贷：银行存款	64000	贷：银行存款	44000
（4）借：分支机构往来	2000	借：销售费用	2000
贷：销售费用	2000	贷：总部往来	2000
（5）借：应付账款	5000	借：应付账款	3000
贷：银行存款	5000	贷：银行存款	3000
（6）借：管理费用	10000	借：管理费用	5000
贷：累计折旧	10000	贷：累计折旧	5000
（7）结转销售成本			
借：主营业务成本	128000	借：主营业务成本	110000
贷：库存商品	128000	贷：库存商品	110000

表 6-13　总部和分支机构的销售成本计算表　　单位：元

项目	总部	分支机构
期初存货（20×6 年 1 月 1 日）	30000	22000
本期购入存货	200000	10000
发送分支机构商品	（80000）	—
总部发送商品	—	88000
可供销售商品	150000	120000
期末存货（20×6 年 12 月 31 日）	（22000）	（10000）
商品销售成本	128000	110000

第二，编制联合报表抵销分录。

（1）抵销包括在销售成本中的期初存货加价：

借：存货加价　　　　2000

　　贷：主营业务成本　　　　2000

（2）抵销本年度运交分支机构商品存货的加价：

借：存货加价　　8000

　　贷：主营业务成本　　8000

（3）抵销分支机构期末存货的加价：

借：主营业务成本　　800

　　贷：存货　　800

期末，存货中由总部发来的存货：10000 - 1200 = 8800

期末，总部发来的存货加价：8800 - 8800/1.1 = 800

（4）抵销“总部往来”与“分支机构往来”账户：

分支机构往来

借方	贷方
期初余额　60000	
（1）　88000	
（4）　2000	
期末余额　150000	

总部往来

借方	贷方
	期初余额　60000
	（1）　88000
	（4）　2000
	期末余额　150000

借：总部往来　　150000

　　贷：分支机构往来　　150000

表 6-14　期末总部与分支机构调整与抵销之前各账户的金额　　单位：元

总部		分支机构	
货币资金		货币资金	
期初 100000	（3）6400 （5）5000	期初 60000	（3）44000 （5）3000
期末 31000		期末 13000	
应收账款		应收账款	
期初 24000 （2）200000		期初 6000 （2）200000	
期末 224000		期末 206000	
存货		存货	
期初 30000 （1）200000	（2）80000 （7）128000	期初 22000 （1）10000 （2）88000	（7）110000
期末 22000		10000	

续表

总部		分支机构	
累计折旧		累计折旧	
	期初 20000 (6) 10000		期初 20000 (5) 5000
	期末 30000		期末 25000
分支机构往来			
期初 60000 (2) 88000 (4) 2000			
期末 150000			
主营业务成本		主营业务成本	
(7) 128000 (6) 10000		(7) 110000	
期末 10000		期末 110000	
销售费用		管理费用	
(3) 64000	(4) 2000	(6) 500	
期末 62000		期末 5000	
应付账款		销售费用	
(5) 5000	期初 10000 (1) 200000	(3) 44000 (4) 2000	
	期末 205000	期末 46000	
其他应付款		应付账款	
	期初 95000	(5) 3000	期初 2000 (1) 10000
	期末 95000	期末 9000	
存货加价		其他应付款	
	期初 2000 (2) 8000		期初 6000
	期末 10000		期末 56000
股本		总部往来	
	期初 150000		期初 60000 (2) 88000

续表

总部		分支机构	
			（4）2000
	期末 150000		期末 150000
主营业务收入		主营业务收入	
	（2）200000		（2）200000
	期末 200000		期末 200000

第三，编制联合财务报表工作底稿，如表 6－15 所示。

表 6－15 该公司总部及分支机构联合财务报表工作底稿

20×6 年 12 月 31 日　　单位：元

	总部	分支机构	调整与抵销		利润表	资产负债表
借方			借方	贷方		
货币资金	31000	13000				44000
应收账款	224000	206000				430000
存货	22000	10000		（3）800		31200
固定资产	100000	50000				150000
减：累计折旧	30000	25000				55000
分支机构往来	150000			（4）150000		
主营业务成本	128000	110000	（3）800	（1）2000 （2）8000	（228800）	
管理费用	10000	5000			（15000）	
销售费用	62000	46000			（108000）	
合计	697000	415000				600200
贷方						
应付账款	205000	9000				214000
其他应付款	95000	56000				151000
存货加价	10000		（1）2000 （2）8000			
总部往来		150000	（4）150000			
股本	150000					150000
未分配利润（期初）	37000					37000

续表

	总部	分支机构	调整与抵销	利润表	资产负债表	
主营业务收入	200000	200000			400000	
合计	697000	415000				
净利润					48200	48200
合计						600200

第四，期末，结转分支机构和总部的利润，并调整相关账户金额。

（1）分支机构的会计处理如下：

借：主营业务收入　　200000

　　贷：主营业务成本　　110000

　　　　管理费用　　5000

　　　　销售费用　　46000

　　　　本年利润　　39000

借：本年利润　　39000

　　贷：总部往来　　39000

（2）总部的会计处理如下：

调整分支机构往来账户：

借：分支机构往来　　39000

　　贷：本年利润　　39000

调整分支机构利润及存货加价账户：

借：存货加价　　9200

　　贷：本年利润　　9200

9200 = 期初存货中的未实现利润 + 本期购进存货中的未实现利润 - 期末存货中的未实现利润 = 2000 + 8000 - 800

第五，编制总部与分支机构单独财务报表和联合财务报表，如表 6 - 16 所示。

表 6 - 16　总部与分支机构单独财务报表和联合财务报表　　单位：元

	总部	分支机构	联合报表
利润表			
主营业务收入	200000	200000	400000
分支机构利润	48200		

续表

	总部	分支机构	联合报表
主营业务成本	128000	110000	228800
管理费用	10000	5000	15000
销售费用	62000	46000	108000
净利润	48200	39000	48200
利润分配表			
期初未分配利润	37000		37000
净利润	48200		48200
股利	0		0
未分配利润（总部）	85200		85200
资产负债表			
现金	31000	13000	44000
应收账款（净额）	224000	206000	430000
存货	22000	10000	31200
固定资产（净额）	70000	25000	95000
分支机构往来	189000①		
合计	536000	254000	600200
应付账款	205000	9000	214000
其他应付款	95000	56000	151000
存货加价	800③		
总部往来		189000②	
股本	150000		150000
未分配利润	85200		85200
合计	536000	254000	600200

注：①分支机构往来：总部期末抵销调整前余额 150000 + 分支机构本年度转来的利润 39000 = 189000（元）。②总部往来：分支机构期末抵销调整前余额 150000 + 分支机构本年度实现的利润 39000 = 189000（元）。③存货加价：总部期末抵销调整前余额 10000 – 发往分支机构的存货成本加价中已实现部分 9200 = 800（元）。

二、总部与分支机构会计信息的披露

总部与分支机构应分别作为会计主体编制财务报表，用以满足内部管理的需要。同时，还要将总部与分支机构的会计报表汇总起来，抵销和调整总部与分支机构之间的交易和会计事项，编制反映整个企业财务状况和经营成果的联合会计报表，满足对外提供会计信息的需要。分支机构单独编制的会计报表只供内部使用，它必须与总部单独编制的会计报表汇总后，即编制联合会计报表后才能作为企业正式的会计报表对外提供。

思 考 题

（1）简述分支机构及分支机构会计的特点。

（2）请解释“总部往来”和“分支机构往来”这两个账户的性质及其核算内容。

（3）总公司调拨给分支机构商品有几种计价方法？优缺点是什么？

（4）将总部的费用分摊给分支机构或将分支机构的费用分配给总部，对企业的整个利润产生影响吗？

（5）分支机构之间的往来业务在核算上有什么特点？

第七章　企业所得税

学习目标

(1) 理解会计准则与税收法规差异的原因。
(2) 理解企业所得税会计的研究内容。
(3) 掌握资产负债表债务法的基本原理与具体运用。

第一节　企业所得税会计概述

企业所得税是指对我国境内的企业就其生产经营所得和其他所得依法征收的一种税。所得税会计是会计与税法相互作用的结果。从两者产生的时间来看，所得税法要比会计法律法规晚得多。现代所得税的实行，法国始于 1890 年，美国自 1909 年才开始课征所得税。在中国，中华人民共和国成立后直到 1980 年才颁布第一部《企业所得税法》，但其会计方法的发展则随着近代工商业的不断发展而远远超过了所得税发展的进程。

1994 年 6 月，财政部正式颁布《企业所得税会计处理的暂行规定》后，我国所得税会计才正式产生。2006 年，《企业会计准则第 18 号——所得税》出台后，对所得税会计进行了较完善和系统的规定。我国加入世界贸易组织后，为了不影响企业之间的公平竞争，营造一个公平竞争的税收环境，2007 年 3 月 16 日中华人民共和国第十届全国人民代表大会第五次会议通过了《中华人民共和国企业所得税法》（以下简称《企业所得税法》），自 2008 年 1 月 1 日起施行，统一了内外资企业的所得税。

一、企业所得税的纳税义务人

在中华人民共和国境内，企业和其他取得收入的组织（以下统称企业）为企业所得税的纳税人，依照《企业所得税》的规定缴纳企业所得税。个人独资企业、合伙企业不适用《企业所得税法》。企业分为居民企业和非居民企业。

依照中国法律、法规在中国境内成立，或者依照外国（地区）法律成立，但实际管理机构在中国境内的企业，为居民企业。

非居民企业，是指依照外国（地区）法律成立，且实际管理机构不在中国境内，但在中国境内设立机构、场所的，或者在中国境内未设立机构、场所，但有来源于中国境内所得的企业。非居民企业在中国境内设立机构、场所的，应当就其所设机构、场所取得的来源于中国境内的所得，以及发生在中国境外，但与其所设机构、场所有实际联系的所得，缴纳企业所得税。非居民企业在中国境内未设立机构、场所的，或者虽设立机构、场所但取得的所得与其所设机构、场所没有实际联系的，应当就其来源于中国境内的所得缴纳企业所得税。

二、企业所得税税率

（1）《企业所得税法》规定，企业所得税税率为25%。

（2）小型微利企业减按20%的所得税税率征收企业所得税。《企业所得税法》所称符合条件的小型微利企业，是指从事国家非限制和禁止行业，并符合下列条件的企业：工业企业，年度应纳税所得额不超过30万元，从业人数不超过100人，资产总额不超过3000万元；其他企业，年度应纳税所得额不超过30万元，从业人数不超过80人，资产总额不超过1000万元。

（3）国家需要重点扶持的高新技术企业减按15%的所得税税率征收企业所得税。国家需要重点扶持的高新技术企业，是指拥有核心自主知识产权，并同时符合下列条件的企业：①产品（服务）属于《国家重点支持的高新技术领域》规定的范围。②研究开发费用占销售收入的比例不低于规定比例。③高新技术产品（服务）收入占企业总收入的比例不低于规定比例。④科技人员占企业职工总数的比例不低于规定比例。⑤《高新技术企业认定管理办法》规定的其他条件。

（4）非居民企业减按20%的所得税税率征收企业所得税。该类非居民企业取得下列所得免征企业所得税：外国政府向中国政府提供贷款取得的利息所得，国际金融组织向中国政府和居民企业提供优惠贷款取得的利息所得，经国务院批准的其他所得。

三、企业所得税会计的研究内容

会计准则与所得税法的目标和要求不同。会计准则的目标是规范企业的对外财务报告，如实地反映企业的财务状况、经营成果与现金流量情况。税法的目标是以课税为直接目的，强调公平与效率，具有调节社会资源的配置、公平社会财富的分配等功能。

会计与税法之间的关系存在两种基本模式，即统一模式与分离模式。统一模式是指会计规定与税法规定保持完全一致。当会计制度与税法、财务制度高度统一时，会计制度的制定是在服从税法和财务制度的前提下进行的，会计所得同应税所得基本上是一致的。分离模式是指会计规定与税法规定在确认、计量方面有所不同。两种模式各有利弊。统一模式的优点是与所得税有关的会计确认、计量等问题非常简单，可以节约数据处理成本，便于税务机关实施基于会计数据的税收监管；分离模式的优点是考虑了会计准则与税收法规的目标不同，可以更好地服务于不同的目标，其缺点是成本较高。

随着社会的发展，越来越多的国家采用了分离模式。在分离模式下，如何在对外财务报表上反映与所得税有关的会计信息，便成为一个重要的问题。作为财务会计重要内容的所得税会计，其研究的内容要着重解决对外财务报告中与所得税有关的会计确认、计量与披露问题。

第二节 资产负债表债务法

一、资产负债表债务法的含义

资产负债表债务法，要求企业从资产负债表出发，通过比较资产负债表上列示的资产、负债，按照会计准则确定的账面价值与按照税法规定确定的计税基础，对于两者之间的差异分别应纳税暂时性差异与可抵扣暂时性差异，确认相关的递延所得税负债与递延所得税资产，并在此基础上确定每一会计期间利润表中的所得税费用。

资产负债表债务法较为完全地体现了资产负债观，在所得税的会计核算方面遵循了资产、负债的界定。从资产负债表角度考虑，资产的账面价值代表的是企业在持续持有及最终处置某项资产的一定期间内，该项资产为企业带来的未来经济利益，而其计税基础代表的是在这一期间内，就该项资产按照税法规定可以税前扣除的金额。一项资产的账面价值小于其计税基础的，表明该项资产于未来期间产生的经济利益流入低于按照税法规定允许税前扣除的金额，产生可抵减未来期间应纳税所得额的因素，减少未来期间以应交所得税的方式流出企业的经济利益，从其产生时点来看，应确认为资产。反之，一项资产的账面价值大于其计税基础的，两者之间的差额将会于未来期间产生应税金额，增加未来期间的应纳税所得额及应交所得税，对企业形成经济利益流出的义务，应确认为负债。

在所得税会计的各种方法中，国际会计准则委员会第 12 号准则采用了资产负债表债务法核算递延税款，美国的公认会计准则也要求采用资产负债表债务法。我国的所得税会计核算主要体现在财政部 2001 年发布的《企业会计制度》和 2004 年发布的《企业会计制度》中。这两个制度分别规定，企业可以选择采用应付税款法和纳税影响会计法处理所得税问题。2006 年 2 月，财政部发布的《企业会计准则》对 2007 年或以后日期开始的会计期间，要求企业一律采用资产负债表债务法核算所得税费用。

二、资产负债表债务法的程序

采用资产负债表债务法核算所得税费用的情况下，企业一般应在资产负债表日进行相应的所得税会计核算，企业合并等特殊交易或事项产生的暂时性差异则在交易发生时确认相关的所得税影响。企业进行所得税核算一般应遵循以下程序：

1. 确定资产、负债的账面价值

按照相关会计准则规定确定资产负债表中除递延所得税资产和递延所得税负债以外的其他资产和负债项目的账面价值。资产、负债的账面价值，是指企业按照相关会计准则的规定进行核算后在资产负债表中列示的金额。对于计提了减值准备的各项资产，是指其账面余额减去已计提的减值准备后的金额。例如，企业持有的应收账款账面余额为 1000 万元，企业对该应收账款计提了 70 万元的坏账准备，其账面价值为 930 万元。

2. 确定资产、负债的计税基础

按照会计准则中对于资产和负债计税基础的确定方法，以适用的税收法规为基础，确定资产负债表中有关资产、负债项目的计税基础。

3. 确定暂时性差异

比较资产、负债的账面价值与其计税基础，对于两者之间存在差异的，分析其性质，除准则中规定的特殊情况外，分别应纳税暂时性差异与可抵扣暂时性差异。

4. 确认递延所得税资产与负债

确定资产负债表日递延所得税负债和递延所得税资产的应有金额，并与期初递延所得税资产和递延所得税负债的余额相比，确定当期应予进一步确认的递延所得税资产和递延所得税负债金额或应予转销的金额，作为递延所得税。

5. 确认当期应交所得税

就企业当期发生的交易或事项，按照适用的税法规定计算确定当期应纳税所得额，将应纳税所得额与适用的所得税税率计算的结果确认为当期应交所得税，作为当期所得税。

6. 确定利润表中的所得税费用

利润表中的所得税费用包括当期所得税（当期应交所得税）和递延所得税两个组成部分，企业在计算确定了当期所得税和递延所得税后，两者之和（或之差），是利润表中的所得税费用。

三、资产与负债的计税基础

企业所得税会计的关键在于确定资产、负债的计税基础。在确定资产、负债的计税基础时，应严格遵循税收法规中对于资产的税务处理以及可税前扣除的费用等的规定进行。

（一）资产的计税基础

资产与负债的账面价值是资产负债表日的价值，直接从期末资产负债表中取得。资产的计税基础指在企业收回资产账面价值的过程中，计算应纳税所得额时按照税法规定可以自应税经济利益中抵扣的金额，即该项资产在未来使用或最终处置时，允许作为成本或费用于税前列支的金额。

资产在初始确认时，其计税基础一般为取得成本，即企业为取得某项资产支付的成本在未来期间准予税前扣除。即：

资产的计税基础 = 未来可税前列支的金额

在资产持续持有的过程中，其计税基础是指资产的取得成本减去以前期间按照税法规定已经税前扣除的金额后的余额。如固定资产、无形资产等长期资产在某一资产负债表日的计税基础是指其成本扣除按照税法规定已在以前期间税前扣除的累计折旧额或累计摊销额后的金额。即：

资产负债表日某一资产的计税基础 = 成本 − 以前期间已税前列支的金额

在资产中，账面价值与其计税基础可能存在差异的项目包括以公允价值计量且其变动计入当期损益的金融资产、可供出售金融资产、长期股权投资、固定资产、无形资产、其他计提减值准备的资产等。

现举例说明部分资产项目计税基础的确定。

1. 以公允价值计量且其变动计入当期损益的金融资产

按照《企业会计准则第22号——金融工具确认和计量》的规定，对于以公允价值计量且其变动计入当期损益的金融资产，其某一会计期末的账面价值为其公允价值。税法规定，以公允价值计量的金融资产在持有期间市价波动产生的损益在计税时不予考虑，实际处置或结算时，处置取得的价款扣除其历史成本后的差额应计入处置或结算期间的应纳税所得额。则金融资产持有期间在某一会计期末的计税基础为其取得成本，造成在公允价值变动情况下，该类金融资产的账面价值与计税基础之间存在差异。

企业持有的可供出售金融资产计税基础的确定，与以公允价值计量且其变动计入当期损益的金融资产类似，可比照处理。

【例7-1】20×8年5月15日，甲公司自公开市场取得一项权益性投资，支付价款1000000元，作为交易性金融资产核算。20×8年12月31日，该投资的市价为1300000元。

该项交易性金融资产的期末市价为1300000元，其按照会计准则规定进行核算，则在20×8年资产负债表日的账面价值为1300000元。

因税法规定以公允价值计量的金融资产在持有期间公允价值的变动不计入应纳税所得额，其在20×8年资产负债表日的计税基础应维持原取得成本不变，为1000000元。

该交易性金融资产的账面价值1300000元与其计税基础1000000元之间产生了300000元的暂时性差异，该暂时性差异在未来期间转回时会增加未来期间的应纳税所得额。

2. 固定资产

企业以各种方式取得的固定资产，初始确认时按照会计准则规定确定的入账价值基本上是被税法认可的，即取得时其账面价值一般等于计税基础。

固定资产在持有期间进行后续计量时，会计准则规定按照“成本-累计折旧-固定资产减值准备”进行计量，而税法规定按照“成本-按照税法规定已在以前期间税前扣除的折旧额”进行计量。由于会计与税法处理规定的不同，固定资产的账面价值与计税基础的差异主要产生于折旧方法、折旧年限的不同以及固定资产减值准备的提取。

（1）折旧方法、折旧年限的差异。会计准则规定，企业应当根据与固定资产有关的经济利益的预期实现方式合理选择折旧方法，如可以按年限平均法计提折旧，也可以按照双倍余额递减法、年数总和法等计提折旧，前提是有关方法能够反映固定资产为企业带来经济利益的消耗情况。税法一般会规定固定资产的折旧方法，除某些按照规定可以加速折旧的情况外，可以税前扣除的基本上是按照

直线法计提的折旧。

另外，税法还就每一类固定资产的最低折旧年限作出了规定，而会计准则规定折旧年限是由企业根据固定资产的性质和使用情况合理确定的。如企业进行会计处理时确定的折旧年限与税法规定不同，也会产生固定资产持有期间账面价值与计税基础的差异。

（2）因计提固定资产减值准备产生的差异。持有固定资产的期间内，在对固定资产计提了减值准备以后，因税法规定企业计提的资产减值准备在发生实质性损失前不允许税前扣除，也会造成固定资产的账面价值与计税基础的差异。

【例7－2】A企业于20×5年末以600万元购入一项生产用固定资产，按照该项固定资产的预计使用情况，A企业估计其使用寿命为20年，按照直线法计提折旧，预计净残值为0。假定税法规定的折旧年限、折旧方法及净残值与会计规定相同。20×7年12月31日，A企业估计该项固定资产的可收回金额为500万元（计提减值准备40万元）。

该项固定资产在20×7年12月31日的账面价值＝600－600÷20×2－40＝500（万元）

该项固定资产在20×7年12月31日的计税基础＝600－600÷20×2＝540（万元）

该项固定资产的账面价值500万元与其计税基础540万元之间产生的40万元差额，在未来期间会减少企业的应纳税所得额。

3. 其他计提了资产减值准备的资产

有关资产计提了减值准备后，其账面价值会随之下降，而税法规定资产在发生实质性损失之前，不允许税前扣除，即有关资产计提的减值准备不允许税前扣除，造成有关资产计提资产减值准备以后，资产的账面价值与计税基础之间的差异。

根据《企业会计准则第22号——金融工具：确认与计量》的规定，期末应收账款、其他应收款等应收款项需要计提坏账准备，则期末应收款项的账面价值按应收款项的原值减去坏账准备后的净额计价。而税法规定坏账准备不予税前扣除，因而只要企业计提坏账准备，就会形成计税基础与账面价值的差异。

根据《企业会计准则——存货》的规定，存货期末需要进行减值测试，当可变现净值低于存货账面价值时应提取存货跌价准备。税法规定对存货跌价准备不准税前扣除，从而形成计税基础与账面价值的差异。

【例7－3】乙公司20×8年12月31日应收账款余额为3000000元，该公司期末对应收账款计提了300000元的坏账准备。税法规定，不符合国务院财政、税务主管部门规定的各项资产减值准备不允许税前扣除。假定该公司应收账款及坏账准备的期初余额均为零。

该项应收账款在2008年资产负债表日的账面价值为2700000元（3000000－300000），因有关的坏账准备不允许税前扣除，其计税基础为3000000元，该计税基础与其账面价值之间产生300000元暂时性差异，在应收账款发生实质性损失时，会减少未来期间的应纳税所得额。

【例7－4】丙公司20×8年购入原材料成本为500000元，因部分生产线停工，当年没有领用任何该原材料，20×8年资产负债表日，考虑到该原材料的市价及用其生产产成品的市价情况，估计其可变现净值为380000元。假定该原材料在20×8年的期初余额为0。

该项原材料因期末可变现净值低于其成本，应计提存货跌价准备120000元（500000－380000），计提该存货跌价准备后，该项原材料的账面价值为380000元。

因税法规定，按照会计准则规定计提的资产减值准备不允许税前扣除，其计税基础应维持原取得成本500000元不变。

该存货的账面价值380000元与其计税基础500000元之间产生了120000元的暂时性差异，该差异会减少企业在未来期间的应纳税所得额。

（二）负债的计税基础

负债的计税基础，是指负债的账面价值减去未来期间计算应纳税所得额时按照税法规定可予抵扣的金额。用公式表示为：

负债的计税基础＝账面价值－未来期间按照税法规定可予税前扣除的金额

一般情况下，短期借款、应付票据、应付账款等负债的清偿不会影响到当期损益和应纳税所得额，未来期间计算应纳税所得额时按照税法规定可予抵扣的金额为零，计税基础即为账面价值。

但是，某些情况下，负债的确认可能会影响企业的损益，进而影响不同期间的应纳税所得额，使得其计税基础与账面价值之间产生差额（差异主要源自费用中确认的负债），如预计负债。

1. 企业因销售商品提供售后服务等原因确认的预计负债

按照或有事项准则规定，企业对于预计提供售后服务将发生的支出在满足有关确认条件时，销售当期即应确认为费用，同时确认预计负债。如果税法规定，与销售产品相关的支出应于发生时税前扣除，则该类事项产生的预计负债在期末的计税基础为其账面价值与未来期间可税前扣除的金额之间的差额，即为0，这时存在暂时性差异。

其他交易或事项中确认的预计负债，应按照税法规定的计税原则确定其计税基础。某些情况下，因有些事项确认的预计负债，税法规定其支出无论是否实际

发生均不允许税前扣除，即未来期间按照税法规定可予抵扣的金额为0，这时，预计负债的账面价值等于计税基础，不存在暂时性差异。

【例7－5】甲企业20×8年因销售产品承诺提供3年的保修服务，在当年度利润表中确认了300万元的销售费用，同时确认为预计负债，当年度未发生任何保修支出。假定按照税法规定，与产品售后服务相关的费用在实际发生时允许税前扣除。

该项预计负债在甲企业20×8年12月31日资产负债表中的账面价值为300万元。

该项预计负债的计税基础＝账面价值－未来期间计算应纳税所得额时按照税法规定可予抵扣的金额＝300－300＝0

则该企业这一事项存在暂时性差异。

【例7－6】20×8年，某企业因债务担保确认了预计负债500万元，但担保发生在关联方之间，担保方并未就该项担保收取与相应责任相关的费用。会计上，按照或有事项准则规定，确认预计负债和相关费用，但税法上，与该预计负债相关的费用不允许税前扣除。即：

账面价值＝500（万元）

计税基础＝账面价值－可从未来经济利益中扣除的金额＝500－0＝500（万元）

则该企业这一事项不存在暂时性差异。

2. 应付职工薪酬

会计准则规定，企业为获得职工提供的服务给予的各种形式的报酬以及其他相关支出均应作为企业的成本费用，在未支付之前确认为负债。税法中对于合理的职工薪酬基本允许税前扣除，但税法中如果规定了税前扣除标准的，按照会计准则规定计入成本费用支出的金额超过规定标准部分，应进行纳税调整。因超过部分在发生当期不允许税前扣除，在以后期间也不允许税前扣除，即该部分差额对未来期间计税不产生影响，所产生应付职工薪酬负债的账面价值等于计税基础。

【例7－7】甲企业20×8年12月计入成本费用的职工工资总额为300万元，至20×8年12月31日尚未支付，体现为资产负债表中的应付职工薪酬负债。假定按照适用税法规定，当期计入成本费用的300万元工资支出中，按照计税工资标准的规定，可予税前扣除的金额为260万元。

20×8年12月31日该项应付职工薪酬负债的账面价值为300万元。

20×8年12月31日该项应付职工薪酬负债的计税基础＝账面价值300万元－未来期间计算应纳税所得额时按照税法规定可予抵扣的金额0＝300万元。

该项负债的账面价值与其计税基础相同，不形成暂时性差异。

企业的其他负债项目，如应缴纳的罚款和滞纳金等，在尚未支付之前按照会计规定确认为费用，同时作为负债反映。税法规定，罚款和滞纳金不能税前扣除，即该部分费用无论是在发生当期还是在以后期间均不允许税前扣除，其计税基础为账面价值减去未来期间计税时可予税前扣除的金额之间的差额，即计税基础等于账面价值。

其他交易或事项产生的负债，其计税基础的确定应当遵从适用税法的相关规定。

（三）特殊交易或事项中产生资产、负债计税基础的确定

除企业在正常生产经营活动中取得的资产和负债外，对于某些特殊交易或事项中产生的资产、负债（如企业合并过程中取得的资产、负债），其计税基础的确定应遵从税法规定。

《企业会计准则第20号——企业合并》规定，参与合并各方在合并前后是否为同一方或相同的多方最终控制，分为同一控制下的企业合并与非同一控制下的企业合并两种类型。同一控制下的企业合并，合并中取得的有关资产、负债基本上维持其原账面价值不变，合并中不产生新的资产和负债；对于非同一控制下的企业合并，合并中取得的有关资产、负债应按其在购买日的公允价值计量，企业合并成本大于合并中取得可辨认净资产公允价值的份额部分确认为商誉，企业合并成本小于合并中取得可辨认净资产公允价值的份额部分计入合并当期损益。

对于企业合并的税收处理，通常情况下被合并企业应视为按公允价值转让、处置全部资产，计算资产的转让所得，依法缴纳所得税。合并企业接受被合并企业的有关资产，计税时可以按经评估确认的价值确定计税基础。另外，在考虑有关企业合并是应税合并还是免税合并时，某些情况下还需要考虑在合并中涉及的获取资产或股权的比例、非股权支付额的比例，具体划分标准和条件应遵从税法规定。

由于会计准则与税收法规对企业合并的划分标准不同，处理原则不同，某些情况下会造成企业合并中取得的有关资产、负债的入账价值与其计税基础的差异。

四、暂时性差异

暂时性差异是指资产、负债的账面价值与其计税基础不同产生的差额。因资产、负债的账面价值与其计税基础不同，产生了在未来收回资产或清偿负债的期间内，应纳税所得额增加或减少并导致未来期间应交所得税增加或减少的情况，形成企业的资产或负债，在有关暂时性差异发生当期，在符合确认条件的情况

下，应当确认相关的递延所得税负债或递延所得税资产。

根据暂时性差异对未来期间应纳税所得额的影响，分为应纳税暂时性差异和可抵扣暂时性差异。

除因资产、负债的账面价值与其计税基础不同产生的暂时性差异以外，按照税法规定可以结转以后年度的未弥补亏损和税款抵减，也视同可抵扣暂时性差异处理。

1. 应纳税暂时性差异

应纳税暂时性差异，是指在确定未来收回资产或清偿负债期间的应纳税所得额时，将导致产生应税金额的暂时性差异，在其产生当期应当确认相关的递延所得税负债。

例如，一项资产的账面价值为300万元，计税基础如为260万元，两者之间的差额会造成未来期间应纳税所得额和应交所得税的增加，在其产生当期，应确认相关的递延所得税负债。

2. 可抵扣暂时性差异

可抵扣暂时性差异，是指在确定未来收回资产或清偿负债期间的应纳税所得额时，将导致产生可抵扣金额的暂时性差异，在可抵扣暂时性差异产生当期，在符合确认条件时应当确认相关的递延所得税资产。

例如，一项资产的账面价值为500万元，计税基础650万元，则企业在未来期间就该项资产可以在其自身取得经济利益的基础上扣除150万元，未来期间应纳税所得额会减少，应交所得税也会减少，形成可抵扣暂时性差异。符合确认条件时，应确认相关的递延所得税资产。

3. 特殊项目产生的暂时性差异

（1）未作为资产、负债确认的项目产生的暂时性差异。某些交易或事项发生以后，因为不符合资产、负债的确认条件而未体现为资产负债表中的资产或负债，但按照税法规定能够确定其计税基础的，其账面价值与计税基础之间的差异也构成暂时性差异。如企业发生的符合条件的广告费和业务宣传费支出，除另有规定外，不超过当年销售收入15%的部分准予扣除；超过部分准予在以后纳税年度结转扣除。该类费用在发生时按照会计准则规定即计入当期损益，不形成资产负债表中的资产，但按照税法规定可以确定其计税基础的，两者之间的差异也形成暂时性差异。

【例7－8】甲公司20×9年发生了4000万元广告费支出，发生时已作为销售费用计入当期损益。税法规定，该类支出不超过当年销售收入15%的部分允许当期税前扣除，超过部分允许向以后年度结转税前扣除。甲公司20×9年实现销售收入20000万元。

分析：该广告费支出因按照会计准则规定在发生时已计入当期损益，不体现为期末资产负债表中的资产，如果将其视为资产，其账面价值为0。

按照税法规定，该类支出根据当期甲公司销售收入15%计算，当期可予税前扣除3000万元（20000×15%），当期未予税前扣除的1000万元可以向以后年度结转，其计税基础为1000万元。

该项资产的账面价值0与其计税基础1000万元之间产生了1000万元的暂时性差异，该暂时性差异在未来期间可减少企业的应纳税所得额，为可抵扣暂时性差异，符合确认条件时，应确认相关的递延所得税资产。

（2）可抵扣亏损及税款抵减产生的暂时性差异。对于按照税法规定可以结转以后年度的未弥补亏损及税款抵减，虽不是因资产、负债的账面价值与计税基础不同产生的，但本质上可抵扣亏损和税款抵减与可抵扣暂时性差异具有同样的作用，均能够减少未来期间的应纳税所得额和应交所得税，视同可抵扣暂时性差异，在符合确认条件的情况下，应确认与其相关的递延所得税资产。

【例7-9】甲公司于20×8年因政策性原因发生经营亏损1000万元，按照税法规定，该亏损可用于抵减以后5个年度的应纳税所得额。该公司预计其未来5年期间能够产生足够的应纳税所得额弥补该亏损。

分析：该经营亏损不是资产、负债的账面价值与其计税基础不同产生的，但从性质上可以减少未来期间企业的应纳税所得额和应交所得税，属于可抵扣暂时性差异。企业预计未来期间能够产生足够的应纳税所得额，利用该可抵扣亏损时，应确认相关的递延所得税资产。

五、递延所得税负债与递延所得税资产的确认与计量

企业在计算确定了应纳税暂时性差异与可抵扣暂时性差异后，应当按照所得税准则规定的原则确认与应纳税暂时性差异相关的递延所得税资产以及与可抵扣暂时性差异相关的递延所得税负债。

（一）递延所得税负债的确认与计量

1. 递延所得税负债的确认

（1）除了所得税准则中明确规定可以不确认递延所得税负债的情况以外，企业对于所有的应纳税暂时性差异均应确认相关的递延所得税负债。除与直接计入所有者权益的交易或事项以及企业合并中取得资产、负债相关的以外，在确认递延所得税负债的同时，应增加利润表中的所得税费用。

（2）不确认递延所得税负债的特殊情况。在有些情况下，虽然资产、负债的账面价值与其计税基础不同，产生了应纳税暂时性差异，但出于各方面考虑，所得税准则中规定不确认相应的递延所得税负债，主要包括：

1）商誉的初始确认。非同一控制下的企业合并中，企业合并成本大于合并中被购买方可辨认净资产公允价值份额的差额，按照会计准则规定应确认为商誉。因会计与税收的划分标准不同，会计上作为非同一控制下的企业合并，但按照税法规定计税基础时作为免税合并情况下，商誉的计税基础为零，其账面价值与计税基础形成应纳税暂时性差异，准则中规定不确认与其相关的递延所得税负债。

2）除企业合并以外的其他交易或事项中，如果该项交易或事项发生时既不影响会计利润，也不影响应纳税所得额，则所产生的资产、负债的初始确认金额与其计税基础不同，形成应纳税暂时性差异的，交易或事项发生时不确认相应的递延所得税负债。

3）企业对与子公司、联营企业、合营企业投资相关的应纳税暂时性差异，应当确认相应的递延所得税负债，但同时满足以下两个条件的除外：①投资企业能够控制暂时性差异转回的时间；②该暂时性差异在可预见的未来很可能不会转回。

2. 递延所得税负债的计量

企业所得税准则规定，资产负债表日，对于递延所得税负债，应当根据适用税法规定，按照预期收回该资产或清偿该负债期间的适用税率计量，即递延所得税负债应以相关应纳税暂时性差异转回期间按照税法规定适用的所得税税率计量。无论应纳税暂时性差异的转回期间如何，相关的递延所得税负债不要求折现。

因税收法规的变化，导致企业在某一会计期间适用的所得税税率发生变化的，企业应对已确认的递延所得税资产和递延所得税负债按照新的税率进行重新计量调整，反映税率变化带来的影响。其计算公式为：

递延所得税负债期末余额 = 应纳税暂时性差异期末余额 × 适用所得税税率

【例 7 - 10】A 企业于 20 ×8 年 12 月 25 日购入一项机器设备，取得成本为 500 万元，会计上采用年限平均法计提折旧，使用年限为 10 年，净残值为 0。计税时按双倍余额递减法计提折旧，使用年限及净残值与会计规定相同。A 企业适用的所得税税率为 25%。假定该企业不存在其他会计与税收处理的差异。

分析：20 ×9 年资产负债表日，该项固定资产按照会计规定计提的折旧额为 50 万元，计税时允许扣除的折旧额为 100 万元，则该固定资产的账面价值 450 万元与其计税基础 400 万元的差额构成应纳税暂时性差异，企业应确认相关的递延所得税负债 125000 元（500000 ×25%），账务处理如下：

借：所得税费用——递延所得税费用　　125000

　　贷：递延所得税负债　　125000

【例7－11】甲公司于20×4年12月底购入一台机器设备，成本为465000元，预计使用年限为5年，预计净残值为0。会计上按直线法计提折旧，计税时采用年数总和法计提折旧，假定税法规定的使用年限及净残值均与会计相同。假定该公司各会计期均未对固定资产计提减值准备，除该项固定资产产生的会计与税法之间的差异外，不存在其他会计与税收的差异。

分析：该项固定资产各年度账面价值与计税基础的确定：

（1）20×5年资产负债表日：

账面价值＝实际成本－会计折旧＝465000－93000＝372000（元）

计税基础＝实际成本－累计已税前扣除的折旧额

＝465000－155000＝310000（元）

因资产的账面价值372000元大于其计税基础310000元，两者之间产生的62000元差异会增加未来期间的应纳税所得额和应交所得税，属于应纳税暂时性差异，应确认与其相关的递延所得税负债15500元（62000×25%），账务处理如下：

借：所得税费用——递延所得税费用　　15500

　　贷：递延所得税负债　　15500

（2）20×6年资产负债表日：

账面价值＝465000－186000＝279000（元）

计税基础＝实际成本－累计已税前扣除的折旧额

＝465000－279000＝186000（元）

因资产的账面价值279000元大于其计税基础186000元，两者之间产生的93000元差异为应纳税暂时性差异，应确认与其相关的递延所得税负债23250元（93000×25%），但递延所得税负债的期初余额为15500元，当期应进一步确认递延所得税负债7750元，账务处理如下：

借：所得税费用——递延所得税费用　　7750

　　贷：递延所得税负债　　7750

（3）20×7年资产负债表日：

账面价值＝465000－279000＝186000（元）

计税基础＝465000－372000＝93000（元）

因资产的账面价值186000元大于其计税基础93000元，两者之间产生的93000元差异为应纳税暂时性差异，应确认与其相关的递延所得税负债23250元（93000×25%），但递延所得税负债的期初余额为23250元，当期不用进行账务处理。

（4）20×8 年资产负债表日：

账面价值 = 465000 - 372000 = 93000（元）

计税基础 = 465000 - 434000 = 31000（元）

因资产的账面价值 93000 元大于其计税基础 31000 元，两者之间产生的 62000 元差异为应纳税暂时性差异，应确认与其相关的递延所得税负债 15500 元（62000×25%），但递延所得税负债的期初余额为 23250 元，当期应转回原已确认的递延所得税负债 7750 元，账务处理如下：

借：递延所得税负债　　7750

　　贷：所得税费用——递延所得税费用　　7750

（5）20×9 年资产负债表日：

该项固定资产的账面价值及计税基础均为 0，两者之间不存在暂时性差异，前期已确认的与该项资产相关的递延所得税负债应予全额转回，账务处理如下：

借：递延所得税负债　　7750

　　贷：所得税费用——递延所得税费用　　7750

（二）递延所得税资产的确认与计量

1. 递延所得税资产的确认

递延所得税资产产生于可抵扣暂时性差异。确认因可抵扣暂时性差异产生的递延所得税资产应以未来期间可能取得的应纳税所得额为限。在可抵扣暂时性差异转回的未来期间内，企业无法产生足够的应纳税所得额用以利用可抵扣暂时性差异的影响，使得与可抵扣暂时性差异相关的经济利益无法实现的，不应确认递延所得税资产；企业有明确的证据表明其于可抵扣暂时性差异转回的未来期间能够产生足够的应纳税所得额，利用可抵扣暂时性差异的，应以可能取得的应纳税所得额为限，确认相关的递延所得税资产。

判断企业于可抵扣暂时性差异转回的未来期间是否能够产生足够的应纳税所得额时，应考虑企业在未来期间通过正常的生产经营活动能够实现的应纳税所得额以及以前期间产生的应纳税暂时性差异在未来期间转回时将增加的应纳税所得额。

（1）企业对与子公司、联营企业、合营企业的投资相关的可抵扣暂时性差异，同时满足下列条件的，应当确认相关的递延所得税资产：一是暂时性差异在可预见的未来很可能转回；二是未来很可能获得用来抵扣可抵扣暂时性差异的应纳税所得额。

投资企业对有关投资计提减值准备的情况下，也会产生可抵扣暂时性差异。

（2）对于按照税法规定可以结转以后年度的未弥补亏损和税款抵减，应视同可抵扣暂时性差异处理。在有关的亏损或税款抵减金额得到税务部门的认可，且预计可利用未弥补亏损或税款抵减的未来期间内能够取得足够的应纳税所得额时，除准则中规定不予确认的情况外，应当以很可能取得的应纳税所得额为限，确认相应的递延所得税资产，同时减少确认当期的所得税费用。

（3）不确认递延所得税资产的情况。在某些情况下，企业发生的某项交易或事项不属于企业合并，并且交易发生时既不影响会计利润也不影响应纳税所得额，且该项交易中产生的资产、负债的初始确认金额与其计税基础不同，产生可抵扣暂时性差异的，所得税准则中规定在交易或事项发生时不确认相应的递延所得税资产。

2. 递延所得税资产的计量

确认递延所得税资产时，应当以预期收回该资产期间的适用所得税税率为基础计算确定。另外，无论相关的可抵扣暂时性差异转回期间如何，递延所得税资产均不要求折现。

递延所得税资产的减值。所得税准则规定，资产负债表日企业应当对递延所得税资产的账面价值进行复核。如果未来期间很可能无法取得足够的应纳税所得额用以利用可抵扣暂时性差异带来的经济利益，应减记递延所得税资产的账面价值。

同其他资产的确认和计量原则相一致，递延所得税资产的账面价值应当代表其为企业带来未来经济利益的能力。企业在确认了递延所得税资产以后，因各方面情况变化，导致按照新的情况估计，在有关可抵扣暂时性差异转回的期间内，无法产生足够的应纳税所得额用以利用可抵扣暂时性差异，使得与递延所得税资产相关的经济利益无法全部实现的，或预期无法部分实现的，应当减记递延所得税资产的账面价值。除原确认时计入所有者权益的递延所得税资产，其减记金额应计入所有者权益外，其他的情况其减记金额应计入所得税费用。

因无法取得足够的应纳税所得额，利用可抵扣暂时性差异而已减记递延所得税资产账面价值的，以后期间根据新的环境和情况判断能够产生足够的应纳税所得额利用可抵扣暂时性差异，使得递延所得税资产包含的经济利益能够实现的，应相应恢复递延所得税资产的账面价值。

递延所得税资产期末余额 = 可抵扣暂时性差异期末余额 × 适用所得税税率

六、所得税费用确认和计量

所得税会计的主要目的之一是确定当期应交所得税以及利润表中的所得税费用。在按照资产负债表债务法核算所得税的情况下，利润表中的所得税费用包括当期所得税费用和递延所得税费用两部分。

（一）当期所得税费用

由于会计准则与税收法规的目标不同，会计准则和税法规定在收入和费用的

确认范围、确认时间上都有可能不同，这样就使得税前会计利润与应纳税所得之间产生差异。这种差异主要有永久性差异和时间性差异两类。

永久性差异是指某一会计期间，由于会计准则和税法在计算收益、费用或损失时的口径不同而形成的、不能在以后各期转回的差异。具体来说，这种差异形成的原因是，某些收入或支出项目在计算税前会计利润时包括在内，而在计算应纳税所得时不包括在内，或者相反，而且不能在以后期间转回，因而是永久存在的差异。永久性差异主要有以下几种类型：①会计核算时作为收入计入税前会计利润，在计算纳税所得时不作为收入处理。如国债利息收入。②会计核算时不作为收入处理，而在计算纳税所得时作为收入，需要缴纳所得税。如企业建造固定资产领用本企业生产的库存商品。③会计上作为费用或支出在计算税前会计利润时予以扣除，而在计算纳税所得时不予扣除。如各种罚款、罚金、税收滞纳金。

时间性差异是指税法与会计准则在确认收入、费用或损失时的时间不同而形成的、可以在以后期间转回的差异。这种差异的产生，主要是由于某些收入、费用项目虽然在计算税前会计利润和纳税所得中口径一致，但由于两者确认的时间不同而产生的差异。时间性差异主要有以下几种类型：①企业获得的某项收益，按照会计准则规定应当确认为当期收益，但按照税法规定须待以后期间确认为应纳税所得，从而形成应纳税时间性差异。如在投资企业的所得税税率大于被投资企业的所得税税率情况下的投资收益。②企业发生的某项费用或损失，按照会计准则规定应当作为当期费用或损失，但按照税法规定须待以后期间从应纳税所得中扣减，从而形成可抵扣时间性差异。如资产减值损失。③企业获得的某项收益，按照会计准则应于以后期间确认收益，但按照税法规定须计入当期应纳税所得，从而形成可抵扣时间性差异。如房地产企业的预收款项。④企业发生的某项费用或损失，按照会计准则规定应于以后期间确认为费用或损失，但按照税法规定可以从当期应纳税所得中扣减，从而形成应纳税时间性差异。如某些类型的固定资产折旧，税法规定可采用加速折旧法计提折旧，而会计采用年限平均法。

当期所得税是指企业按照税法规定计算确定的针对当期发生的交易和事项，应交纳给税务部门的所得税金额，即当期应交所得税。

企业在确定当期应交所得税时，对于当期发生的交易或事项，会计处理与税收处理不同的，应在会计利润的基础上，按照适用税收法规的规定进行调整，计算出当期应纳税所得额，按照应纳税所得额与适用所得税税率计算确定当期应交所得税。一般情况下，应纳税所得额可在会计利润的基础上考虑会计与税收之间的差异，按照以下公式计算确定：

应纳税所得额 = 会计利润 ± 纳税调整项目

当期所得税费用 = 应纳税所得额 × 当期适用税率

【例7－12】假设某企业20×8年年初成立，当年实现税前会计利润380000元，适用所得税税率为25%。当年发生下列与纳税有关的事项：

（1）会计上确认了20000元国库券利息收入，而按税法规定不交所得税。

（2）当年发生工资费用180000元，而按税法核定的计税工资为150000元。

（3）当年发生非公益性捐赠支出63000元。

（4）年初购入的一台新设备，成本为30000元，预计无残值，税法规定采用直线法折旧，折旧年限为5年，会计上也采用直线法计提折旧，年限为10年。

上述各项中，前三项属于永久性差异，第四项属于时间性差异。

按税法规定计算的年折旧额＝30000÷5＝6000（元）

按会计制度规定计算的年折旧额＝30000÷10＝3000（元）

由于折旧年限不同形成的时间性差异＝6000－3000＝3000（元）

20×8年应纳税所得＝380000－20000＋（180000－150000）＋63000－3000＝450000（元）

20×8年应交所得税＝450000×25%＝112500（元）

本期所得税费用的会计分录如下：

借：所得税费用——当期所得税费用　　112500

　　贷：应交税费——应交所得税　　112500

（二）递延所得税费用

递延所得税费用是指按照所得税准则规定当期应予确认的递延所得税资产和递延所得税负债金额，即递延所得税资产及递延所得税负债当期发生额的综合结果，但不包括计入所有者权益的交易或事项的所得税影响。用公式表示即为：

递延所得税费用＝（期末递延所得税负债－期初递延所得税负债）－（期末递延所得税资产－期初递延所得税资产）

应予说明的是，企业因确认递延所得税资产和递延所得税负债产生的递延所得税，一般应当计入所得税费用，但以下两种情况除外：

（1）某项交易或事项按照会计准则规定应计入所有者权益的，由该交易或事项产生的递延所得税资产或递延所得税负债及其变化亦应计入所有者权益，不构成利润表中的递延所得税费用（或收益）。

（2）企业合并中取得的资产、负债，其账面价值与计税基础不同，应确认相关递延所得税的，该递延所得税的确认影响合并中产生的商誉或是计入合并当期损益的金额，不影响所得税费用。

核算举例：

【例7－13】某公司20×8年12月31日资产负债表中有关项目金额及其计税基础资料如表7－1所示。

表7－1　有关项目金额及其计税基础　　单位：万元

项　目	账面价值	计税基础	差　异	
			应纳税暂时性差异	可抵扣暂时性差异
交易性金融资产	1670	1000	670	
预计负债	300	0		300
总计			670	300

除上述项目外，该公司其他资产、负债的账面价值与其计税基础不存在差异，且递延所得税资产和递延所得税负债不存在期初余额，适用的所得税税率为25%。假定该公司20×8年按税法规定计算确定的应交所得税为550万元。该公司预计在未来期间能够产生足够的应纳税所得额用来抵扣可抵扣暂时性差异。

该公司确认的递延所得税负债、递延所得税资产、递延所得税费用、所得税费用及账务处理如下：

递延所得税负债＝6700000×25%＝1675000（元）

递延所得税资产＝3000000×25%＝750000（元）

递延所得税费用＝1675000－750000＝925000（元）

所得税费用＝5500000＋925000＝6425000（元）

借：所得税费用——当期所得税费用　　5500000

　　贷：应交税费——应交所得税　　5500000

借：递延所得税资产　　750000

　　贷：所得税费用——递延所得税费　　750000

借：所得税费用——递延所得税费　　1675000

　　贷：递延所得税负债　　1675000

或者：

借：所得税费用——当期所得税费用　　5500000

　　　　　　　——递延所得税费　　925000

　　递延所得税资产　　750000

　　贷：应交税费——应交所得税　　5500000

　　　　递延所得税负债　　1675000

【例7－14】某企业于20×7年12月末购入甲设备，原值为120000元，预计使用年限为3年，预计净残值为零。会计上采用年数总和法计提折旧。税法规定采用直线法计提折旧，假定税法规定的使用年限及净残值均与会计相同。20×8年所得税税率为25%，20×9年1月1日所得税税率降为15%。假定20×8年和

20×9 年不存在其他会计与税收的差异，20×7 年末无递延所得税余额。

计算 20×8 年末和 20×9 年末资产负债表上的递延所得税（假定该企业预计未来能够获得足够的应纳税所得额用以抵扣本例产生的可抵扣暂时性差异）。

20×8 年：

会计折旧 = 120000×3÷6 = 60000（元）

计税折旧 = 120000÷3 = 40000（元）

年末账面价值 = 120000 − 60000 = 60000（元）

年末计税基础 = 120000 − 40000 = 80000（元）

年末可抵扣暂时性差异 = 80000 − 60000 = 20000（元）

年末应确认的递延所得税资产 = 20000×25% = 5000（元）

账务处理如下：

借：递延所得税资产　　5000

　　贷：所得税费用——递延所得税费　　5000

20×9 年：

20×9 年 1 月 1 日所得税税率降低，需调整年初递延所得税资产余额。

调整后“年初递延所得税资产”余额 = 5000÷25%×15% = 3000（元）

冲减递延所得税资产 = 5000 − 3000 = 2000（元）

借：所得税费用——递延所得税费　　2000

　　贷：递延所得税资产　　2000

会计折旧 = 120000×2÷6 = 40000（元）

计税折旧 = 120000÷3 = 40000（元）

年末账面价值 = 60000 − 40000 = 20000（元）

年末计税基础 = 80000 − 40000 = 40000（元）

年末可抵扣暂时性差异 = 40000 − 20000 = 20000（元）

年末应确认的递延所得税资产 = 20000×15% = 3000（元）

因该设备 20×9 年递延所得税资产的期初余额为 3000 元，本期末确认的递延所得税资产不做账务处理。

【例 7－15】某企业 20×9 年 12 月 31 日资产负债表中资产、负债的账面价值与其计税基础不存在差异，且递延所得税资产和递延所得税负债不存在期初余额，适用的所得税税率为 25%。该企业 20×9 年发生亏损 2000000 元。假定该企业预计在未来 5 年期间能够产生足够的应纳税所得额用来抵扣可抵扣亏损。则该企业计算确认的递延所得税资产如下：

递延所得税资产 = 2000000×25% = 500000（元）

20×9 年该企业的所得税的账务处理为：

借：递延所得税资产——可抵扣亏损　　　　500000

　　贷：所得税费用——递延所得税费　　　　500000

假定该企业预计在未来 5 年期间能够产生的应纳税所得额为 1300000 元。则该企业计算确认的递延所得税资产如下：

递延所得税资产 = 1300000 × 25% = 325000（元）

20×9 年该企业所得税的账务处理为：

借：递延所得税资产——可抵扣亏损　　　　325000

　　贷：所得税费用——递延所得税费　　　　325000

【例 7 – 16】甲企业持有的某项可供出售金融资产，成本为 500 万元，会计期末，其公允价值为 550 万元，该企业适用的所得税税率为 25%。除该事项外，该企业不存在其他会计与税收法规之间的差异，递延所得税资产和递延所得税负债不存在期初余额。

会计期末在确认 50 万元的公允价值变动时：

借：可供出售金融资产　　　　500000

　　贷：其他综合收益　　　　500000

确认应纳税暂时性差异的所得税影响时：

借：其他综合收益　　　　125000

　　贷：递延所得税负债　　　　125000

（三）所得税费用

计算确定了当期所得税及递延所得税以后，利润表中应予确认的所得税费用为两者之和，即：

所得税费用 = 当期所得税 + 递延所得税

【例 7 – 17】A 公司 20×8 年度资产负债表相关项目金额及其计税基础如表 7 – 2所示。该公司利润表中利润总额为 2000 万元，递延所得税负债期初余额为 60 万元，递延所得税资产期初余额为 55 万元，适用的所得税税率为 25%。

20×8 年发生的有关交易和事项中，会计处理与税收处理存在差别的有：

（1）20×8 年 1 月开始计提折旧的一项固定资产，成本为 1500 万元，使用年限为 10 年，净残值为 0，会计处理按双倍余额递减法计提折旧，税收处理按直线法计提折旧。假定税法规定的使用年限及净残值与会计规定相同。

（2）向关联企业捐赠现金 500 万元。假定按照税法规定，企业向关联方的捐赠不允许税前扣除。

（3）当期取得作为交易性金融资产核算的股票投资成本为 900 万元，20×8 年 12 月 31 日的公允价值为 1200 万元。税法规定，以公允价值计量的金融资产持有期间市价变动不计入应纳税所得额。

表 7-2　资产负债表相关项目金额及其计税基础　　单位：万元

项　目	账面价值	计税基础	差　异	
			应纳税暂时性差异	可抵扣暂时性差异
存货	2000	2090		90
固定资产：				
固定资产原价	1500	1500		
减：累计折旧	300	150		
固定资产减值准备	0	0		
固定资产账面价值	1200	1350		150
交易性金融资产	1200	900	300	
其他应付款	250	250		
总计			300	240

（4）违反环保法规定应支付罚款 210 万元。

（5）期末，对持有的存货计提了 90 万元的存货跌价准备。

要求：计算确定 A 公司 20×8 年递延所得税负债、递延所得税资产、递延所得税费用及所得税费用并账务处理。

分析：

（1）20×8 年度当期应交所得税：

应纳税所得额 = 2000 + 150 + 500 - 300 + 210 + 90 = 2650（万元）

应交所得税 = 2650 × 25% = 662.5（万元）

（2）递延所得税：

1）期末递延所得税负债 = 300 × 25% = 75（万元）

期初递延所得税负债　　60

递延所得税负债增加　　15

2）期末递延所得税资产 = 240 × 25% = 60（万元）

期初递延所得税资产　　55

递延所得税资产增加　　5

（3）账务处理如下：

借：所得税费用——当期所得税费用　　662.5

　　贷：应交税费——应交所得税　　662.5

借：递延所得税资产　　5

　　贷：所得税费用——递延所得税费　　5

借：所得税费用——递延所得税费　　15

　　贷：递延所得税负债　　15

20×8 年度递延所得税费用为：15 −5 =10（万元）

利润表中确认的所得税费用为：662.5 +10 =672.5（万元）

第三节　企业所得税会计信息的披露

企业所得税会计信息的披露包括在表内列报和附注中披露。

企业对所得税的核算结果，除利润表中单独列示所得税费用以外，在资产负债表中形成的应交税费（应交所得税）以及递延所得税资产和递延所得税负债应当遵循准则规定列报。其中，递延所得税资产和递延所得税负债一般应当分别作为非流动资产和非流动负债在资产负债表中列示。

在附注中披露与所得税有关的信息包括：

（1）所得税费用（收益）的主要组成部分。所得税费用（收益）包括当期所得税费用（当期应交所得税）和递延所得税，但不包括直接计入所有者权益项目的交易和事项以及企业合并的所得税影响。

（2）对所得税费用（收益）与会计利润之间的关系作出解释。

（3）未确认递延所得税资产的可抵扣暂时性差异、可抵扣亏损的金额（如果存在到期日，还应披露到期日）。

（4）对每一类暂时性差异和可抵扣亏损，在列报期间确认的递延所得税资产或递延所得税负债的金额，确认递延所得税资产的依据。

（5）未确认递延所得税负债的，与对子公司、联营企业及合营企业投资相关的暂时性差异金额。

思　考　题

（1）如何界定所得税的研究内容？

（2）税前会计利润和应税所得的区别是什么？

（3）什么是资产负债表债务法？其一般处理程序是什么？

（4）什么是应纳税暂时性差异和可抵扣暂时性差异？

（5）如何确认递延所得税资产和递延所得税负债？

（6）确认由可抵扣暂时性差异产生的递延所得税资产，应当以什么为限？

（7）与直接计入所有者权益的交易相关的当期所得税和递延所得税，应当计入什么项目？

第八章　企业合并

学习目标

(1) 掌握企业合并的概念。

(2) 了解企业合并的方式与基本类型。

(3) 理解同一控制下企业合并与非同一控制下企业合并现行准则相关规定。

(4) 掌握同一控制下企业合并与非同一控制下企业合并的会计处理。

第一节　企业合并概述

一、企业合并的动因

在19世纪与20世纪的世纪之交，伴随着西方国家工业革命的进行和自由竞争阶段进入垄断阶段，对资本集中的规模和速度提出了进一步的要求，此时，西方国家掀起了企业兼并的浪潮。一个多世纪以来，西方国家已经经历了五次企业兼并的浪潮。

第一次兼并浪潮发生在19世纪与20世纪的世纪之交，工业革命最早的英国在这一时期发生了一系列的企业兼并，大多数分布在纺织业，如11家企业合并组成的大英棉织品公司，46家企业合并组成的棉花印花机联合体等。美国在这一时期有2653家企业被兼并，产生了一些后来对美国经济结构具有深远影响的垄断组织，如美孚石油公司、美国烟草公司、美国钢铁公司等。横向兼并是第一次兼并浪潮的主要特点。

第二次兼并浪潮发生在20世纪20年代，美国在第二次兼并浪潮中，兼并的数量大大超过了第一次兼并浪潮，将近19611家公司被兼并。纵向兼并是第二次兼并浪潮的主要特点。

第三次兼并浪潮发生在第二次世界大战后，20世纪五六十年代，美国企业的兼并规模较大，从被兼并的资产总额看，1960年约为15亿美元，1968年约为125亿美元，增长了7倍多。混合兼并或称多元合并是第三次兼并浪潮的主要特点。

第四次兼并浪潮发生在20世纪七八十年代，美国在1985年的兼并高潮中，发生了3000多起兼并，兼并的规模也较大，通用电气公司以60多亿美元的代价兼并了美国无线电公司。由于垃圾债券的大量发行，使小企业用杠杆融资方式筹措巨款，出现了不少小企业兼并大企业的现象。融资兼并是第四次兼并浪潮的特点。

第五次兼并浪潮发生在20世纪90年代，美国波音公司兼并了麦道飞机制造公司，美国在线与时代华纳合并。第五次兼并浪潮的特点是战略兼并，是功能互补型的强强联盟。

我国的企业合并行为比较迟缓，直到20世纪80年代中期进行城市经济体制改革以来，我国开始出现大量的企业兼并事件。进入20世纪90年代，随着证券市场的建立和发展及国有企业的转制，企业兼并更是方兴未艾，并成功地实现了多起跨国兼并。1998年以来，还出现了多起上市公司换股合并非上市公司的事例。1999年6月，清华同方股份有限公司以换股方式吸收合并了鲁颖电子股份有限公司，这是我国证券市场首起以换股方式实现的企业合并；2004年11月，第一百货股份有限公司以换股合并方式吸收合并了华联商厦股份有限公司，合并后的公司改称上海百联集团股份有限公司，这是我国主板市场两家上市公司以换股方式实现的企业合并；2007年6月，海通证券股份有限公司借壳都市股份有限公司，成为首家以换股吸收合并方式成功上市的证券公司。随着我国证券市场的蓬勃发展，必将为企业合并的发展提供契机和环境。

在市场经济条件下，企业生产经营活动的基本目标是实现企业自身价值的最大化。然而，在竞争激烈的市场经济中，企业会经常处于不平衡的发展状态。一些企业借助于有利条件而处于优势地位，而另一些企业则处境艰难，难以立足。作为市场主体的企业必然会对此做出灵活的反应。优势企业通过合并获取更多的权益资本，以取得更大的经济利益。劣势企业也可能采取被兼并的相应措施，以避免更大的损失。经营尚好的企业也可能被兼并，其动力是期望资产得到更加良好的运用。企业合并的动因各有不同，主要有以下几方面：

（1）企业发展的动机。具有资金优势的企业通过合并来实现其发展和扩张的目的，以保持和增强其在竞争中的地位。合并与企业内部投资新建生产能力的内涵扩张相比较，有利于大幅度降低企业的经营风险，有利于降低成本，有利于迅速提高生产能力，有利于取得某些特殊资产。

（2）实现产销经营活动的协同作用。协同作用就是 1 +1 >2 的效应。这种协同作用能为企业带来明显的效益。这些效益表现在节约了经营活动的组织成本；减少重复的固定成本，达到最佳经济规模的要求，实现规模最经济；消除抵销力量，实现优势互补。

（3）实现财务协同作用。财务协同作用是指企业合并能给企业在财务方面带来的效益，这种财务利益的取得往往是由于税法、会计处理惯例以及证券交易等内在规律的作用而产生的。主要表现在，可以达到合理避税的目的；使股票市场对企业股票的评价发生改变，对股票价格产生一定的影响。

（4）多种经营，规避市场风险。通过合并一家非本行业的企业，可以减少企业收益的周期性波动。企业为了保持发展势头，必须拥有处于发展期的行业来取代处于下降期的行业，要合理地搭配处于生命周期各个阶段的企业分布，以分散风险。

（5）扩大市场份额。企业通过合并来提高行业集中程度，增强企业对市场的控制力，扩大市场份额以保持一定的竞争优势。

二、企业合并的含义

企业规模的扩大既可以提高其经营效率，又可以分散企业的经营风险。自我积累和企业合并是企业扩张的两种最主要方式。比较而言，后者在扩张成本、降低风险、缩短经营的延滞时间、防止被收购、取得被合并方的无形资产以及从税收筹划考虑上等都存在较大的优势，但有一点必须明确，即无论出于何种目的，企业合并是通过取得股权这一方式实现的。

我国《企业会计准则第 20 号——企业合并》规定：企业合并，是指将两个或两个以上单独的企业合并形成一个报告主体的交易或事项。

《国际财务报告准则第 3 号——企业合并》中的定义为：企业合并是将单独的主体或业务集合为一个报告主体。

美国会计原则委员会颁布的于 1970 年 11 月生效的第 16 号意见书《企业合并》中，对企业合并定义为：企业合并指一家公司与一家或几家公司或非公司组织的企业合成一个会计主体。这个会计主体继续从事以前彼此分离、相互独立的企业的经营活动。

可见，企业合并这一会计概念，强调了单一的会计主体和参与合并的企业在合并之前的独立性两个方面。虽然在企业合并过程中一个或一个以上的企业可能丧失其独立的法人资格，但从会计上看，法人资格的消失并不是企业合并的必要条件。

因此，只要以前彼此独立的企业合并成一个会计主体，而它们的经济资源和经营活动处于单一的管理机构控制之下，那么就完成了企业合并，合并的实质是控制，而不是法律主体的解散。一个或几个企业成为别的企业的子公司，一家公司将其净资产转移给另一家公司，以及几家公司将其净资产转移给一家新建立的公司，均可认为实施了企业合并。同样，一个企业持有了另一个企业的控股权，也是企业合并。

在企业合并过程中，实施合并的企业所付出的代价，主要有现金、债务性证券和股票等。也就是说，实施合并的企业可以向被合并企业的所有者或股东支付现金、签发债务证书，还可以新发行本公司股票进行支付。

三、企业合并的方式

企业合并可按不同的标准分类，最常见的是按照法律形式和合并所涉及的行业分类。

1. 按企业合并的法律形式分类

企业合并按其法律形式分类，可以分为吸收合并、创立合并和控股合并。

（1）吸收合并。吸收合并也称兼并，是指一家公司通过股票交换、支付现金或其他资产，或发行债务性证券而取得另一家或几家公司的全部净资产，参与合并的公司中，只有一家继续存在，其余公司都丧失其法律地位。丧失法律地位的公司，其经营活动可能继续进行，但只是作为购并公司的一部分而存在。因此，如果甲公司通过吸收合并取得乙公司，则这种合并可用下式表示：

甲公司 + 乙公司 = 甲公司

（2）创立合并。创立合并也称新设合并，是指一家公司与另一家或几家公司通过交换有表决权的股份或其他形式成立一家新公司，参与合并的公司均丧失其法律地位，原参与合并的公司的股东成为新公司的股东。如果甲公司与乙公司以新设合并的方式组建丙公司，则这种合并可用下式表示：

甲公司 + 乙公司 = 丙公司

（3）控股合并。控股合并是指一家企业通过支付现金、发行股票或债券等方式取得另一家企业的全部或部分有表决权的股份，从而达到能够对被投资企业实施控制的程度，而参与合并的两家企业仍然保留其法律地位。在这种情况下，投资企业与被投资企业之间形成母子公司关系，需要编制合并报表。如果甲公司取得了对乙公司的控制权，则这种控股合并可用下式表示：

甲公司的财务报表 + 乙公司的财务报表 = 甲公司与乙公司的合并财务报表

吸收合并和新设合并的结果是形成单一的法律主体，不存在编制合并财务报表的问题。而控股合并后，合并企业与被合并企业仍然是两个独立的法律主体和会计主体。但是从经济角度看，由于控股事实的存在，两者已构成了一个经济实体。为了综合全面地反映这一经济实体的财务状况和经营成果，有必要将控股公司与被控股公司组成的整个企业集团视为单一的会计主体，编制集团的合并财务报表，反映集团整体的财务状况、经营成果和现金流量的情况。

2. 按合并企业所涉及的行业分类

（1）横向合并。横向合并也称水平式合并，指生产同类产品的企业之间的合并。横向合并的目的在于：把一些规模较小的企业联合起来，组成企业集团，以实现规模效益；利用现有的生产设备，增加产量，提高市场占有率，在激烈的竞争中处于有利的地位；优势互补，共渡难关。横向合并会削弱企业间的竞争，甚至造成垄断的局面，在一些国家受到反托拉斯法规的限制。

（2）纵向合并。纵向合并也称垂直式合并，指生产不同类产品，但相互之间有关联的企业之间的合并，如一家生产彩电的企业和一家生产彩色显像管的企业之间的合并。企业通过纵向合并往往能够形成一个供、产、销一体化的企业集团，从而增强实力。

（3）混合合并。混合合并也称多元化合并，指所生产产品和所处行业没有内在联系的企业之间的合并，如一家商业银行对一家汽车生产公司的合并。企业通过混合合并可以扩展经营行业，分散经营风险，增强生存和发展能力，或者通过利用被并企业的环境条件，进一步拓展市场。

3. 按照参与合并的企业在合并前后是否受同一方或相同的多方最终控制分类

企业合并按照参与合并的企业在合并前后是否受同一方或相同的多方最终控制，可以分为同一控制下的企业合并与非同一控制下的企业合并。

（1）同一控制下的企业合并。同一控制下的企业合并，是指参与合并的企业在合并前后均受同一方或相同的多方最终控制且该控制并非暂时性的。

同一方，是指对参与合并企业在合并前后均实施最终控制的投资者，如企业集团的母公司等。

相同的多方，通常是指根据投资者之间的协议约定，在对被投资单位的生产经营决策行使表决权时发表一致意见的两个或两个以上的投资者。

控制并非暂时性，是指参与合并各方在合并前后较长时间内受同一方或相同的多方最终控制，控制时间通常在1年以上（含1年）。

（2）非同一控制下的企业合并。非同一控制下的企业合并，是指参与合并的各方在合并前后不受同一方或相同的多方最终控制，或者虽然受同一方或相同的多方最终控制，但这种控制是暂时性的。

四、企业合并的程序

企业合并是市场经济条件下的一种经济现象，也是企业竞争、谋求发展和扩张的必然产物。实施企业合并，一般需经过下列程序：

（1）股东大会或者股东会做出合并决议。

（2）合并各方签订合并合同并经合并各方的股东（大）会通过，国有独资公司的合并应由国家授权投资的机构或者国家授权的部门决定（在合并合同中，约定合同的生效条件）。合并协议的内容一般应有六项：合并各方的名称、住所；合并后存续企业或新设企业的名称、住所；合并各方的债权、债务处理办法；合并各方的资产状况及其处理办法；存续企业和新设企业因合并而增资的总额；合并各方需要载明的其他事项。

（3）编制资产负债表和财产清单。合并各方协议合并时，应编制各自的资产负债表及财产清单，并委托公正的资产评估机构对企业的流动资产、固定资产、无形资产及其他资产进行评估，确认其债权和债务。

（4）通知债权人并经债权人同意。若债权人不同意合并，则参与合并的公司必须清偿债务或提供担保；否则，不得合并。如果合并行为存在违反法律、行政法规的强制性规范的事由，利害关系人可以提起请求确认无效之诉。

（5）报主管机关批准。《公司法》第 183 条规定："股份有限公司合并或者分立，必须经国务院授权的部门或者省级人民政府批准。"所以，主管机关的批准是股份有限公司合并的必经程序。

（6）办理变更、注销登记。合并协议经有关主管部门审核批准后，合并各方应依法向工商行政机关分别申请变更登记、设立登记或注销登记，同时依法向税务机关申报办理税务变更登记、重新登记或注销登记手续。

第二节 企业合并的会计处理方法

要深入地理解企业合并的会计处理方法，需要充分认识企业合并所带来的会计问题。

一、企业合并带来的会计问题

1. 会计上如何看待企业合并

从会计角度如何看待企业合并问题？如果以反映企业合并的经济实质为目

标，企业合并的经济实质这一问题主要有三种不同的观点。

（1）购买观。企业合并是一家企业购买另一家或几家企业的购买行为。购买观下采用的企业合并会计方法称为购买法。

（2）权益结合观。企业合并是参与合并的各企业的原有权益的简单结合。权益结合观下采用的企业合并会计方法称为权益结合法。

（3）新实体观。企业合并是所有参与合并的企业重新组成新的实体的行为。新实体观下采用的企业合并会计方法称为新实体法或新主体法。

2. 可辨认资产与负债的计价

具体进行会计处理时，参与合并企业的可辨认资产与负债如何在合并后企业的报表上反映？其方法主要有以下三种：

（1）参与合并的所有企业都不改变其计价基础，所有资产、负债都按原来的账面价值计价。这是权益结合法的主要特点。

（2）对于主并企业和被并企业的资产与负债的计价采用不同的计价基础，主并企业的资产、负债按原来的账面价值计价，而被并企业的资产、负债按合并日的公允价值计价。这是购买法的主要特点。

（3）参与合并的所有企业都改变其计价基础，所有资产、负债都按其合并日的公允价值计价。这是新实体法的主要特点。

我国《企业会计准则第20号——企业合并》规定，同一控制下的企业合并应采用类似权益结合法，非同一控制下的企业合并应采用购买法。

3. 企业合并带来的其他会计问题

（1）企业合并中发生的各项直接相关费用的处理。在企业合并过程中发生的一些直接相关费用，如咨询费用、法律费用等，这些直接相关费用如何处理，也是企业合并带来的会计问题。可能的选择主要有两种：计入当期损益和不计入当期损益。计入当期损益的处理方法操作简单。在权益结合法下，只能计入当期损益。在购买法下企业合并中发生的各项直接相关费用的处理，从原理上讲，有计入当期损益或者计入合并成本两种不同的选择。

（2）被并企业期初至合并日的损益的处理。企业合并有可能不是在期初或期末完成，而是在会计期间中间的某一天完成的，于是就产生了被并企业期初至合并日损益的处理问题：合并后企业的当期（特别是当年）利润表中是否应该包括被并企业期初至合并日的损益。购买法下不应包括，权益结合法下则应包括。

（3）被合并方的留存收益是否保留。购买法下不予保留，权益结合法下则应当保留。

二、购买法

购买法将企业合并视为一家企业购买另一家或几家企业的行为。它要求购买企业对被购买企业的可辨认资产和负债进行重新估价，按照购买日的公允价值入账或反映在购买日的合并资产负债表上。即与一般购买交易一样，买方对所取得的资产或承担的负债均以取得成本入账，各项资产、负债的取得成本为其在合并日的公允价值。如果总的购买成本大于所取得的全部可辨认净资产的公允价值，则将其差额确认为商誉；反之，为负商誉。

1. 购买法的特点

（1）将企业合并视为一种购买交易行为。购买法将企业合并看成并购企业与被购并企业之间的买卖交易。吸收合并是并购方买进被并购企业的全部资产，并承担其全部负债；控股合并则是母公司购买了子公司净资产的控制权，子公司置于母公司的控制之下，因而其股权发生了实质性的变化。

（2）有新的计价基础，在购买日对被并购企业的资产与负债按公允价值计价。实施合并的企业要按购买日的公允价值记录所收到的资产和应承担的债务，取得被并购企业的成本要按与其他经济业务相同的方法加以确定，即按合并日的公允价值，将合并成本分配到所取得的可辨认资产和承担的债务中。

（3）可能产生商誉或负商誉。当合并成本大于所取得的被并购企业可辨认净资产的公允价值时，产生商誉；当合并成本小于所取得的被并购企业可辨认净资产的公允价值时，产生负商誉。

（4）合并后企业的当期收益不包括被并购企业期初至购并日所实现的收益。

（5）不需要保留被并购企业的留存收益。

（6）不需要对参与合并的其他企业的会计记录加以调整。

2. 合并成本的确定

在购买法下，需要确定合并成本，并将合并成本进行适当的分配。合并成本是主并企业所支付的对价，如果合并方采取支付非现金资产或发行债务性证券、权益性证券的方式支付对价，则应当以所支付非现金资产或所发行债务性证券、权益性证券的公允价值确定合并成本。

购买法下企业合并中发生的直接相关费用应当计入合并成本，还是应当计入当期损益？计入合并成本的好处是，能够全面反映合并成本的内容，因为企业合并中发生的直接相关费用也是并购方所付出的代价。但是，将直接相关费用计入合并成本会影响合并商誉的计量，而直接相关费用显然是与被并购企业的商誉毫无关系的。

3. 合并商誉的确认与计量

商誉是企业不可单独辨认的资产，它不能单独在市场上销售或交换，只能与企业整体一起确认与转让。它表现为一家企业的盈利能力超过了本行业平均水平或正常的投资回报率。商誉的形成通常源于企业卓越的管理队伍、优越的地理位置或良好的社会声誉等。商誉按照其形成来源，可以分为自创商誉和外购商誉。自创商誉是企业在长期的生产经营过程中，自己创立和积累起来的能够为企业带来超额利润的无形资源。外购商誉则是企业通过并购其他企业而获得的商誉。

长期以来，人们通常无法精确计量商誉，只能予以估计。常用的估算商誉的方法主要有收益资本化价值法和超额利润现值法两种。在财务会计领域，世界各国对于自创商誉一般不予以确认，而对于外购商誉则大都予以确认。会计上一般采用间接计量的方法，将合并成本超过所获得的被并购企业可辨认净资产公允价值的差额作为外购商誉的价值。这一差额意味着并购企业对被并购企业有良好的预期，认定被并购企业存在自创商誉，能够在未来时期为并购企业带来超过正常盈利水平的利润。

外购商誉可分为正商誉和负商誉。在没有特别指明的情况下，商誉通常是指正商誉。正商誉是合并成本超过所获得的被并购企业可辨认净资产公允价值的差额，而负商誉则是所获得的被并购企业可辨认净资产公允价值超过合并成本的差额。

（1）正商誉的确认和计量。正商誉的确认和计量主要有以下三种方法：

1）将外购商誉作为一项没有实物形态的特殊资产予以确认，并在特定的期间内摊销。

2）将商誉作为一项永久性资产，不予摊销，但每年应对其进行减值测试。

3）将外购商誉作为购买企业所有者权益的抵减项目，直接冲减留存收益。

目前对于正商誉的确认和计量，国际上较为通行的方法是上述第二种，即确认为资产，不予分期摊销，只进行定期的减值测试。

（2）负商誉的确认和计量。企业的合并成本低于所取得的被并购企业的可辨认净资产公允价值的份额，这一差额为负商誉。对于负商誉的处理，目前比较通行的处理方法是直接计入当期损益。

三、权益结合法

权益结合法又称联营法，是将企业合并视为参与合并的企业的股东为了继续对合并后实体分享利益和分担风险，而联合控制它们的全部或实际上是全部的净资产和经营活动的行为的一种企业合并的会计处理方法。

目前，我国同一控制下的企业合并方式可以是发行股票、支付现金、实物资产等。

权益结合法的特点如下：

（1）将合并视为股权联合行为，而不是资产交易。权益结合法的实质是将企业合并视为原有的股东权益在新的会计主体的联合和继续，而不是企业之间发生的一种取得资产或筹集资本的交易。

（2）没有新的计价基础。在权益结合法下，参与合并企业的各自的资产、负债均按其原来的账面价值计价。

（3）企业合并过程中所发生的所有相关费用，不论是直接相关费用还是间接相关费用，均计入当期损益。

（4）不存在商誉或负商誉问题。

（5）不论合并发生在会计期间内的哪个时点，参与合并的企业自期初至合并日的损益也要包括在合并后企业的利润表中。

（6）需要尽可能保留被合并企业的留存收益。

（7）如参与合并企业的会计方法不一致，则应追溯调整，并重编前期财务报表。

四、新实体法

新实体法又称新主体法，该方法假设企业合并产生了一个全新的报告主体，所有参与合并企业的资产和负债都要以合并日的公允价值为基础进行计量。新实体法假定其他参与合并的各主体均已消亡，合并时只需根据新的会计主体建立新的会计基础。所以，对参与合并的各企业的资产、负债，都应调整为合并日的公允价值，然后合并相应账户或编制合并财务报表。这种方法要确定所有参与合并企业的资产与负债的公允价值，所以在操作上比较烦琐和困难。

本章主要以吸收合并、控股合并为对象来讨论企业合并时的会计问题。控股合并所涉及的合并财务报表的编制问题将在后面的章节中专门论述。

第三节　非同一控制下企业合并的会计处理

我国《企业会计准则第20号——企业合并》规定，非同一控制下的企业合并应采用购买法进行会计处理，并对该方法的具体运用进行了详细的规范。

一、购买方与被购买方的认定

非同一控制下的企业合并中，在购买日取得对其他参与合并企业控制权的一方为购买方，参与合并的其他企业为被购买方。其中，购买日是指购买方实际取得对被购买方控制权的日期。控制权转移的判断，同时满足以下条件的，可认定为实现了控制权的转移：

（1）企业合并合同或协议已获股东大会通过。

（2）企业合并事项需要经过国家有关主管部门审批的，已获批准。

（3）参与合并各方已办理了必要的财产交接手续。

（4）合并方或购买方已支付了合并价款的大部分（一般应超过 50%），并且有能力、有计划支付剩余款项。

（5）合并方或购买方实际上已经控制了被合并方或被购买方的财务和经营政策，并享有相应的利益、承担相应的风险。

购买方获得控制权之前并不必然要求交易在法律上结束或完成。

二、现行准则的有关规定

（1）购买方应当区别下列情况确定合并成本：

1）一次交换交易实现的企业合并，合并成本为购买方在购买日为取得对被购买方的控制权而付出的资产、发生或承担的负债以及发行的权益性证券的公允价值。

2）通过多次交换交易分步实现的企业合并，合并成本为每一单项交易成本之和。

3）购买方为进行企业合并发生的各项直接相关费用计入当期损益。

4）在合并合同或协议中对可能影响合并成本的未来事项作出约定的，购买日如果估计未来事项很可能发生并且对合并成本的影响金额能够可靠计量的，购买方应当将其计入合并成本。

（2）购买方在购买日对作为企业合并对价付出的资产、发生或承担的负债应当按照公允价值计量，公允价值与其账面价值的差额，计入当期损益（营业外收入）。

（3）购买方在购买日应当对合并成本进行分配，按照公允价值确认所取得的被购买方各项可辨认资产、负债及或有负债。

1）购买方对合并成本大于合并中取得的被购买方可辨认净资产公允价值份额的差额，应当确认为商誉。初始确认后的商誉，应当以其成本扣除累计减值准备后的金额计量。商誉的减值应当按照《企业会计准则第 8 号——资产减值》

处理。

2）购买方对合并成本小于合并中取得的被购买方可辨认净资产公允价值份额的差额，应当按照下列规定处理：①对取得的被购买方各项可辨认资产、负债及或有负债的公允价值以及合并成本的计量进行复核；②经复核后合并成本仍小于合并中取得的被购买方可辨认净资产公允价值份额的，其差额应当计入当期损益（营业外收入）。

（4）可辨认资产、负债及或有负债公允价值的确定。购买方应当按照以下规定确定合并中取得的被购买方各项可辨认资产、负债及或有负债的公允价值：

1）货币资金，按照购买日被购买方的账面余额确定。

2）有活跃市场的股票、债券、基金等金融工具，按照购买日活跃市场中的市场价格确定。

3）应收款项，其中的短期应收款项，一般按照应收取的金额作为其公允价值；长期应收款项，应按适当的利率折现后的现值确定其公允价值。在确定应收款项的公允价值时，应考虑发生坏账的可能性及相关收款费用。

4）存货，对其中的产成品和商品按其估计售价减去估计的销售费用、相关税费以及购买方出售类似产成品或商品估计可能实现的利润确定；在产品按完工产品的估计售价减去至完工仍将发生的成本、估计的销售费用、相关税费以及基于同类或类似产成品估计出售可能实现的利润确定；原材料按现行重置成本确定。

5）不存在活跃市场的金融工具如权益性投资等，应当参照《企业会计准则第 22 号——金融工具确认和计量》的规定，采用估值技术确定其公允价值。

6）房屋建筑物、机器设备、无形资产，存在活跃市场的，应以购买日的市场价格为基础确定其公允价值；不存在活跃市场，但同类或类似资产存在活跃市场的，应参照同类或类似资产的市场价格确定其公允价值；同类或类似资产也不存在活跃市场的，采用估值技术确定其公允价值。

7）应付账款、应付票据、应付职工薪酬、应付债券、长期应付款，其中的短期负债，一般按照应支付的金额确定其公允价值；长期负债，应按适当的折现率折现后的现值作为其公允价值。

8）取得的被购买方的或有负债，其公允价值在购买日能够可靠计量的，应确认为预计负债。此项负债应当按照假定第三方愿意代购买方承担，就其所承担义务需要购买方支付的金额作为其公允价值。

9）递延所得税资产和递延所得税负债，取得的被购买方各项可辨认资产、负债及或有负债的公允价值与其计税基础之间存在差额的，应当按照《企业会计准则第 18 号——所得税》的规定确认相应的递延所得税资产或递延所得税负债，所确认的递延所得税资产或递延所得税负债的金额不应折现。

三、非同一控制下吸收合并的会计处理

非同一控制下吸收合并的会计处理，主要应把握以下三点：

（1）购买方在购买日应当按照合并中取得的被购买方各项可辨认资产、负债及或有负债的公允价值确定其入账价值。

（2）确定的企业合并成本与取得被购买方可辨认净资产公允价值的差额，应确认为商誉或营业外收入。

（3）取得的被购买方各项可辨认资产、负债及或有负债的公允价值与其计税基础之间存在差额的，应确认相应的递延所得税资产或递延所得税负债，相关的递延所得税费用或收益，调整企业合并中所确认的商誉或营业外收入。

同时，为了核算非同一控制下的企业合并，企业应设置“商誉”科目。“商誉”科目核算非同一控制下企业合并中取得的商誉价值。商誉发生减值的，应设置“商誉减值准备”科目进行核算。

【例 8－1】20×9 年 12 月 31 日，J 公司吸收合并了 K 公司，获得了 K 公司的净资产。在合并日 K 公司经确认的资产和负债的账面价值和公允价值如表 8－1 所示。假定不考虑所得税影响。

表 8－1　K 公司的资产负债表

20×9 年 12 月 31 日　　　　单位：元

项　目	账面价值	公允价值
银行存款	50000	50000
应收账款	150000	150000
库存商品	200000	250000
固定资产	600000	950000
无形资产		50000
资产合计	1000000	1450000
应付账款	100000	100000
应付票据	150000	150000
负债合计	250000	250000
净资产	750000	1200000

（1）假定 20×9 年 12 月 31 日 J 公司为取得 K 公司净资产，支付了现金 1400000 元。则 J 公司记录这一合并业务的会计处理为：

借：银行存款　50000
　　应收账款　150000
　　库存商品　250000
　　固定资产　950000
　　无形资产　50000
　　商誉　200000
　　贷：应付账款　100000
　　　　应付票据　150000
　　　　银行存款　1400000

（2）假定 20×9 年 12 月 31 日 J 公司为取得 K 公司净资产，支付了现金 1000000 元。则 J 公司记录这一合并业务的会计处理为：

借：银行存款　50000
　　应收账款　150000
　　库存商品　250000
　　固定资产　950000
　　无形资产　50000
　　贷：应付账款　100000
　　　　应付票据　150000
　　　　银行存款　1000000
　　　　营业外收入　200000

【例 8－2】20×9 年 12 月 31 日，M 公司以公允价值 1400000 元、账面价值 1000000 元的无形资产作为对价，对 N 公司进行吸收合并，M、N 公司无关联方关系，合并日 N 公司经确认的部分资产、负债的账面价值和公允价值如表 8－2 所示。

表 8－2　N 公司部分资产、负债项目的账面价值和公允价值

20×9 年 12 月 31 日　　　　单位：元

项　　目	账面价值	公允价值
固定资产	600000	800000
长期股权投资	400000	600000
长期借款	300000	300000
净资产	700000	1100000

则 M 公司合并日的账务处理为：

借：固定资产　800000

　　长期股权投资　600000

　　商誉　300000

　　贷：长期借款　300000

　　　　无形资产　1000000

　　　　营业外收入——处置非流动资产利得　400000

四、非同一控制下控股合并的会计处理

非同一控制下控股合并的会计处理与吸收合并类似，不同点在于：在非同一控制下的吸收合并中，合并中取得的可辨认资产、负债及或有负债是作为个别报表中的项目列示，合并中产生的商誉也是作为购买方账簿及个别财务报表中的资产列示。

非同一控制下控股合并的会计处理，主要应把握两点：

（1）非同一控制下的控股合并中，购买方取得对被购买方控制权的，在购买日应当按照确定的企业合并成本作为对被购买方长期股权投资的初始投资成本，购买方为取得对被购买方的控制权，以支付非货币性资产为对价的，非货币性资产在购买日的公允价值与其账面价值的差额，应作为资产的处置损益，计入合并当期的利润表。

非同一控制下的控股合并，购买方应自购买日起设置备查簿，登记其在购买日取得的被购买方可辨认资产、负债的公允价值，为以后期间核算及合并财务报表的编制提供基础资料。

（2）非同一控制下的企业合并通过长期股权投资取得控制权后，也要编制合并财务报表。在合并资产负债表中，合并中购买方长期股权投资成本大于合并中取得的被购买方可辨认净资产公允价值份额的差额，体现为合并财务报表中的商誉；长期股权投资的成本小于合并中取得的被购买方可辨认净资产公允价值份额的差额，应计入合并利润表中作为合并当期损益。因购买日不需要编制合并利润表，该差额体现在合并资产负债表上。

【例 8 – 3】假定 A 公司和 B 公司为非关联方公司，20 ×9 年 12 月 31 日 A 公司以公允价值 450000 元、账面价值 430000 元的办公楼控股合并 B 公司 80% 有表决权的股份。合并中发生的与合并相关的直接费用为 30000 元。购买日 B 公司部分报表项目的账面价值和公允价值的情况如表 8 – 3 所示。

表8-3 B公司部分报表项目的账面价值和公允价值

20×9年12月31日 单位：元

项目	账面价值	公允价值
货币资金	200000	200000
存货	80000	60000
固定资产	230000	300000
长期借款	50000	50000
股本	460000	510000

则A公司购买日的账务处理为：

借：长期股权投资 450000

贷：固定资产 430000

营业外收入——处置非流动资产利得 20000

借：管理费用 30000

贷：银行存款 30000

【例8-4】假定P公司和S公司为非关联方公司。20×9年1月1日，P公司发行200万股普通股股票，每股面值1元，市场价格为每股3元，取得了S公司60%的股权。购买日S公司部分报表项目的账面价值和公允价值的情况如表8-4所示。

表8-4 S公司部分报表项目的账面价值和公允价值

20×9年1月1日 单位：元

项目	账面价值	公允价值
货币资金	1000000	1000000
存货	800000	1000000
固定资产	2400000	2600000
长期借款	700000	700000
股本	3500000	3900000

则P公司购买日的账务处理为：

借：长期股权投资 6000000

贷：股本 2000000

资本公积 4000000

第四节 同一控制下企业合并的会计处理

我国《企业会计准则第20号——企业合并》，对同一控制下的企业合并的确认和计量进行了详细的规范，要求采用的会计处理方法类似于权益结合法。权益结合法也称权益联营法，是指企业的合并是所有者（或股东）权益的联合，而非对企业资产的购买。

一、合并方与被合并方的认定

同一控制下的企业合并，在合并日取得对其他参与合并企业控制权的一方为合并方，参与合并的其他企业为被合并方。其中，合并日是指合并方实际取得对被合并方控制权的日期。控制权转移的判断，与非同一控制下的企业合并相同。

二、现行准则的有关规定

（1）合并方在企业合并中取得的资产和负债，应当按照合并日被合并方的账面价值计量。合并方取得的净资产账面价值与支付的合并对价账面价值（或发行股份面值总额）的差额，应当调整资本公积（资本溢价或股本溢价）；资本公积不足冲减的，调整留存收益。

（2）合并中被合并方采用的会计政策与合并方不一致的，合并方在合并日应当按照本企业会计政策对被合并方的财务报表相关项目进行调整，在此基础上按照本准则规定确认。

（3）合并方为进行企业合并发生的各项直接相关费用，包括为进行企业合并而支付的审计费用、评估费用、法律服务费用等，应当于发生时计入当期损益（管理费用）。为企业合并发行的债券或承担其他债务支付的手续费、佣金等，应当计入所发行债券及其他债务的初始计量金额。企业合并中发行权益性证券发生的手续费、佣金等费用，应当抵减权益性证券溢价收入，溢价收入不足冲减的，冲减留存收益。

（4）企业合并形成母子公司关系的，母公司应当编制合并日的合并资产负债表、合并利润表和合并现金流量表。

其中，合并资产负债表中被合并方的各项资产、负债，应当按其账面价值计量。因被合并方采用的会计政策与合并方不一致，已按照《企业会计准则第20号——企业合并》的规定进行调整的，应当以调整后的账面价值计量。

合并利润表应当包括参与合并各方自合并当期期初至合并日所发生的收入、费用和利润。

合并现金流量表应当包括参与合并各方自合并当期期初至合并日的现金流量。

同一控制下的企业合并形成母子公司关系的，编制合并财务报表时，参与合并各方的内部交易等，应当按照《企业会计准则第 33 号——合并财务报表》处理。

三、同一控制下吸收合并的会计处理

同一控制下吸收合并的会计处理，主要应把握：①合并方在企业合并中取得的资产和负债，应当按照合并日在被合并方的账面价值计量。②合并方取得的净资产账面价值与支付的合并对价账面价值（或发行股份面值总额）的差额，应当调整资本公积；资本公积不足冲减的，应冲减盈余公积和未分配利润。

【例 8－5】A 公司和 B 公司为同一母公司下的两家子公司。假定 20×9 年 1 月 1 日 A 公司吸收合并了 B 公司。在企业合并前 A 公司和 B 公司的资产负债表如表 8－5 所示。

表 8－5　A 公司与 B 公司合并前资产负债表

20×9 年 1 月 1 日　　　　单位：元

项　　目	A 公司	B 公司
银行存款	40000	20000
应收票据	20000	10000
存货（库存商品）	80000	50000
固定资产	60000	40000
资产总计	200000	120000
短期借款	40000	20000
股本（每股面值 1 元）	100000	50000
资本公积（股本溢价）	10000	20000
盈余公积	30000	20000
未分配利润	20000	10000
负债和股东权益总计	200000	120000

（1）假定 A 公司发行 90000 股的普通股，面值 1 元，换取 B 公司的全部普通股。在 A 公司账上记录这一合并业务的会计处理为：

借：银行存款　20000
　　应收票据　10000
　　库存商品　50000
　　固定资产　40000
　　贷：短期借款　20000
　　　　股本　90000
　　　　资本公积——股本溢价　10000

（2）假定A公司发行110000股的普通股，面值1元，换取B公司的全部普通股。在A公司账上记录这一合并业务的会计处理为：

借：银行存款　20000
　　应收票据　10000
　　库存商品　50000
　　固定资产　40000
　　资本公积——股本溢价　10000
　　贷：短期借款　20000
　　　　股本　110000

（3）假定A公司发行120000股的普通股，面值1元，换取B公司的全部普通股。在A公司账上记录这一合并业务的会计处理为：

借：银行存款　20000
　　应收票据　10000
　　库存商品　50000
　　固定资产　40000
　　资本公积——股本溢价　10000
　　盈余公积　10000
　　贷：短期借款　20000
　　　　股本　120000

【例8-6】P公司和S公司为同一母公司下的两家子公司。20×9年5月31日P公司以账面价值500万元、公允价值550万元的库存商品和100万元的银行存款吸收合并了S公司100%的净资产，合并后S公司解散。合并中发生的审计费和法律咨询服务费共计10万元。P公司和S公司合并日资产负债表如表8-6所示。

（1）确认合并事项的会计处理：

借：原材料　3000000
　　固定资产　8000000

贷：应付账款　4000000
　库存商品　5000000
　银行存款　1000000
　资本公积　1000000

（2）记录合并费用的会计处理：

借：管理费用　100000
　贷：银行存款　100000

表 8－6　P 公司和 S 公司资产负债表

20×9 年 5 月 31 日　　单位：元

项　　目	P 公司	S 公司
银行存款	6000000	
原材料		3000000
库存商品	5000000	
固定资产	20000000	8000000
资产总计	31000000	1100000
应付账款	11000000	4000000
股本（每股面值 1 元）	10000000	3000000
资本公积（股本溢价）	5000000	2000000
盈余公积	2000000	500000
未分配利润	3000000	1500000
负债和股东权益总计	31000000	1100000

四、同一控制下控股合并的会计处理

同一控制下控股合并的会计处理，主要应把握：①长期股权投资成本的确定。合并方在合并中形成的长期股权投资，应当以合并日取得被合并方账面所有者权益的份额作为其初始投资成本。合并方确认的初始投资成本与其付出合并对价账面价值的差额，应当调整资本公积；资本公积不足的，调整盈余公积和未分配利润。②合并费用的会计处理。合并方为进行企业合并发生的各项直接相关费用，包括为进行企业合并而支付的审计费用、评估费用、法律服务费用等，应当于发生时计入当期损益。

【例 8－7】T 公司和 W 公司为同一母公司下的两家子公司。20×9 年 3 月 15 日 T 公司以账面价值 300 万元、公允价值 360 万元的若干项资产作为对价，取得

W 公司 80% 的股权，合并日 W 公司的账面所有者权益总额为 300 万元，合并中发生的审计费和法律服务费 6 万元。合并日 T 公司的资本公积中的股本溢价总额为 100 万元。T 公司合并日的会计处理为：

借：长期股权投资　　2400000
　　资本公积　　600000
　　贷：有关资产　　3000000
借：管理费用　　60000
　　贷：银行存款　　60000

第五节　企业合并信息的披露

一、非同一控制下企业合并有关信息的披露

《企业会计准则第 20 号——企业合并》规定，购买方应当在合并当期附注中披露与非同一控制下企业合并有关的下列信息：

（1）参与合并企业的基本情况。

（2）购买日的确定依据。

（3）合并成本的构成及其账面价值、公允价值的确定方法。

（4）被购买方各项可辨认资产、负债在上一会计期间资产负债表日及购买日的账面价值和公允价值。

（5）合并合同或协议约定将承担被购买方或有负债的情况。

（6）被购买方自购买日起至报告期末的收入、净利润和现金流量等情况。

（7）商誉的金额及其确定方法。

（8）因合并成本小于合并中取得的被购买方可辨认净资产公允价值的份额计入当期损益的金额。

（9）合并后已处置或拟处置被购买方资产、负债的账面价值、处置价格等。

二、同一控制下企业合并有关信息的披露

《企业会计准则第 20 号——企业合并》规定，合并方应当在合并当期附注中披露与同一控制下企业合并有关的下列信息：

（1）参与合并企业的基本情况。

（2）属于同一控制下企业合并的判断依据。

（3）合并日的确定依据。

（4）以支付现金、转让非现金资产以及承担债务作为合并对价的，所支付对价在合并日的账面价值；以发行权益性证券作为合并对价的，合并中发行权益性证券的数量及定价原则，以及参与合并各方交换有表决权股份的比例。

（5）被合并方的资产、负债在上一会计期间资产负债表日及合并日的账面价值；被合并方自合并当期期初至合并日的收入、净利润、现金流量等情况。

（6）合并合同或协议约定将承担被合并方或有负债的情况。

（7）被合并方采用的会计政策与合并方不一致所作调整情况的说明。

（8）合并后已处置或拟处置被合并方资产、负债的账面价值、处置价格等。

思　考　题

（1）什么是企业合并？试说明企业合并的原因。

（2）企业合并按合并的方式可分为哪几种？

（3）什么是同一控制下的企业合并？我国会计准则对其会计处理有何规定？

（4）什么是非同一控制下的企业合并？我国会计准则对其会计处理有何规定？

（5）同一控制下的企业合并会计处理和非同一控制下的企业合并会计处理的运用有何不同的经济后果？

（6）商誉是怎样产生的？确认商誉对企业以后年度的经营成果有什么影响？

第九章　合并财务报表（一）

学习目标

（1）掌握合并财务报表的概念和合并财务报表的构成。

（2）掌握合并财务报表合并范围的确定。

（3）掌握合并财务报表的编制原则，了解合并财务报表编制的前期准备事项及其程序。

（4）掌握同一控制下和非同一控制下合并财务报表的编制。

第一节　合并财务报表概述

一、合并财务报表的概念

合并财务报表，是以由母公司和子公司等组成的企业集团为一个报告主体，以母公司和子公司等单独编制的个别财务报表为基础，由母公司编制的综合反映企业集团财务状况、经营成果及现金流量的财务报表。母公司是指控制一个或一个以上主体（含企业、被投资单位中可分割的部分，以及企业所控制的结构化主体等）的主体。子公司是指被母公司控制的主体。与个别财务报表相比，合并财务报表具有下列特点：

（1）合并财务报表反映的对象是由母公司和其全部子公司等组成的会计主体。

（2）合并财务报表的编制者是母公司，但所对应的会计主体是由母公司及其控制的所有子公司等所构成的合并财务报表主体，简称“合并集团”。

（3）合并财务报表是站在合并财务报表主体的立场上，以纳入合并范围的企业个别财务报表等资料为基础，根据其他有关资料抵销母公司与子公司、子公司相互之间发生的内部交易，考虑了特殊交易事项对合并财务报表的影响后编制的，旨在反映合并财务报表主体作为一个整体的财务状况、经营成果和现金流量。

编制合并财务报表体现了实质重于形式原则的要求。虽然从法律形式来看，合并会计主体并不是一个统一的法律实体，但从经济实质来看，它却是一个统一的经济实体。为合并会计主体编制财务报表，是将其当作一个特殊的会计主体（报告主体）来看待的。所以，由控股合并所引起的合并财务报表的编制，涉及会计主体（报告主体）的变更问题。

二、合并财务报表的构成

合并财务报表主要包括合并资产负债表、合并利润表、合并所有者权益变动表、合并现金流量表和附注，它们分别从不同的方面反映企业集团的财务状况、经营成果及其现金流量情况，构成一个完整的合并财务报表体系。

（1）合并资产负债表。合并资产负债表是反映母公司和子公司所形成的企业集团某一特定日期财务状况的报表。

（2）合并利润表。合并利润表是反映母公司和子公司所形成的企业集团整体在一定期间经营成果的报表。

（3）合并所有者权益变动表。合并所有者权益变动表是反映母公司在一定期间，包括经营成果分配在内的所有者（或股东）权益增减变动情况的报表。它是从母公司的角度，站在母公司所有者的立场反映企业所有者（或股东）在母公司中的权益增减变动情况的。

（4）合并现金流量表。合并现金流量表是反映母公司和子公司所形成的企业集团在一定期间现金流入、流出量以及现金净增减变动情况的报表。

（5）附注。

三、合并财务报表的编制原则

合并财务报表的编制除了应遵循财务报表编制的一般原则和要求外，还应当遵循一体性原则，即合并财务报表反映的是由多个主体组成的企业集团的财务状况、经营成果和现金流量，在编制合并财务报表时，应当将母公司和所有子公司作为一个会计主体来看待，母公司和子公司发生的经营活动都应当从企业集团这一整体角度进行考虑，包括对项目重要性的判断。

在编制合并财务报表时，对于母公司与子公司、子公司相互之间发生的经济业务，应当视同同一会计主体内部业务处理，对合并财务报表的财务状况、经营成果和现金流量不产生影响。

在编制合并财务报表时，要特别强调重要性原则的运用。如对一些项目在企业集团中的某一企业具有重要性，但对于整个企业集团则不一定具有重要性，在这种情况下根据重要性原则要求对财务报表项目进行取舍。

在编制合并财务报表时，对于某些特殊交易，如果站在企业集团角度的确认和计量与站在个别财务报表角度的确认和计量不同，还需要站在企业集团角度就同一交易或事项进行调整。

在编制合并财务报表时，母公司与子公司、子公司相互之间发生的经济业务，对整个企业集团财务状况和经营成果影响不大时，为简化合并手续应根据重要性原则进行取舍，可以不编制抵销分录而直接编制合并财务报表。

第二节　合并财务报表的合并范围

一、以“控制”为基础，确定合并范围

合并财务报表的合并范围应当以控制为基础予以确定。控制，是指投资方拥有对被投资方的权力，通过参与被投资方的相关活动而享有可变回报，并且有能力运用对被投资方的权力影响其回报金额。

因此，投资方要实现控制，必须具备两项基本要素：①因投资方涉入被投资方活动而享有可变回报。②拥有对被投资方的权力，并且有能力运用对被投资方的权力影响其回报金额。投资方只有同时具备上述两个要素时，才能控制被投资方。

实务中，投资方在判断其能否控制被投资方时，应综合考虑所有相关事实和情况，以判断是否同时满足控制的这两个要素。

相关事实和情况主要包括：被投资方的设立目的和设计；被投资方的相关活动以及如何对相关活动作出决策；被投资方享有的权利是否使其目前有能力主导被投资方的相关活动；投资方是否通过参与被投资方的相关活动而享有可变回报；投资方是否有能力运用对被投资方的权力影响其回报金额；投资方与其他方的关系。其中，对被投资方的设立目的和设计的分析，贯穿判断控制的始终，也是分析上述其他事实和情况的基础。

如果相关事实和情况表明上述控制要素中的一个或多个发生变化，投资方应

当重新判断其还能否控制被投资方。

投资方在判断能否控制被投资方时，具体判断如下：

（一）判断通过涉入被投资方的活动享有的是否为可变回报

1. 可变回报的定义

享有控制权的投资方，通过参与被投资方相关活动，享有的是可变回报。可变回报是不固定且可能随着被投资方业绩而变化的回报，可以仅是正回报或仅是负回报，或者同时包括正回报和负回报。

2. 可变回报的形式

投资方在评价其享有被投资方的回报是否可变以及可变的程度时，需要考虑合同安排的实质，而不是法律形式。如投资方持有固定利息的债券投资时，由于债券存在违约风险，投资方需承担被投资方不履约而产生的信用风险，因此投资方享有固定利息回报也可能是一种可变回报。

可变回报的形式主要包括：

（1）股利、被投资方经济利益的其他分配和投资方对被投资方的投资的价值变动。从被投资方获取股利是投资方的可变回报的通常表现形式。但是，在某些情况下，受限于法律法规的相关规定，投资方无法通过分配被投资方利润或结余的形式获得回报，如当被投资方的法律形式为信托机构时，其盈利可能不是以股利形式分配给投资者。这种情况下，需要根据具体情况，以投资方的投资目的为出发点，综合分析投资方是否获得除股利以外的其他可变回报。

（2）因向被投资方的资产或负债提供服务而得到的报酬，因提供信用支持或流动性支持收取的费用或承担的损失，被投资方清算时在其剩余净资产中所享有的权益、税务利益，因参与被投资方而获得的未来流动性。

（3）其他利益持有方无法得到的回报。如投资方将自身资产与被投资方的资产整合以实现规模经济，达到节约成本的目的；投资方通过涉入被投资方，从而保证稀缺资源的供应、获得专有技术或者限制被投资方某些运营或资产，从而提高投资方其他资产价值的目的。

此外，如果只有一个投资方能够控制被投资方，也可能存在多个投资方分享被投资方的回报。例如，少数股东权益的持有者可以分享被投资方的利润。

（二）判断投资方是否对被投资方拥有权力，并能够运用此权力影响回报金额

1. 权力的定义

投资方能够主导被投资方的相关活动时，称投资方对被投资方享有“权力”。在判断投资方是否对被投资方拥有权力时，应考虑以下几点：

（1）权力只表明投资方主导被投资方相关活动的现时能力，并不要求投资

方实际行使其权力。也就是说，如果投资方拥有主导被投资方相关活动的现时能力，即使这种能力尚未被实际行使，也视为该投资方拥有对被投资方的权力。

（2）权力是一种实质性权利，而不是保护性权利。实质性权利是指持有人在对相关活动进行决策时，当前可执行的权利，但某些情况下，目前不可行使的权利也可能是实质性权利，如某些潜在表决权。

（3）权力是为自己行使的，而不是代其他方行使。权力是为自己行使的，行使人为主要责任人；不是代其他方行使权力，行使人为代理人。

（4）权力通常表现为表决权，但有时也可能表现为其他合同安排。

2. *相关活动*

（1）识别相关活动。要判断投资方是否拥有对被投资方的权力，首先需要识别被投资方的相关活动。相关活动是指对被投资方的回报产生重大影响的活动。可见，判断相关活动时，应关注的是那些对被投资方的回报具有重大影响的活动，而不是对被投资方回报影响甚微或没有影响的行政活动。

对多数企业来讲，经营和财务活动通常对其回报产生重大影响。但是，不同企业的相关活动可能是不同的，应当根据企业的行业特征、业务特点、发展阶段、市场环境等具体情况来进行判断。这些活动可能包括但不限于：商品或劳务的销售和购买；金融资产的管理；资产的购买和处置；研究与开发活动；确定资本结构和获取融资。

（2）分析相关活动的决策机制。判断被投资方的相关活动后，分析投资方参与被投资方相关活动的决策机制是决定谁拥有对被投资方权力的重要步骤。对相关活动作出的决策包括但不限于：①对被投资方的经营、融资等活动作出决策，包括编制预算。②任命被投资方的关键管理人员或服务提供商，并决定其报酬，以及终止该关键管理人员的劳务关系或终止与服务提供商的业务关系。

投资方在分析相关活动的决策机制时，应当重点关注被投资方设立的目的和设计以及如何作出有关下列活动的决策，如变更战略方向，包括收购和处置子公司，购买或处置主要资本性资产，委任董事及其他关键管理人员并确定其酬劳，批准年度计划、预算和股利政策。

此外，清晰了解被投资方的治理结构对识别相关活动的决策方式至关重要。在实务中，相关的监管要求和股东间的协议不同，企业的治理结构也可能各不相同。在某些情况下，相关活动一般由企业章程及协议中约定的权力机构（如股东会、董事会）来决策，特殊情况下，相关活动的决策也可能基于合同协议约定等原因由其他机构来主导，如专门设置的管理委员会等。有限合伙企业的相关活动可能由合伙人大会决策，也可能由普通合伙人或者投资管理公司等机构或人员决策。

（3）两个或两个以上投资方能够分别单方面主导被投资方的不同相关活动时，如何判断哪方拥有权力。

被投资方的相关活动通常有多个，并且可能不是同时进行。当两个或两个以上投资方能够分别单方面主导被投资方的不同相关活动时，能够主导对被投资方回报产生重大影响活动的一方拥有对被投资方的权力。

在具体判断哪个投资方对被投资方拥有权力时，投资方通常需要考虑的因素包括：①被投资方的设立目的。②影响被投资方利润率、收入和企业价值的决定因素。③各投资方拥有的与上述决定因素相关的决策职权的范围，以及这些职权分别对被投资方回报的影响程度。④投资方对于可变回报的风险敞口的大小。

假如，甲公司和乙公司共同投资丙公司，丙公司的主营业务活动为药品研发和销售。根据丙公司章程和合资协议的约定，在所研发药品获得相关监管部门的生产批准前，甲公司可以单方面主导丙公司药品研发活动，而在获得相关监管部门的生产批准后，则由乙公司单方面主导该药品的生产和营销决策。本例中，丙公司的研发、生产和营销活动均会对甲、乙公司的回报产生重大影响的活动。

此外，在判断投资方是否对被投资方拥有权力进行综合分析时，还需要考虑以下具体因素：获得监管部门批准的不确定性和难易程度、考虑投资方成功开发药品并获取生产批准的历史记录、产品定位、目前药品所处的开发阶段、预测所需开发时间、同类药品开发的难易程度、取得同类药品营销渠道的难易程度、开发完成后哪一方投资者可实际控制该药品相关的经营活动等。

3. *权力一般来自表决权*

投资方对被投资方的权力可能源自各种权利，如表决权、委派或罢免有能力主导被投资方相关活动的该被投资方关键管理人员或其他主体的权利、决定被投资方进行某项交易或否决某项交易的权利、由管理合同授予的决策权利。这些权利单独或者结合在一起，可能赋予对被投资方的权力。

通常情况下，权力一般来自表决权。表决权是对被投资方经营计划、投资方案、年度财务预算方案和决算方案、利润分配方案和弥补亏损方案、内部管理机构的设置、聘任或解聘公司经理及确定其报酬、公司的基本管理制度等事项进行表决而持有的权利。表决权比例通常与其出资比例或持股比例是一致的，但公司章程另有规定的除外。

（1）通过直接或间接拥有半数以上表决权而拥有权力。当被投资方的相关活动由持有半数以上表决权的投资方表决决定，或者主导相关活动的权力机构的多数成员由持有半数以上表决权的投资方指派，而且权力机构的决策由多数成员主导时，持有半数以上表决权的投资方拥有对被投资方的权力。

假如甲公司和乙公司分别持有丙公司60%和40%的普通股，丙公司的相关活动通过股东会议上多数表决权主导，在股东会议上每股普通股享有一票投票权。假设不存在其他因素，丙公司的相关活动由持有丙公司大多数投票权的一方主导。如果不存在其他相关因素，甲公司拥有对丙公司的权力。

假如甲公司和乙公司分别持有丙公司60%和40%的普通股，丙公司的相关活动以董事会会议上多数表决权主导，甲公司和乙公司根据其享有丙公司所有者权益的比例，各自有权任命6名和4名董事。如不存在其他相关因素，甲公司拥有对丙公司的权力，因其有权任命主导丙公司相关活动的董事会的大多数成员。

在进行控制分析时，投资方不仅需要考虑直接表决权，还需要综合考虑其持有的潜在表决权以及其他方持有的潜在表决权的影响，以确定其对被投资方是否拥有权力。潜在表决权是获得被投资方表决权的权利，如可转换工具、认股权证、远期股权购买合同或期权所产生的权利。

（2）持有被投资方半数以上表决权但并无权力。确定持有半数以上表决权的投资方是否拥有权力，关键在于该投资方是否拥有主导被投资方相关活动的现时能力。在被投资方相关活动被政府、法院、管理人、接管人、清算人或监管人等其他方主导时，投资方无法凭借其拥有的表决权主导被投资方的相关活动，因此，投资方此时即使持有被投资方过半数的表决权，也不拥有对被投资方的权力。

如果投资方虽然持有被投资方半数以上表决权，但这些表决权并不是实质性权利时，则投资方并不拥有对被投资方的权力：当其他方拥有现时权利使其可以主导被投资方的相关活动，且该其他方不是投资方的代理人时，则投资方不拥有对被投资方的权力；当投资方所拥有的表决权并非实质性权利时，即使持有多数表决权，投资方也不拥有对被投资方的权力。如由于无法获得必要的信息或法律法规方面的障碍，投资方虽持有半数以上表决权但无法行使，则该投资方不拥有对被投资方的权力。

（3）直接或间接结合，也只拥有半数或半数以下表决权，但仍然可以通过表决权判断拥有权力。

持有半数或半数以下表决权的投资方（或者虽持有半数以上表决权，但仅凭自身表决权比例仍不足以主导被投资方相关活动的投资方），应综合考虑下列事实和情况，以判断其持有的表决权与相关事实和情况相结合是否可以赋予投资方对于被投资方的权力：

1）考虑投资方持有的表决权相对于其他投资方持有的表决权份额的大小，以及其他投资方持有表决权的分散程度。与其他方持有的表决权比例相比，投资方持有的表决权比例越高，越有可能有现时能力主导被投资方相关活动。为否决投资方而需要联合一致的行动方越多，投资方越有可能有现时能力主导被投资方相关活动。

假如甲投资者持有被投资者47%的投票权，剩余投票权由数千位股东持有，除甲投资者之外，没有任何股东持有超过1%的投票权，没有任何股东与其他股东达成协议或能够作出共同决策。当以其他股权的相对规模为基础判断所获得的投票权的比例时，甲投资者确定47%的权益足以使其拥有控制权。在这种情况下，甲投资者可以其持有股权的绝对规模和其他股东持有股权的相对规模为基础，确定其拥有充分决定性的投票权而拥有权力。

假如甲投资者持有被投资者45%的投票权，其他两位投资者各持有被投资者26%的投票权，剩余投票权由其他三位股东持有，各占1%。不存在影响决策的其他安排，在这种情况下，只要其他两位投资者联合起来，就能够阻止甲投资者主导被投资者的相关活动，甲投资者投票权的规模及与其他股东持有的投票权的相对规模，足以确定甲投资者不拥有权力。

2）考虑与其他表决权持有人的协议。投资方自己拥有的表决权不足，但通过与其他表决权持有人的协议使其可以控制足以主导被投资方相关活动的表决权，从而拥有被投资方的权力。该类协议需确保投资方能够主导其他表决权持有人的表决，即其他表决权持有人按照投资方的意愿进行表决，而不是与其他表决权持有人协商根据双方协商一致的结果进行表决。

3）考虑其他合同安排产生的权力。投资方可能通过拥有的表决权和其他决策权相结合的方式使其目前有能力主导被投资方的相关活动。但是，在不存在其他权力时，仅是被投资方对投资方的经济依赖。如供应商和其主要客户的关系，这将不会导致投资方对被投资方拥有权力。

4）如果结合表决权和上述第1）~3）项所列因素，仍不足以判断投资者能否控制被投资方，则还需要考虑是否存在其他事实或情况，能够证明投资方拥有主导被投资方相关活动的现时能力。如投资方能够任命或批准被投资方的关键管理人员，这些关键管理人员能够主导被投资方的相关活动；投资方能够出于自身利益决定或者否决被投资方的重大交易；投资方能够控制被投资方董事会等类似权力机构成员的任命程序，或者从其他表决权持有人手中获得代理投票权；投资方与被投资方的关键管理人员或董事会等类似权力机构中的多数成员存在关联关系；投资方与被投资方之间存在特殊关系；等等。

4. 权力来自合同安排

某些情况下，某些主体的投资方对其权力并非源自表决权，而是源自合同安排。如某些主体投资方的表决权可能仅与日常行政活动工作有关，被投资方的相关活动由一项或多项合同安排决定。如证券化产品、资产支持融资工具、部分投资基金等结构化主体。

结构化主体，是指在确定其控制方时没有将表决权或类似权利作为决定因素而设计的主体。通常情况下，结构化主体在合同约定的范围内开展业务活动，表决权或类似权利仅与行政性管理事务相关。

结构化主体通常具有下列特征中的多项或全部：

（1）业务活动范围受限。通常情况下，结构化主体在合同约定的范围内开展业务活动，业务活动范围受到了限制。例如，从事信贷资产证券化业务的结构化主体，在发行资产支持证券募集资金和购买信贷资产后，根据相关合同，其业务活动是将来源于信贷资产的现金向资产支持证券投资者分配收益。

（2）有具体明确的目的，而且目的比较单一。结构化主体通常是为了特殊目的而设立的主体。例如，有的企业发起结构化主体是为了将企业的资产转让给结构化主体以迅速回收资金，并改变资产结构来满足资产负债管理的需要；有的企业发起结构化主体是为了满足客户特定的投资需求，吸引到更多的客户；有的企业发起结构化主体是为了专门从事研究开发活动，或开展租赁业务等。

（3）股本（如有）不足以支撑其业务活动，必须依靠其他次级财务支持。次级财务支持是指承受结构化主体部分或全部预计损失的可变收益，其中的“次级”代表受偿顺序在后。股本本身就是一种次级财务支持，其他次级财务支持包括次级债权、对承担损失作出的承诺或担保义务等。通常情况下，结构化主体的股本占资产规模的份额较小，甚至没有股本。当股本很少或没有股本，不足以支撑结构化主体的业务活动时，通常需要依靠其他次级财务支持来为结构化主体注入资金，支撑结构化主体的业务活动。

（4）通过向投资者发行不同等级的证券（如分级产品）等金融工具进行融资，不同等级的证券，信用风险及其他风险的集中程度也不同。

由于结构化主体的权力并非源自表决权或类似权利，并且通常还具备上述典型的常见特征，这无形中加大了投资方分析此类主体的相关活动和是否对该类主体具有权力的判断难度。投资方在判断能否控制结构化主体时，还需要结合考虑以下因素进一步的分析：①设立被投资方时所作出的决策及投资方对其设立活动的参与度。②考虑其他相关合同安排。③考虑仅在特定情况或事项发生时开展的活动。④投资方对被投资方作出的承诺。

5. 权力与回报之间的联系

投资方必须不仅拥有对被投资方的权力和因涉入被投资者而承担或有权获得可变回报，而且要有能力使用权力来影响因涉入被投资者而获得的投资方回报。只有当投资方不仅拥有对被投资方的权力、通过参与被投资方的相关活动而享有可变回报，并且有能力运用对被投资方的权力来影响其回报的金额时，投资方才控制被投资方。

二、纳入合并范围的特殊情况——对被投资方可分割部分的控制

投资方通常应当对是否控制被投资方整体进行判断。但在少数情况下，如果有确凿证据表明同时满足下列条件并且符合相关法律法规规定的，投资方应当将被投资方的一部分视为被投资方可分割的部分，进而判断是否控制该部分（可分割部分）：

（1）该部分的资产是偿付该部分负债或该部分其他利益方的唯一来源，不能用于偿还该部分以外的被投资方的其他负债。

（2）除与该部分相关的各方外，其他方不享有与该部分资产相关的权利，也不享有与该部分资产剩余现金流量相关的权利。

实质上该部分的所有资产、负债及其他相关权益均与被投资方的剩余部分相隔离，即该部分的资产产生的回报不能由该部分以外的被投资方其他部分享有，该部分的负债也不能用该部分以外的被投资方资产偿还。

如果被投资方的一部分资产和负债及其他相关权益满足上述条件，构成可分割部分，则投资方应当基于控制的判断标准确定其是否能控制该可分割部分，考虑该可分割部分的相关活动及其决策机制，投资方是否目前有能力主导可分割部分的相关活动并据以从中取得可变回报。如果投资方控制可分割部分，则应将其进行合并。在此情况下，其他方在考虑是否合并被投资方时，应仅对被投资方的剩余部分进行控制及合并的评估，而将可分割部分排除在外。

三、合并范围的豁免——投资性主体

（一）豁免规定

母公司应当将其全部子公司（包括母公司所控制的被投资单位可分割部分、结构化主体）纳入合并范围。但是，如果母公司是投资性主体，则只应将那些为投资性主体的投资活动提供相关服务的子公司纳入合并范围，其他子公司不应予以合并，母公司对其他子公司的投资应当按照公允价值计量且其变动计入当期损益。

一个投资性主体的母公司如果其本身不是投资性主体，则应当将其控制的全部主体，包括投资性主体以及通过投资性主体间接控制的主体，纳入合并财务报表范围。

（二）投资性主体的定义

当母公司同时满足以下三个条件时，该母公司属于投资性主体：

（1）该公司以向投资方提供投资管理服务为目的，从一个或多个投资者获取资金。这是一个投资性主体与其他主体的显著区别。

（2）该公司的唯一经营目的，是通过资本增值、投资收益或两者兼有而让投资者获得回报。投资性主体的经营目的一般可以通过其设立目的、投资管理方式、投资期限、投资退出战略等体现出来。例如，如果一个基金在募集说明书中说明其投资的目的是实现资本增值、一般情况下的投资期限较长、制定了比较清晰的投资退出战略等，则这些描述与投资性主体的经营目的是一致的；反之，如果该基金的经营目的是与被投资方合作开发、生产或者销售某种产品，则其不是投资性主体。

（3）该公司按照公允价值对几乎所有投资的业绩进行计量和评价。对于投资性主体而言，相对于合并子公司财务报表或者按照权益法核算对联营企业或合营企业的投资，公允价值计量所提供的信息更具有相关性。公允价值计量体现在：在《企业会计准则》允许的情况下，在向投资方报告其财务状况和经营成果时应当以公允价值计量其投资；向其关键管理人员提供公允价值信息，以供他们据此评估投资业绩或作出投资决策。但是，投资性主体没必要以公允价值计量其固定资产等非投资性资产或其负债。

（三）投资性主体的特征

投资性主体通常应当符合下列四个特征：

（1）拥有一项以上投资。投资性主体通常会同时持有多项投资，以分散风险，但通过直接或间接投资于另一持有多项投资的投资性主体的，也可能是投资性主体。另外，当投资性主体刚设立、尚未寻找到多个符合要求的投资项目，或者刚处置了部分投资、尚未进行新的投资，或者正处于清算过程中时，也有可能仅持有一项投资。

（2）拥有一个以上投资者。当投资性主体刚刚设立、正在积极识别合格投资者，或者原持有的权益已经赎回、正在寻找新的投资者，或者处于清算过程中时，或者是为了代表或支持一个较大的投资者集合的利益而设立的（如某企业设立的年金基金），也有可能仅拥有一个投资者。

（3）投资者不是该主体的关联方。关联投资者的存在并非表明该主体一定不是投资性主体。例如，某基金的投资方之一可能是该基金关键管理人员出资设立的企业，其目的是更好地激励基金的关键管理人员，这一安排并不影响该基金符合投资性主体的定义。

（4）该主体的所有者权益以股权或类似权益存在。然而，拥有不同类型的投资者，并且其中一些投资者可能仅对某类或某组特定投资拥有权利，或者不同类型的投资者对净资产享有不同比例的分配权的情况，并不说明该主体不是一个投资性主体。

当投资性主体不完全具备上述四个特征时，需要审慎评估，判断是否有确凿

证据证明虽然缺少其中一个或几个特征，但该主体仍然符合投资性主体的定义。

（四）因投资性主体转换引起的合并范围的变化

当母公司由非投资性主体转变为投资性主体时，除仅将为其投资活动提供相关服务的子公司纳入合并财务报表范围编制合并财务报表外，企业自转变日起对其他子公司不应予以合并，其会计处理参照部分处置子公司股权但不丧失控制权的处理原则进行处理。

当母公司由投资性主体转变为非投资性主体时，应将原未纳入合并财务报表范围的子公司于转变日纳入合并财务报表范围，将转变日视为购买日，原未纳入合并财务报表范围的子公司于转变日的公允价值视为购买的交易对价，按照非同一控制下企业合并的会计处理方法进行会计处理。

四、控制的持续评估

控制的评估是持续的，当环境或情况发生变化时，投资方需要评估控制的两个基本要素中的一个或多个是否发生了变化。如果有任何事实或情况表明控制的两项基本要素中的一个或多个发生了变化，投资方应重新评估对被投资方是否具有控制。

如果对被投资方的权力的行使方式发生变化，该变化必须反映在投资方对被投资方权力的评估中。如果某些事件即使不涉及投资方，也可能导致该投资方获得或丧失对被投资方的权力。此外，投资方应考虑因其参与被投资方相关活动而承担的可变回报的风险敞口的变化带来的影响。例如，如果拥有权力的投资方不再享有可变回报（如与业绩相关的管理合同到期），则该投资方会因此而丧失对被投资方的控制。

投资方初始评估控制的结果，或者初始评估其是主要负责人或代理人的结果，不会简单地因为市场情况的变化而变化，除非市场情况的变化导致了控制两个要素的一个或多个改变，或导致主要负责人与代理人之间的整体关系变化。

第三节　合并财务报表的合并程序

一、合并财务报表编制的前期准备事项

为了使编制的合并财务报表全面反映企业集团的真实信息，必须做好编制合并财务报表的前提准备事项。这些前提准备事项主要包括以下几项：

（一）统一母子公司的会计政策

会计政策是指企业进行会计核算和编制财务报表时所采用的会计原则、会计程序和会计处理方法，是编制财务报表的基础，统一母公司和子公司的会计政策是保证母子公司财务报表各项目反映内容一致的基础。为此，在编制财务报表前，应当尽可能统一母公司和子公司的会计政策，统一要求子公司所采用的会计政策与母公司保持一致。对一些境外子公司，由于所在国或地区法律、会计准则等方面的原因，确实无法使其采用的会计政策与母公司所采用的会计政策保持一致，则应当要求其按照母公司所采用的会计政策，重新编制财务报表，也可以由母公司根据自身所采用的会计政策对境外子公司报送的财务报表进行调整，以重编或调整编制的境外子公司财务报表作为编制合并财务报表的基础。

（二）统一母子公司的资产负债表日及会计期间

财务报表总是反映一定日期的财务状况和一定会计期间经营成果的，母公司和子公司的个别财务报表只有在反映财务状况的日期和反映经营成果的会计期间一致的情况下，才能进行合并。为了编制合并财务报表，必须统一企业集团内所有的子公司的资产负债表日和会计期间，使子公司的资产负债表日和会计期间与母公司的资产负债表日和会计期间保持一致，以便于子公司提供相同资产负债表日和会计期间的财务报表。

对于境外子公司，由于当地法律限制确实不能与母公司财务报表决算日和会计期间一致的，母公司应当按照自身的资产负债表日和会计期间对子公司的财务报表进行调整，以调整后的子公司财务报表为基础编制合并财务报表，也可以要求子公司按照母公司的资产负债表日和会计期间另行编制报送其个别财务报表。

（三）对子公司以外币表示的财务报表进行折算

对母公司和子公司的财务报表进行合并，其前提必须是母子公司个别财务报表所采用的货币计量单位一致。在我国允许外币业务比较多的企业采用某一外币作为记账本位币，境外企业一般也是采用其所在国或地区的货币作为其记账本位币。在将这些企业的财务报表纳入合并时，则必须将其折算为母公司所采用的记账本位币表示的财务报表。

（四）收集编制合并财务报表的相关资料

合并财务报表以母公司和其子公司的财务报表以及其他有关资料为依据，由母公司合并有关项目的数额编制。为编制合并财务报表，母公司应当要求子公司及时提供下列有关资料：①子公司相应期间的财务报表。②与母公司及与其他子公司之间发生的内部购销交易、债权债务、投资及其产生的现金流量和未实现内

部销售损益的期初、期末余额及变动情况等资料。③子公司所有者权益变动和利润分配的有关资料。④编制合并财务报表所需要的其他资料。

二、合并财务报表的编制程序

合并财务报表的编制工作必须按照一定的程序有步骤地进行。合并财务报表编制程序一般如下：

1. 设置合并工作底稿

合并工作底稿是为编制合并财务报表提供的基础工作。在合并工作底稿中，对母公司和纳入合并范围的子公司的个别财务报表各项目的数额进行汇总和抵销处理，最终计算得出合并财务报表各项目的合并数。

2. 合计数额

将母公司、纳入合并范围的子公司的个别资产负债表、利润表及所有者权益变动表各项目的数据过入合并工作底稿，并在合并工作底稿中对母公司和子公司个别财务报表各项目的数据进行加总，计算得出个别资产负债表、个别利润表以及个别所有者权益变动表各项目合计数额。

3. 编制调整分录与抵销分录

将母公司与子公司、子公司相互之间发生的经济业务对个别财务报表有关项目的影响进行调整抵销处理。编制调整分录与抵销分录，进行调整抵销处理是合并财务报表编制的关键和主要内容，其目的在于将因会计政策及计量基础的差异而对个别财务报表的影响进行调整，以及将个别财务报表各项目的加总数据中重复的因素等予以抵销。

4. 计算合并财务报表各项目的合并数额

即在母公司和纳入合并范围的子公司个别财务报表各项目加总数额的基础上，分别计算财务报表中的资产项目、负债项目、所有者权益项目、收入项目和费用项目的合并数。其计算方法如下：

（1）资产类项目，其合并数根据该项目加总的数额，加上该项目调整分录与抵销分录的借方发生额，减去该项目调整分录与抵销分录的贷方发生额计算确定。

（2）负债类项目和所有者权益类项目，其合并数根据该项目加总的数额，减去该项目调整分录与抵销分录的借方发生额，加上该项目调整分录与抵销分录的贷方发生额计算确定。

（3）有关收益类项目，其合并数根据该项目加总的数额，减去该项目调整分录与抵销分录的借方发生额，加上该项目调整分录与抵销分录的贷方发生额计算确定。

（4）有关成本费用类项目和有关利润分配的项目，其合并数根据该项目加总的数额，加上该项目调整分录与抵销分录的借方发生额，减去该项目调整分录与抵销分录的贷方发生额计算确定。

5. 填列合并财务报表

即根据合并工作底稿中计算出的资产、负债、所有者权益、收入、成本费用类各项目的合并数，填列正式的合并财务报表。

合并所有者权益变动表也可以根据合并资产负债表和合并利润表进行编制。

三、编制合并财务报表需要调整抵销的项目

（一）编制合并资产负债表需要调整抵销的项目

合并资产负债表是以母公司和纳入合并范围的子公司的个别资产负债表为基础编制的。个别资产负债表则是以单个企业为会计主体进行会计核算的结果，它从母公司本身或从子公司本身的角度对自身的财务状况进行反映。对于企业集团内部发生的经济业务，从发生内部经济业务的企业来看，发生经济业务的两方都在其个别资产负债表中进行了反映。如集团内部母公司与子公司之间发生的赊销业务，对于销货企业来说，确认营业收入、结转营业成本、计算营业利润，并在其个别资产负债表中反映为应收账款；对于购货企业来说，在内部购入的存货未实现对外销售的情况下，则在其个别资产负债表中反映为存货和应付账款。在这种情况下，资产、负债和所有者权益类各项目的加总数额中，必然包含重复计算的因素。作为反映企业集团整体财务状况的合并资产负债表，必须将这些重复计算的因素予以扣除，进行抵销处理。这些需要扣除的重复因素，就是编制合并财务报表时需要进行抵销处理的项目。

编制合并资产负债表时，需要进行抵销处理的项目主要包括：

（1）母公司对子公司股权投资项目与子公司所有者权益项目。

（2）母公司与子公司、子公司相互之间发生内部债权债务项目。

（3）存货项目，即内部购进存货价值中包含的未实现内部销售损益。

（4）固定资产项目，即内部购进固定资产价值中包含的未实现内部销售损益。

（5）无形资产项目，即内部购进无形资产价值包含的未实现内部销售损益。

（二）编制合并利润表和合并所有者权益变动表需要调整抵销的项目

合并利润表和合并所有者权益变动表是以母公司和纳入合并范围的子公司的个别利润表和个别所有者权益变动表为基础编制的。利润表和所有者权益变动表作为以单个企业为会计主体进行会计核算的结果，它从母公司本身或从子公司本身反映一定会计期间经营成果的形成及其分配情况。在以其个别利润表及个别所

有者权益变动表为基础计算的收益和费用等项目的加总数额中，也必然包含重复计算的因素。在编制合并利润表和合并所有者权益变动表时，也需要将这些重复的因素予以扣除。

编制合并利润表和合并所有者权益变动表时需要进行抵销处理的项目主要包括：

（1）内部销售收入和内部销售成本项目。

（2）内部投资收益项目，包括内部利息收入与利息支出项目、内部股份投资收益项目。

（3）资产减值损失项目，即与内部交易相关的内部应收账款、存货、固定资产、无形资产等项目的资产减值损失。

（4）纳入合并范围的子公司利润分配项目。

（三）编制合并现金流量表需要调整抵销的项目

合并现金流量表是综合反映母公司及其子公司组成的企业集团，在一定会计期间现金流入、现金流出数量以及其增减变动情况的财务报表。合并现金流量表以母公司和子公司的现金流量表为基础，在抵销母公司与子公司、子公司相互之间发生内部交易对合并现金流量表的影响后，由母公司编制。

在以母公司和子公司个别现金流量表为基础编制合并现金流量表时，需要进行抵销的项目主要包括：

（1）母公司与子公司、子公司相互之间当期以现金投资或收购股权增加的投资所产生的现金流量相互抵销。

（2）母公司与子公司、子公司相互之间当期取得投资收益收到的现金与分配股利、利润或偿付利息支付的现金相互抵销。

（3）母公司与子公司、子公司相互之间以现金结算债权与债务所产生的现金流量相互抵销。

（4）母公司与子公司、子公司相互之间当期销售商品所产生的现金流量相互抵销。

（5）母公司与子公司、子公司相互之间处置固定资产、无形资产和其他长期资产收回的现金净额与购建固定资产、无形资产和其他长期资产支付的现金相互抵销。

（6）母公司与子公司、子公司相互之间当期发生的其他内部交易所产生的现金流量相互抵销。

第四节　同一控制下合并财务报表的编制

一、同一控制下合并日合并财务报表的编制

根据现行《企业会计准则》规定，母公司需要编制合并日的合并资产负债表、合并利润表和合并现金流量表等合并财务报表。同一控制下母公司将取得子公司股权登记入账后，编制合并日合并资产负债表时，只需要将对子公司长期股权投资与子公司所有者权益母公司所拥有的份额相抵销。

【例9－1】A公司20×7年1月1日以42900万元的价格取得B公司80%的股权。B公司净资产的公允价值为52500万元。A公司在合并B公司过程中发生审计、评估和法律服务等相关费用190万元。上述价款均以银行存款支付。A公司与B公司均为同一母公司控制下的子公司。B公司采用的会计政策与A公司一致。B公司20×7年1月1日的资产负债表如表9－1所示。

依据B公司的资产负债表，B公司股东权益总额为48000万元，其中股本为30000万元，资本公积为12000万元，盈余公积为1800万元，未分配利润为4200万元。合并后，A公司在B公司股东权益中所拥有的份额为38400万元（48000×80%），少数股东权益为9600万元（48000×20%）。A公司对B公司长期股权投资的初始投资成本为42900万元。

A公司合并B公司80%股权过程中发生的审计、评估等相关费用，应直接计入当期损益。

编制合并日合并资产负债表时，A公司应当进行如下抵销处理：

借：股本　　30000
　　资本公积　　12000
　　盈余公积　　1800
　　未分配利润　　4200
　　贷：长期股权投资　　38400
　　　　少数股东权益　　9600

根据上述抵销分录，编制合并工作底稿如表9－1所示。

表 9－1　合并工作底稿

20×7 年 1 月 1 日　　单位：万元

项　目	A 公司	B 公司	合计数	抵销分录		少数股东权益	合并数
				借方	贷方		
流动资产：							
货币资金	13500	6300	19800				19800
以公允价值计量且其价值变动计入当期损益的金融资产	6000	2700	8700				8700
应收票据	7050	4500	11550				11550
应收账款	8700	5880	14580				14580
预付款项	3000	1320	4320				4320
应收股利	6300	0	6300				6300
其他应收款	0	0	0				0
存货	46500	30000	76500				76500
其他流动资产	1950	1800	3750				3750
流动资产合计	93000	52500	145500				145500
非流动资产：							
可供出售金融资产	17100	0	17100				17100
持有至到期投资	15000	0	15000				15000
长期股权投资	38400	0	38400		38400		0
固定资产	31500	27000	58500				58500
在建工程	30000	5100	35100				35100
无形资产	6000	2400	8400				8400
商誉	3000	0	3000				3000
其他非流动资产	0	0	0				0
非流动资产合计	141000	34500	175500		38400		137100
资产总计	234000	87000	321000		38400		282600
流动负债：							
短期借款	18000	7500	25500				25500
以公允价值计量且其价值变动计入当期损益的金融负债	5700	0	5700				5700
应付票据	15000	4500	19500				19500
应付账款	27000	6300	33300				33300
预收款项	4500	1950	6450				6450

续表

项目	A公司	B公司	合计数	抵销分录		少数股东权益	合并数
				借方	贷方		
应付职工薪酬	9000	2400	11400				11400
应交税费	3000	1800	4800				4800
应付股利	6000	6000	12000				12000
其他应付款	0	0	0				0
其他流动负债	1800	1050	2850				2850
流动负债合计	90000	31500	121500				121500
非流动负债：							
长期借款	6000	4500	10500				10500
应付债券	30000	3000	33000				33000
长期应付款	3000	0	3000				3000
其他非流动负债	0	0	0				
非流动负债合计	39000	7500	46500				46500
负债合计	129000	39000	168000				168000
股东权益：							
股本	60000	30000	90000	30000			60000
其他权益工具							
其中：优先股							
永续债							
资本公积	15000	12000	27000	12000			15000
减：库存股							
其他综合收益							
专项储备							
盈余公积	16500	1800	18300	1800			16500
未分配利润	13500	4200	17700	4200			13500
股东权益合计	105000	48000	153000	48000			105000
少数股东权益						9600	9600
负债和股东权益总计	234000	87000	321000	48000		9600	282600

二、同一控制下合并日后合并财务报表的编制

编制合并日后合并财务报表时，首先将母公司对子公司长期股权投资由成本法核算的结果调整为权益法核算的结果，使母公司对子公司长期股权投资项目反

映其在子公司所有者权益中所拥有权益的变动情况；其次对母公司对子公司长期股权投资项目与子公司所有者权益项目等内部交易相关的项目进行抵销处理，将内部交易对个别财务报表的影响予以抵销；最后在编制合并日合并工作底稿的基础上编制合并财务报表。

（一）长期股权投资成本法核算结果调整为权益法核算结果

将成本法核算调整为权益法核算时，应当自取得对子公司长期股权投资的年度起，逐年按照子公司当年实现的净利润中属于母公司享有的份额，调整增加对子公司长期股权投资的金额，并调整增加当年投资收益；对于子公司当期分派的现金股利或宣告分派的股利中母公司享有的份额，则调整冲减长期股权投资的账面价值，同时调整减少原投资收益。

在取得子公司长期股权投资的第二年，将成本法核算的结果调整为权益法核算的结果时，则在调整计算第一年年末权益法核算的对子公司长期股权投资金额的基础上，按第二年子公司实现的净利润中母公司所拥有的份额，调增长期股权投资的金额；按子公司分派或宣告分派的现金股利中母公司所拥有的份额，调减长期股权投资的金额。以后年度的调整，比照上述做法进行调整处理。

子公司除净损益以外所有者权益的其他变动，在按照权益法对成本法核算的结果进行调整时，应当根据子公司本期除损益以外的所有者权益的其他变动而计入资本公积的金额中所享有的金额，对长期股权投资的金额进行调整，即按照子公司当期计入资本公积的金额中母公司所拥有的份额，在增加长期股权投资金额的同时，增加自身资本公积。在以后年度将成本法调整为权益法核算的结果时，也必须考虑这一因素对长期股权投资的金额进行调整。

【例9－2】接【例9－1】，A公司于20×7年1月1日，以42900万元的价格取得B公司80%的股权，使其成为子公司。A公司和B公司20×7年度个别财务报表如表9－2、表9－3和表9－4所示。

表9－2　资产负债表　　会企01表

编制单位：　　20×7年12月31日　　单位：万元

资产	A公司	B公司	负债和所有者权益（或股东权益）	A公司	B公司
流动资产：			流动负债：		
货币资金	8550	9750	短期借款	15000	7200
以公允价值计量且其价值变动计入当期损益的金融资产	4500	7500	以公允价值计量且其价值变动计入当期损益的金融负债	6000	3600

续表

资产	A 公司	B 公司	负债和所有者权益（或股东权益）	A 公司	B 公司
应收票据	10800	5400	应付票据	19500	5400
应收账款	12750	7650	应付账款	27000	7800
预付款项	2250	3750	预收款项	6000	5850
应收股利	7200	0	应付职工薪酬	7500	2400
其他应收款	750	1950	应交税费	4050	2100
存货	55500	27000	应付股利	7500	2250
其他流动资产	2700	1500	其他应付款	450	1050
流动资产合计	105000	64500	其他流动负债	3000	1350
			流动负债合计	96000	43500
			非流动负债：	0	0
非流动资产：			长期借款	6000	7500
可供出售金融资产	12000	0	应付债券	30000	10500
持有至到期投资	19500	6000	长期应付款	9000	0
长期股权投资	60000	0	其他非流动负债	0	0
固定资产	42000	39000	非流动负债合计	45000	18000
在建工程	19500	6300	负债合计	141000	61500
无形资产	9000	2700		0	0
商誉	3000	0	股东权益：	0	0
其他非流动资产	0	0	股本	60000	30000
			其他权益工具	0	0
			其中：优先股	0	0
			永续债	0	0
非流动资产合计	165000	54000	资本公积	15000	12000
			减：库存股	0	0
			其他综合收益	0	0
			专项储备	0	0
			盈余公积	27000	4800
			未分配利润	27000	10200
			股东权益合计	129000	57000
资产总计	270000	118500	负债和股东权益总计	270000	118500

表9－3　利润表

会企02表

编制单位：　20×7年度　单位：万元

项　　目	A公司	B公司
一、营业收入	225000	142200
减：营业成本	144000	109500
营业税金及附加	2700	1500
销售费用	7800	5100
管理费用	9000	5850
财务费用	1800	1200
资产减值损失	900	450
加：公允价值变动损益（损失以“－”号填列）	0	0
投资收益（损失以“－”号填列）	14700	300
其中：对联营企业和合营企业的投资收益（损失以“－”号填列）		
二、营业利润（亏损以“－”号填列）	73500	18900
加：营业外收入	2400	3600
其中：非流动资产处置利得		
减：营业外支出	3900	1500
其中：非流动资产处置损失		
三、利润总额（亏损总额以“－”号填列）	72000	21000
减：所得税费用	18000	5250
四、净利润（净亏损以“－”号填列）	54000	15750
五、其他综合收益的税后净额		
（一）以后不能重分类进损益的其他综合收益		
1. 重新计量设定受益计划净负债或净资产的变动		
2. 权益法下在被投资单位不能重分类进损益的其他综合收益中享有的份额		
3. 其他		
（二）以后将重分类进损益的其他综合收益		
1. 权益法下在被投资单位以后将重分类进损益的其他综合收益中享有的份额		
2. 可供出售金融资产公允价值变动损益		
3. 持有至到期投资重分类为可供出售金融资产损益		
4. 现金流量套期损益的有效部分		
5. 外部财务报表折算差额		
6. 其他		
六、综合收益总额	54000	15750
七、每股收益		
（一）基本每股收益		
（二）稀释每股收益		

表9－4　股东权益变动表

会企04表

编制单位：　　　　20×7年度　　　　单位：万元

项目	A公司									B公司								
	股本	其他权益工具	资本公积	减：库存股	其他综合收益	盈余公积	未分配利润	专项储备	股东权益合计	股本	其他权益工具	资本公积	减：库存股	其他综合收益	盈余公积	未分配利润	专项储备	股东权益合计
一、上年年末余额	60000		15000			16500	13500		105000	30000		12000			1800	4200		48000
加：会计政策变更																		
前期差错更正																		
二、本年年初余额	60000		15000			16500	13500		105000	30000		12000			1800	4200		48000
三、本年增减变动金额（减少以“－”号填列）																		

续表

项目	A公司									B公司								
	股本	其他权益工具	资本公积	减：库存股	其他综合收益	盈余公积	未分配利润	专项储备	股东权益合计	股本	其他权益工具	资本公积	减：库存股	其他综合收益	盈余公积	未分配利润	专项储备	股东权益合计
（一）综合收益总额							64000		64000							15750		15750
（二）所有者投入和减少资本																		
1. 所有者投入的普通股																		
2. 其他权益工具持有者投入资本																		

续表

项目	A公司									B公司								
	股本	其他权益工具	资本公积	减：库存股	其他综合收益	盈余公积	未分配利润	专项储备	股东权益合计	股本	其他权益工具	资本公积	减：库存股	其他综合收益	盈余公积	未分配利润	专项储备	股东权益合计
3. 股份支付计入所有者权益的份额																		
4. 其他																		
（三）利润分配																		
1. 提取盈余公积						10500	10500								3000	3000		
2. 对股东的分配							30000	30000								6750		6750
3. 其他																		
（四）股东权益内部结转																		

续表

项目	A公司									B公司								
	股本	其他权益工具	资本公积	减：库存股	其他综合收益	盈余公积	未分配利润	专项储备	股东权益合计	股本	其他权益工具	资本公积	减：库存股	其他综合收益	盈余公积	未分配利润	专项储备	股东权益合计
1. 资本公积转增股本																		
2. 盈余公积转增股本																		
3. 盈余公积弥补亏损																		
4. 其他																		
四、本年年末余额	60000		15000			27000	27000		129000	30000		12000			4800	10200		57000

B公司20×7年1月1日股东权益总额为48000万元，其中股本为30000万元，资本公积为12000万元，盈余公积为1800万元，未分配利润为4200万元；20×7年12月31日，股东权益总额为57000万元，其中股本为30000万元，资本公积为12000万元，盈余公积为4800万元，未分配利润为10200万元。

B公司20×7年全年实现净利润15750万元，经公司董事会提议并经股东会批准，20×7年提取盈余公积3000万元；向股东宣告分派现金股利6750万元。

20×7年1月1日，A公司对B公司长期股权投资取得的账面价值为38400万元，20×7年12月31日仍为38400万元，A公司当年确认投资收益5400万元（6750×80%）。

将成本法核算的结果调整为权益法核算的结果，相关的调整分录如下：

借：长期股权投资——B公司　　12600　①

　　贷：投资收益　　12600

借：投资收益　　5400　②

　　贷：长期股权投资——B公司　　5400

调整后，A公司对B公司长期股权投资的账面价值为45600万元（38400+12600-5400），正好与母公司在B公司股东权益所拥有的份额相等。

（二）合并抵销处理

编制合并财务报表，在将长期股权投资成本法核算结果调整为权益法核算结果的基础上，还必须按编制合并财务报表的要求进行合并抵销处理，将母公司与子公司之间的内部交易对其个别财务报表的影响予以抵销。

首先，必须将母公司对子公司长期股权与子公司所有者权益中所拥有的份额予以抵销。根据母公司在子公司所有者权益中拥有份额的多少不同，可以将子公司分为全资子公司和非全资子公司。对于全资子公司，进行抵销处理时将对子公司长期股权投资的金额与子公司所有者权益全额抵销；而对于非全资子公司，则将长期股权投资与子公司所有者权益中母公司所拥有的金额进行抵销，不属于母公司的份额，即属于子公司少数股东的权益，应将其转为少数股东权益。

【例9-3】接【例9-2】，经过调整后A公司对B公司长期股权投资的金额为45600万元；B公司股东权益总额为57000万元，A公司拥有80%的股权，即在子公司股东权益中拥有45600万元；其余20%则属于少数股东权益11400万元（57000×20%）。

母公司长期股权投资与子公司所有者权益抵销时，其抵销分录如下：

借：股本　30000　③

　　资本公积　12000

　　盈余公积　4800

　　未分配利润　10200

　　贷：长期股权投资　45600

　　　　少数股东权益　11400

其次，必须将对子公司的投资收益与子公司当年利润分配相抵销，使合并财务报表反映母公司股东权益变动的情况。从单一企业来讲，当年实现的净利润加上年初未分配利润是企业利润分配的来源，企业对其进行分配，提取盈余公积、向股东分配股利以及留待以后年度的未分配利润（未分配利润可以理解为将这部分利润分配到下一会计年度）等，则是利润分配的去向。而子公司当年实现的净利润，可以分为两部分：一部分属于母公司所有，即母公司的投资收益；另一部分则属于少数股东所有，即少数股东本期收益。为了使合并财务报表反映母公司股东权益的变动情况及财务状况，则必须将母公司投资收益、少数股东收益和期初未分配利润与子公司当年利润分配以及未分配利润的金额相抵销。

甲公司进行上述抵销处理时，其抵销分录如下：

借：投资收益　12600　④

　　少数股东损益　3150

　　未分配利润（年初）　4200

　　贷：提取盈余公积　3000

　　　　向股东分配利润　6750

　　　　未分配利润　10200

最后，必须将母公司对子公司的应收股利与子公司对母公司的应付股利相抵销。本例中B公司本年宣告分派现金股利6750万元，股利款项尚未支付，B公司已将其计列应付股利6750万元。A公司根据B公司宣告的分派现金股利的公告，按照其所享有的金额，已确认应收股利，并在其资产负债表中计列应收股利5400万元。这属于母公司与子公司之间的债权债务，在编制合并财务报表时必须将其予以抵销，其抵销分录如下：

借：应付股利　5400　⑤

　　贷：应收股利　5400

根据上述调整分录①和②与抵销分录③至⑤编制合并工作底稿，如表9－5所示。

表9－5 合并工作底稿

20×7年度 单位：万元

项目	A公司	B公司	合计数	调整分录		抵销分录		少数股东权益	合并数
				借方	贷方	借方	贷方		
流动资产：									
货币资金	8550	9750	18300						18300
以公允价值计量且其价值变动计入当期损益的金融资产	4500	7500	12000						12000
应收票据	10800	5400	16200						16200
应收账款	12750	7650	20400						20400
预付款项	2250	3750	6000						6000
应收股利	7200	0	7200				5400⑤		1800
其他应收款	750	1950	2700						2700
存货	55500	27000	82500						82500
其他流动资产	2700	1500	4200						4200
流动资产合计	105000	64500	169500				5400		164100
非流动资产：									
可供出售金融资产	12000	0	12000						12000
持有至到期投资	19500	6000	25500						
长期股权投资	60000	0	60000	12600①	5400②		45600③		21600
固定资产原价	42000	39000	81000						81000
在建工程	19500	6300	25800						25800
无形资产	9000	2700	11700						11700
商誉	3000	0	3000						3000
其他非流动资产	0	0	0						0
非流动资产合计	165000	54000	219000	12600	5400		45600		180600
资产总计	270000	118500	388500	12600	5400		5100		344700
流动负债：									
短期借款	15000	7200	22200						22200
以公允价值计量且其价值变动计入当期损益的金融负债	6000	3600	9600						9600
应付票据	19500	5400	24900						24900

续表

项　　目	A公司	B公司	合计数	调整分录		抵销分录		少数股东权益	合并数
				借方	贷方	借方	贷方		
应付账款	27000	7800	34800						34800
预收款项	6000	5850	11850						11850
应付职工薪酬	7500	2400	9900						9900
应交税费	4050	2100	6150						6150
应付股利	7500	6750	14250			5400⑤			8850
其他应付款	450	1050	1500						1500
其他流动负债	3000	1350	4350						4350
流动负债合计	96000	43500	139500			5400			134100
非流动负债：									
长期借款	6000	7500	13500						13500
应付债券	30000	10500	40500						40500
长期应付款	9000	0	9000						9000
其他非流动负债	0	0	0						0
非流动负债合计	45000	18000	63000						63000
负债合计	141000	61500	202500			5400			197100
股东权益：									
股本	60000	30000	90000			30000③			60000
资本公积	15000	12000	27000			12000③			15000
盈余公积	27000	4800	31800			4800③			27000
未分配利润	27000	10200	37200	5400	12600	27000	19950	3150	34200*
股东权益合计	129000	57000	186000			62400			136200
少数股东权益								11400③	11400
负债和股东权益总计	270000	118500	388500						344700
一、营业收入	225000	142200	367200						367200
减：营业成本	144000	109500	253500						253500
营业税金及附加	2700	1500	4200						4200
销售费用	7800	5100	12900						12900
管理费用	9000	5850	14850						14850
财务费用	1800	1200	3000						3000
资产减值损失	900	450	1350						1350

续表

项目	A公司	B公司	合计数	调整分录		抵销分录		少数股东权益	合并数
				借方	贷方	借方	贷方		
加:公允价值变动收益	0	0	0						0
投资收益	14700	300	15000	5400②	12600①	12600④			9600
二、营业利润	73500	18900	92400	5400	12600	12600			87000
加：营业外收入	2400	3600	6000						6000
减：营业外支出	3900	1500	5400						5400
三、利润总额	72000	21000	93000	5400	12600	12600			87600
减：所得税费用	18000	5250	23250						23250
四、净利润	54000	15750	69750	5400	12600	12600			64350
归属于母公司股东损益									61200
少数股东损益								3150④	3150
五、其他综合收益的税后净额									
六、综合收益总额	54000	15750	69750	5400	12600	12600			64350
归属于母公司股东损的综合收益总额									61200
归属于少数股东的综合收益总额								3150④	3150
一、年初未分配利润	13500	4200	17700			4200④			13500
二、本年增减变动金额									
其中：利润分配									
1. 提取盈余公积	10500	3000	13500				3000④		10500
2. 对股东的分配	30000	6750	36750				6750④		30000
三、年末未分配利润	27000	10200	37200	5400	12600	10200③ 27000	10200④ 19950	3150	34200*

注：*表示34200 = 37200 +（12600 − 5400）+（19950 − 27000）− 3150。

根据上述合并工作底稿，可以编制A公司20×7年度合并资产负债表、合并利润表和合并股东权益变动表，如表9-6、表9-7和表9-8所示。

表9-6　合并资产负债表　　会合01表

编制单位：A公司　　20×7年12月31日　　单位：万元

资产	期末余额	年初余额	负债和所有者权益（或股东权益）	期末余额	年初余额
流动资产：	18300		流动负债：		
货币资金	12000		短期借款	22200	
以公允价值计量且其价值变动计入当期损益的金融资产	16200		以公允价值计量且其价值变动计入当期损益的金融负债	9600	
应收票据	20400		应付票据	24900	
应收账款	6000		应付账款	34800	
预付款项	1800		预收款项	11850	
应收股利	2700		应付职工薪酬	9900	
其他应收款	82500		应交税费	6150	
存货	4200		应付股利	8850	
其他流动资产	164100		其他应付款	1500	
流动资产合计			其他流动负债	4350	
			流动负债合计	134100	
			非流动负债：		
非流动资产：			长期借款	13500	
可供出售金融资产	12000		应付债券	40500	
持有至到期投资	25500		长期应付款	9000	
长期股权投资	21600		其他非流动负债	0	
固定资产	81000		非流动负债合计	63000	
在建工程	25800		负债合计	197100	
无形资产	11700				
商誉	3000		股东权益：		
其他非流动资产	0		股本	60000	
			其他权益工具		
			其中：优先股		

续表

资产	期末余额	年初余额	负债和所有者权益（或股东权益）	期末余额	年初余额
			永续债		
非流动资产合计	180600		资本公积	15000	
			减：库存股		
			其他综合收益		
			专项储备		
			盈余公积	27000	
			未分配利润	34200	
			归属于母公司股东权益合计		136200
			少数股东权益		11400
资产总计	344700		负债和股东权益总计		344700

表 9－7　合并利润表

会合 02 表

编制单位：A 公司　　20×7 年度　　单位：万元

项　目	本年金额	上年金额
一、营业收入	367200	
减：营业成本	253500	
营业税金及附加	4200	
销售费用	12900	
管理费用	14850	
财务费用	3000	
资产减值损失	1350	
加：公允价值变动收益（损失以“－”号填列）	0	
投资收益（损失以“－”号填列）	9600	
其中：对联营企业和合营企业的投资收益（损失以“－”号填列）		
二、营业利润（亏损以“－”号填列）	87000	

续表

项　目	本年金额	上年金额
加：营业外收入	6000	
其中：非流动资产处置利得		
减：营业外支出	5400	
其中：非流动资产处置损失		
三、利润总额（亏损总额以“－”号填列）	87600	
减：所得税费用	23250	
四、净利润（净亏损以“－”号填列）	64350	
归属于母公司股东的净利润	61200	
少数股东损益	3150	
五、其他综合收益的税后净额		
归属于母公司股东的其他综合收益的税后净额		
其中：不能重分类进损益的其他综合收益		
1. 重新计量设定受益计划净负债或净资产的变动		
2. 权益法下在被投资单位不能重分类进损益的其他综合收益中享有的份额		
3. 其他		
以后将重分类进损益的其他综合收益		
1. 权益法下在被投资单位以后将重分类进损益的其他综合收益中享有的份额		
2. 可供出售金融资产公允价值变动损益		
3. 持有至到期投资重分类为可供出售金融资产损益		
4. 现金流量套期损益的有效部分		
5. 外部财务报表折算差额		
6. 其他		
归属于少数股东的其他综合收益的税后净额		
六、综合收益总额	64350	
归属于母公司股东的综合收益总额	61200	
归属于少数股东的综合收益总额	3150	
七、每股收益		
（一）基本每股收益		
（二）稀释每股收益		

会合04表

表9－8　合并股东权益变动表

编制单位:A公司　　20×7年度　　单位:万元

项　　目	本年余额							上年余额						
	归属于母公司股东权益					少数股东权益	股东权益合计	归属于母公司股东权益					少数股东权益	股东权益合计
	股东	资本公积	盈余公积	未分配利润	其他			股东	资本公积	盈余公积	未分配利润	其他		
一、上年年末余额	60000	15000	16500	13500			105000							
加:会计政策变更						9600	9600							
前期差错更正														
二、本年年初余额	60000	15000	16500	13500		9600	114600							
三、本年增加变动金额(减少以“－”号填列)				61200		3150	64350							
(一)综合收益总额				61200		3150	64350							
(二)所有者投入和减少资本														
1. 所有者投入的普通股														
2. 其他权益工具持有者投入资本														

续表

项目	本年余额							上年余额						
	归属于母公司股东权益					少数股东权益	股东权益合计	归属于母公司股东权益					少数股东权益	股东权益合计
	股东	资本公积	盈余公积	未分配利润	其他			股东	资本公积	盈余公积	未分配利润	其他		
3. 股份支付计入所有者权益														
4. 其他														
（三）利润分配			10500	40500		1350	31350							
1. 提取盈余公积			10500	10500										
2. 对股东的分配				30000		1350	31350							
3. 其他														
（四）股东权益内部结转														
1. 资本公积转增股本														
2. 盈余公积转增股本														
3. 盈余公积弥补亏损														
4. 其他														
四、本年年末余额	60000	15000	27000	34200		11400	147000							

第五节　非同一控制下合并财务报表的编制

一、非同一控制下购买日合并财务报表的编制

根据现行《企业会计准则》规定，非同一控制下取得子公司，母公司只编制购买日的合并资产负债表。企业合并取得的子公司各项可辨认资产、负债及或有负债应当以公允价值在合并财务报表中列示，母公司合并成本大于取得的子公司可辨认净资产公允价值份额的差额，作为合并商誉在合并资产负债表中列示，母公司合并成本小于取得的子公司可辨认净资产公允价值份额的差额，作为合并损益在合并利润表中列示。

（一）按公允价值对非同一控制下取得子公司的财务报表进行调整

在非同一控制下取得子公司的情况下，母公司要对子公司的资产负债进行评估，但是子公司作为持续经营的主体，一般不将该评估产生的资产、负债公允价值的变动登记入账，其对外提供的财务报表仍然是以各项资产和负债原来的账面价值为基础编制的，其提供的购买日财务报表一般也是以各项资产和负债原账面价值为基础编制的。为此，母公司要编制购买日的合并财务报表，必须按照购买日子公司资产、负债的公允价值对其财务报表项目进行调整。

【例9－4】甲公司20×7年1月1日以定向增发公司普通股股票的方式，购买取得乙公司70%的股权。甲公司定向增发普通股股票10000万股（每股面值为1元），甲公司发行股票的市场价格为44250万元。甲公司并购乙公司属于非同一控制下的企业合并。甲公司当日资产负债表和乙公司当日资产负债表及评估确认的资产负债数据如表9－9所示。假定不考虑甲公司增发该普通股股票所发生的审计评估以及发行等相关的费用。

甲公司将购买取得乙公司70%的股权作为长期股权投资入账，其账务处理如下：

借：长期股权投资——乙公司	44250　①
贷：股本	10000
资本公积	34250

编制购买日的合并资产负债表时，将乙公司资产和负债的评估增值或减值分别调增或调减相关资产和负债项目的金额。在合并工作底稿中调整分录如下：

表9－9　资产负债表

20×7年1月1日

编制单位：　　　　会企01表　单位：万元

资　产	甲公司	乙公司		负债和所有者权益（或股东权益）	甲公司	乙公司	
		账面价值	公允价值			账面价值	公允价值
流动资产：				流动负债：			
货币资金	13500	6300	6300	短期借款	18000	7500	7500
以公允价值计量且其价值变动计入当期损益的金融资产	6000	2700	2700	以公允价值计量且其价值变动计入当期损益的金融负债	5700	0	0
应收票据	7050	4500	4500	应付票据	15000	4500	4500
应收账款	8700	5880	5730	应付账款	27000	6300	6300
预付款项	3000	1320	1320	预收款项	4500	1950	1950
应收股利	6300	0	0	应付职工薪酬	9000	2400	2400
其他应收款	0	0	0	应交税费	3000	1800	1800
存货	46500	30000	31650	应付股利	6000	6000	6000
其他流动资产	1950	1800	1800	其他应付款	0	0	0
流动资产合计	93000	52500	54000	其他流动负债	1800	1050	1050
				流动负债合计	90000	31500	31500
				非流动负债：			

续表

资　　产	甲公司	乙公司		负债和所有者权益（或股东权益）	甲公司	乙公司	
		账面价值	公允价值			账面价值	公允价值
非流动资产：				长期借款	6000	4500	4500
可供出售金融资产	9000	0	0	应付债券	30000	3000	3000
持有至到期投资	16500	0	0	长期应付款	3000	0	0
长期股权投资	48000	0	0	其他非流动负债	0	0	
固定资产	31500	27000	31500	非流动负债合计	39000	7500	7500
在建工程	30000	5100	5100	负债合计	129000	39000	39000
无形资产	6000	2400	2400				
商誉	0	0		股东权益：			
其他非流动资产	0	0	0	股本	60000	30000	
非流动资产合计	141000	34500	39000	资本公积	15000	12000	
				盈余公积	16500	1800	
				未分配利润	13500	4200	
				股东权益合计	105000	48000	54000
资产总计	234000	87000	93000	负债和股东权益总计	234000	87000	93000

借：存货　1650　②

　固定资产　4500

　贷：应收账款　150

　　资本公积　6000

经过上述调整后，子公司的资产负债表实际上是以公允价值反映资产和负债的。在此基础上，再与母公司的个别财务报表合并，将子公司的资产和负债以公允价值反映于合并资产负债表中。

（二）母公司长期股权投资与子公司所有者权益抵销处理

在编制购买日的合并资产负债表时，需要将母公司对子公司长期股权投资与子公司所有者权益中所拥有的份额予以抵销。母公司对非同一控制下取得的子公司长期股权投资进行账务处理时，母公司是按子公司资产、负债的公允价值确定其在子公司所有者权益中所拥有的份额，合并成本超过这一金额的差额则作为合并商誉处理。经过上述按公允价值对子公司财务报表调整处理后，在编制合并财务报表时则可以将长期股权投资与子公司所有者权益所拥有的份额相抵销。

在非全资子公司情况下，不属于母公司所拥有的份额在抵销处理时，应反映为少数股东权益，并且少数股东权益是按资产和负债的公允价值为基础计算调整后的金额确定的。母公司在子公司所有者权益中所拥有的份额是也按资产和负债的公允价值为基础计算的，并且按公允价值进行抵销。

【例9－4】中，根据资产和负债的公允价值对乙公司财务报表调整后，有关计算如下：

乙公司调整后的资本公积＝12000＋6000＝18000（万元）

乙公司调整后的股东权益总额＝48000＋6000＝54000（万元）

合并商誉＝44250－54000×70%＝6450（万元）

少数股东权益＝54000×30%＝16200（万元）

因此，甲公司将长期股权投资与其在乙公司所有者权益中拥有的份额抵销时，其抵销分录如下：

借：股本　30000　③

　资本公积　18000

　盈余公积　1800

　未分配利润　4200

　商誉　6450

　贷：长期股权投资——乙公司　44250

　　少数股东权益　16200

（三）编制合并工作底稿并编制合并财务报表

按公允价值对子公司财务报表项目进行调整，并编制合并抵销分录将母公司对子公司长期股权投资与子公司所有者权益中母公司所持有的份额进行抵销处理后，则可以编制购买日合并工作底稿。

根据上述调整分录和抵销分录，甲公司可以编制购买日合并工作底稿，如表9-10所示。

表9-10　合并工作底稿　　单位：万元

项　目	甲公司	乙公司	合计数	调整分录		抵销分录		少数股东权益	合并数
				借方	贷方	借方	贷方		
流动资产：									
货币资金	13500	6300	19800						198000
以公允价值计量且其价值变动计入当期损益的金融资产	6000	2700	8700						8700
应收票据	7050	4500	11550						11550
应收账款	8700	5880	14580		150②				14430
预付款项	3000	1320	4320						4320
应收股利	6300	0	6300						6300
其他应收款	0	0	0						0
存货	46500	30000	76500	1650②					78150
其他流动资产	1950	1800	3750						3750
流动资产合计	93000	52500	145500	1650	150				147000
非流动资产：									
可供出售金融资产	9000	0	9000						9000
持有至到期投资	16500	0	16500						16500
长期股权投资	48000	0	48000	44250①			44250③		48000
固定资产原价	45000	30000	75000	4500②					79500
减：累计折旧	13500	3000	16500						16500
固定资产净值	31500	27000	58500	4500					63000
在建工程	30000	5100	35100						35100
无形资产	6000	2400	8400						8400
商誉	0		0			6450③			6450
其他非流动资产	0	0	0						0

续表

项　目	甲公司	乙公司	合计数	调整分录		抵销分录		少数股东权益	合并数
				借方	贷方	借方	贷方		
非流动资产合计	141000	34500	175500	4500	3750	6450	44250		186450
资产总计	234000	87000	321000	50400	150	6450	44250		333450
流动负债：									
短期借款	18000	7500	25500						25500
以公允价值计量且其价值变动计入当期损益的金融负债	5700	0	5700						5700
应付票据	15000	4500	19500						19500
应付账款	27000	6300	33300						33300
预收款项	4500	1950	6450						6450
应付职工薪酬	9000	2400	11400						11400
应交税费	3000	1800	4800						4800
应付股利	6000	6000	12000						12000
其他应付款	0	0	0						0
其他流动负债	1800	1050	2850						2850
流动负债合计	90000	31500	121500						121500
非流动负债：									
长期借款	6000	4500	10500						10500
应付债券	30000	3000	33000						33000
长期应付款	3000	0	3000						3000
其他非流动负债									
非流动负债合计	39000	7500	46500						46500
负债合计	129000	39000	168000						168000
股东权益：									
股本	60000	30000	90000		10000①	30000③			70000
资本公积	15000	12000	27000		34250① 6000②	18000③			49250
盈余公积	16500	1800	18300			1800③			16500
未分配利润	13500	4200	17700			4200③			13500
股东权益合计	105000	48000	153000		50250	54000			149250
少数股东权益								16200③	16200
负债和股东权益总计	234000	87000	321000		50250	54000		16200	333450 *

注：＊表示 333450＝321000＋50250－54000＋16200。

根据上述合并工作底稿计算得出的合并资产负债表各项目的合并数，则可以编制购买日的合并资产负债表。【例9－4】编制的合并资产负债表略。

二、非同一控制下购买日后合并财务报表的编制

母公司在非同一控制下取得子公司后，如果符合纳入合并财务报表范围的要求，每一会计期末都需要将其纳入合并范围，编制合并财务报表。

编制合并财务报表的步骤如下：

(1) 应当以购买日确定的各项可辨认资产、负债及或有负债的公允价值为基础对子公司的财务报表进行调整。

(2) 将母公司对子公司的长期股权投资采用成本法核算的结果调整为权益法核算的结果。对公司的财务报表进行相应的调整。

(3) 通过编制合并抵销分录，将母公司对子公司长期股权投资与子公司所有者权益等内部交易对个别财务报表的影响予以抵销。

(4) 在编制合并工作底稿的基础上，计算合并财务报表各项目的合并数，编制合并财务报表。

【例9－5】接【例9－4】。甲公司20×7年1月1日以定向增发普通股股票的方式，购买持有乙公司70%的股权。甲公司对乙公司长期股权投资的金额44250万元，甲公司购买日编制的合并资产负债表中确认合并商誉6450万元。

甲公司和乙公司20×7年12月31日个别资产负债表、利润表和股东权益变动表如表9－11、表9－12和表9－13所示。

表9－11 资产负债表

会企01表

编制单位：　　　　20×7年12月31日　　　　单位：万元

资产	甲公司	乙公司	负债和所有者权益（或股东权益）	甲公司	乙公司
流动资产：			流动负债：		
货币资金	8550	9750	短期借款	15000	7200
以公允价值计量且其价值变动计入当期损益的金融资产	4500	7500	以公允价值计量且其价值变动计入当期损益的金融负债	6000	3600
应收票据	10800	5400	应付票据	19500	5400
应收账款	12750	7650	应付账款	27000	7800
预付款项	2250	3750	预收款项	6000	5850
应收股利	7200	0	应付职工薪酬	7500	2400

续表

资产	甲公司	乙公司	负债和所有者权益（或股东权益）	甲公司	乙公司
其他应收款	750	1950	应交税费	4050	2100
存货	55500	27000	应付股利	7500	6750
其他流动资产	2700	1500	其他应付款	450	1050
流动资产合计	105000	64500	其他流动负债	3000	1350
			流动负债合计	96000	43500
			非流动负债：		
非流动资产：			长期借款	6000	7500
可供出售金融资产	13500	0	应付债券	30000	10500
持有至到期投资	21000	6000	长期应付款	9000	0
长期股权投资 其中：乙公司	104250 44250	0	其他非流动负债	0	0
固定资产	42000	39000	非流动负债合计	45000	18000
在建工程	19500	6300	负债合计	141000	61500
无形资产	9000	2700			
商誉			股东权益：		
其他非流动资产			股本	75000	30000
非流动资产合计	209250	54000	资本公积	44250	12000
			盈余公积	27000	4800
			未分配利润	27000	10200
			股东权益合计	173250	57000
资产总计	314250	118500	负债和股东权益总计	314250	118500

表 9－12　利润表

会企 02 表

编制单位：　　　　20×7 年度　　　　单位：万元

项　　目	甲公司	乙公司
一、营业收入	225000	142200
减：营业成本	144000	109500
营业税金及附加	2700	1500
销售费用	7800	5100
管理费用	9000	5850
财务费用	1800	1200

续表

项　　目	甲公司	乙公司
资产减值损失	900	450
加：公允价值变动损益（损失以“－”号填列）	0	0
投资收益（损失以“－”号填列）	14700	300
二、营业利润（亏损以“－”号填列）	73500	18900
加：营业外收入	2400	3600
减：营业外支出	3900	1500
其中：非流动资产处置损失		
三、利润总额（亏损总额以“－”号填列）	72000	21000
减：所得税费用	18000	5250
四、净利润（净亏损以“－”号填列）	54000	15750
五、其他综合收益的税后净额		
六、综合收益总额	54000	15750
七、每股收益		
（一）基本每股收益		
（二）稀释每股收益		

表9－13　股东权益变动表　　会企04表

编制单位：　　20×7年度　　单位：万元

项　目	甲公司					乙公司				
	股本	资本公积	盈余公积	未分配利润	股东权益合计	股本	资本公积	盈余公积	未分配利润	股东权益合计
一、上年年末余额	60000	15000	16500	13500	105000	30000	12000	1800	4200	48000
加：会计政策变更										
前期差错更正										
二、本年年初余额	60000	15000	16500	13500	105000	30000	12000	1800	4200	48000
三、本年增减变动金额（减少以“－”号填列）										
（一）综合收益总额				54000	54000				15750	15750
（二）所有者投入和减少资本										

续表

项目	甲公司					乙公司				
	股本	资本公积	盈余公积	未分配利润	股东权益合计	股本	资本公积	盈余公积	未分配利润	股东权益合计
1. 所有者投入的普通股	15000	29250			44250					
2. 其他权益工具持有者投入资本										
3. 股份支付计入所有者权益的份额										
4. 其他										
（三）利润分配										
1. 提取盈余公积			10500	10500				3000	3000	
2. 对股东的分配				30000	30000				6750	6750
3. 其他										
（四）股东权益内部结转										
1. 资本公积转增股本										
2. 盈余公积转增股本										
3. 盈余公积弥补亏损										
4. 其他										
四、本年年末余额	75000	44250	27000	27000	173250	30000	12000	4800	10200	57000

乙公司在购买日（20×7 年 1 月 1 日）股东权益总额为 48000 万元，其中股本为 30000 万元、资本公积为 12000 万元、盈余公积为 1800 万元、未分配利润为 4200 万元。乙公司购买日应收账款账面价值为 5880 万元、公允价值为 5730 万元；存货的账面价值为 30000 万元、公允价值为 31650 万元；固定资产账面价值为 27000 万元、公允价值为 31500 万元。

乙公司 20×7 年 12 月 31 日股东权益总额为 57000 万元，其中股本为 30000 万元、资本公积为 12000 万元、盈余公积为 4800 万元、未分配利润为 10200 万元。乙公司 20×7 年全年实现净利润 15750 万元，乙公司当年提取盈余公积 3000 万元、向股东分配现金股利 6750 万元。截至 20×7 年 12 月 31 日，应收账款按购买日评估确认的金额收回，评估确认的坏账已核销；购买日发生评估增值的存货，当年已全部实现对外销售；购买日固定资产原价评估增值系公司用办公楼增值，该办公楼采用的折旧方法为年限平均法，该办公楼剩余折旧年限为 20 年，假定该办公楼评估增值在未来 20 年内平均摊销。

1. 甲公司 20×7 年末编制合并财务报表时相关项目计算

乙公司本年净利润 = 15750 + [150（购买日应收账款公允价值减值的实现而调减资产减值损失）- 1650（购买日存货公允价值增值的实现而调增营业成本）- 225（固定资产公允价值增值计算的折旧而调增管理费用）] = 14025（万元）

乙公司本年末未分配利润 = 4200（年初）+ 14025 - 3000（提取盈余公积）- 6750（分派股利）= 8475（万元）

权益法下甲公司对乙公司投资的投资收益 = 14025 × 70% = 9818（万元）

权益法下甲公司对乙公司长期股权投资本年年末余额 = 44250 + 9818 - 6750（分派股利）× 70% = 49343（万元）

少数股东损益 = 14025 × 30% = 4207（万元）

少数股东权益的年末余额 = 16200 + 4207 - 6750 × 30% = 18382（万元）

2. 甲公司 20×1 年编制合并财务报表时，应当进行如下调整抵销处理

（1）按公允价值对乙公司财务报表项目进行调整。根据购买日乙公司资产和负债的公允价值与账面价值之间的差额，调整乙公司相关公允价值变动的资产和负债项目及资本公积项目。在合并工作底稿中，其调整分录如下：

借：存货　　1650　①
　　固定资产　　4500
　　贷：应收账款　　150
　　　　资本公积　　6000

调整购买日乙公司资产和负债的公允价值与原账面价值之间的差额对乙公司本年净利润的影响，调整乙公司的相关项目。在合并工作底稿中，其调整分录如下：

借：营业成本　　1650　②
　　管理费用　　225
　　应收账款　　150
　　贷：存货　　1650
　　　　固定资产　　225
　　　　资产减值损失　　150

（2）按照权益法对甲公司财务报表项目进行调整。因购买日乙公司资产和负债的公允价值与原账面价值之间的差额对乙公司本年净利润的影响，而对甲公司对乙公司长期股权投资权益法核算的影响，一方面需要对甲公司对乙公司长期股权投资及相关项目进行调整，另一方面甲公司对乙公司的长期股权投资采用成本法进行核算，需要对成本法核算的结果按权益法核算的要求，对长期股权投资

及相关项目进行调整。在合并工作底稿中，其调整分录如下：

借：长期股权投资——乙公司　9818　③
　　投资收益　4725
　贷：投资收益　9818
　　　长期股权投资　4725

（3）长期股权投资与所有者权益的抵销。将甲公司对乙公司的长期股权投资与其在乙公司股东权益中拥有的份额予以抵销。在合并工作底稿中，其抵销分录如下：

借：股本　30000　④
　　资本公积　18000
　　盈余公积　4800
　　未分配利润　8475
　　商誉　6450
　贷：长期股权投资——乙公司　49343
　　　少数股东权益　18382

（4）投资收益与子公司利润分配等项目的抵销。将甲公司对乙公司投资收益与乙公司本年利润分配有关项目的金额予以抵销。在合并工作底稿中，其抵销分录如下：

借：投资收益　9818　⑤
　　少数股东本期损益　4207
　　未分配利润（年初）　4200
　贷：提取盈余公积　3000
　　　向股东分配利润　6750
　　　未分配利润（年末）　8475

（5）应收股利与应付股利的抵销。本例中乙公司本年宣告分派现金股利6750万元，股利款项尚未支付，乙公司已将其计列应付股利6750万元。甲公司根据乙公司宣告的分派现金股利的公告，按照其所享有的金额，已确认应收股利，并在其资产负债表中计列应收股利4725万元。这属于母公司与子公司之间的债权债务，在编制合并财务报表时必须将其予以抵销，其抵销分录如下：

借：应付股利　4725　⑥
　贷：应收股利　4725

3. 编制合并工作底稿及合并财务报表

根据上述调整分录和抵销分录，甲公司可以编制合并工作底稿如表9－14所示。

表 9-14　合并工作底稿（20×7 年度）

项　目	甲公司	乙公司	合计数	调整分录		抵销分录		少数股东权益	合并数
				借方	贷方	借方	贷方		
流动资产：									
货币资金	8550	9750	18300						18300
以公允价值计量且其价值变动计入当期损益的金融资产	4500	7500	12000						12000
应收票据	10800	5400	16200						16200
应收账款	12750	7650	20400	150②	150①				20400
预付款项	2250	3750	6000						6000
应收股利	7200	0	7200				4725⑥		2475
其他应收款	750	1950	2700						2700
存货	55500	27000	82500	1650①	1650②				82500
其他流动资产	2700	1500	4200						4200
流动资产合计	105000	64500	169500	1800	1800		4725		164775
非流动资产：									
可供出售金融资产	13500	0	135000						13500
持有至到期投资	21000	6000	27000						27000
长期股权投资 其中：乙公司	104250 44250	0	104250	9818③	4725③		49343④		60000
固定资产	42000	39000	81000	4500①	225②				85275
在建工程	19500	6300	25800						25800
无形资产	9000	2700	11700						11700
商誉						6450④			6450
其他非流动资产									
非流动资产合计	209250	54000	263250	14318	4950	6450	49343		229725
资产总计	314250	118500	432750	16118	6750	6450	54068		394500
流动负债：									
短期借款	15000	7200	22200						22200
以公允价值计量且其价值变动计入当期损益的金融负债	6000	3600	9600						9600

续表

项　　目	甲公司	乙公司	合计数	调整分录		抵销分录		少数股东权益	合并数
				借方	贷方	借方	贷方		
应付票据	19500	5400	24900						24900
应付账款	27000	7800	34800						34800
预收款项	6000	5850	11850						11850
应付职工薪酬	7500	2400	9900						9900
应交税费	4050	2100	6150						6150
应付股利	7500	6750	14250			4725⑥			9525
其他应付款	450	1050	1500						1500
其他流动负债	3000	1350	4350						4350
流动负债合计	96000	43500	139500			4725			134775
非流动负债：									
长期借款	6000	7500	13500						13500
应付债券	30000	10500	40500						40500
长期应付款	9000	0	9000						9000
其他非流动负债	0	0	0						0
非流动负债合计	45000	18000	63000						63000
负债合计	141000	61500	202500			4725			197775
股东权益：									
股本	75000	30000	105000			30000④			75000
资本公积	44250	12000	56250		6000①	18000④			44250
盈余公积	27000	4800	31800			4800④			27000
未分配利润									32093
股东权益合计	173250	57000	74250						178343
少数股东权益							18382④		18382
负债和股东权益总计	314250	118500	432750						394500
一、营业收入	225000	142200	367200						367200
减：营业成本	144000	109500	253500	1650②					255150
营业税金及附加	2700	1500	4200						4200
销售费用	7800	5100	12900						12900
管理费用	9000	5850	14850	225②					15075

续表

项　　目	甲公司	乙公司	合计数	调整分录		抵销分录		少数股东权益	合并数
				借方	贷方	借方	贷方		
财务费用	1800	1200	3000						3000
资产减值损失	900	450	1350		150②				1200
加：公允价值变动收益	0	0	0						0
投资收益 其中：乙公司	14700 4725	300	15000	4725③	9818③	9818⑤			10275
二、营业利润	73500	18900	92400	6600	9968	9818			85950
加：营业外收入	2400	3600	6000						6000
减：营业外支出	3900	1500	5400						5400
三、利润总额	72000	21000	93000	6600	9968	9818			86550
减：所得税费用	18000	5250	23250						23250
四、净利润	54000	15750	69750	6600	9968	9818			63300
归属母公司股东净利润									59093
少数股东损益								4207⑤	4207
五、其他综合收益的税后净额									
六、综合收益总额	54000	15750	69750	6600	9968	9818			63300
归属于母公司股东的综合收益总额									59093
归属于少数股东的综合收益总额								4207⑤	4207
一、年初未分配利润	13500	4200	17700			4200⑤			13500
二、本年增减变动金额									
其中：利润分配									
1. 提取盈余公积	10500	3000	13500				3000⑤		10500
2. 对股东的分配	30000	6750	36750				6750⑤		3000
三、年末未分配利润	27000	10200	37200	6600	9968	8475④ 22493	8475⑤ 18225	4207	32093*

注：*表示32093＝37200＋（9968－6600）＋（18225－22493）－4207。

甲公司在编制上述合并工作底稿，计算各项目合并数后，根据合并数编制合并资产负债表、合并利润表以及合并股东权益变动表（略）。

【例9－6】接【例9－5】。甲公司和乙公司20×8年12月31日个别资产负债表、利润表和所有者权益变动表如表9－15、表9－16和表9－17所示。

表9－15 资产负债表

会企01表

编制单位：

20×8年12月31日

单位：万元

资产	甲公司	乙公司	负债和所有者权益（或股东权益）	甲公司	乙公司
流动资产：			流动负债：		
货币资金	13350	14100	短期借款	12000	8700
以公允价值计量且其价值变动计入当期损益的金融资产	7200	11700	以公允价值计量且其价值变动计入当期损益的金融负债	6000	3150
应收票据	10650	5850	应付票据	22500	8400
应收账款	13500	7950	应付账款	22200	7950
预付款项	3900	4350	预收款项	6000	4950
应收股利	8250	0	应付职工薪酬	8700	2700
其他应收款	5550	2400	应交税费	3300	2550
存货	56850	34500	应付股利	12000	9000
其他流动资产	2250	1650	其他应付款	3000	2250
流动资产合计	121500	82500	其他流动负债	1800	1350
			流动负债合计	97500	51000
			非流动负债：		
非流动资产：			长期借款	4500	6000
可供出售金融资产	12000	0	应付债券	30000	10500
持有至到期投资	21000	6300	长期应付款	6000	0
长期股权投资	104250	0	其他非流动负债	0	0
固定资产	49500	37500	非流动负债合计	40500	16500
在建工程	10500	4800	负债合计	138000	67500
无形资产	7500	2400			
商誉		0	股东权益：		
其他非流动资产	0	0	股本	75000	30000
非流动资产合计	204750	51000	资本公积	44250	12000

续表

资产	甲公司	乙公司	负债和所有者权益（或股东权益）	甲公司	乙公司
			盈余公积	36000	8400
			未分配利润	33000	15600
			股东权益合计	188250	66000
资产总计	326250	133500	负债和股东权益总计	326250	133500

表 9－16　利润表

会企 02 表

编制单位：　　20×8 年度　　单位：万元

项　　目	甲公司	乙公司
一、营业收入	270000	175500
减：营业成本	202500	133950
营业税金及附加	4200	2850
销售费用	8700	7050
管理费用	10350	6600
财务费用	3000	1800
资产减值损失	1500	150
加：公允价值变动收益（损失以“－”号填列）	0	0
投资收益（损失以“－”号填列）	16500	1950
二、营业利润（亏损以“－”号填列）	56250	25050
加：营业外收入	5550	1650
减：营业外支出	1800	2700
其中：非流动资产处置损失		
三、利润总额（亏损总额以“－”号填列）	60000	24000
减：所得税费用	15000	6000
四、净利润（净亏损以“－”号填列）	45000	18000
五、其他综合收益的税后净额		
六、综合收益总额	45000	18000
七、每股收益		
（一）基本每股收益		
（二）稀释每股收益		

表 9－17　股东权益变动表

会企 04 表

编制单位：　　20×8 年度　　单位：万元

项　目	甲公司					乙公司				
	股本	资本公积	盈余公积	未分配利润	股东权益合计	股本	资本公积	盈余公积	未分配利润	股东权益合计
一、上年年末余额	75000	44250	27000	27000	173250	30000	12000	4800	10200	57000
加：会计政策变更										
前期差错更正										
二、本年年初余额	75000	44250	27000	27000	173250	30000	12000	4800	10200	57000
三、本年增减变动金额（减少以“－”号填列）										
（一）综合收益总额				45000	45000				18000	18000
（二）所有者投入和减少资本										
1. 所有者投入的普通股										
2. 其他权益工具持有者投入资本										
3. 股份支付计入所有者权益的份额										
4. 其他										
（三）利润分配										
1. 提取盈余公积			9000	9000				3600	3600	
2. 对股东的分配				30000	30000				9000	9000
3. 其他										
（四）股东权益内部结转										
1. 资本公积转增股本										
2. 盈余公积转增股本										
3. 盈余公积弥补亏损										
4. 其他										
四、本年年末余额	75000	44250	36000	33000	188250	30000	12000	8400	15600	66000

乙公司在购买日20×7年1月1日相关资产和负债等资料同上，即购买日乙公司股东权益总额为48000万元，其中股本为30000万元、资本公积为12000万元、盈余公积为1800万元、未分配利润为4200万元。乙公司购买日应收账款账面价值为5880万元、公允价值为5730万元；存货的账面价值为30000万元、公允价值为31650万元；固定资产账面价值为27000万元、公允价值为31500万元。截至20×7年12月31日，应收账款按购买日公允价值的金额收回；购买日的存货，当年已全部实现对外销售；购买日固定资产公允价值增加的系公司管理用办公楼，该办公楼采用的折旧方法为年限平均法，该办公楼剩余折旧年限为20年，假定该办公楼评估增值在未来20年内平均摊销。

乙公司20×8年12月31日股东权益总额为66000万元，其中股本为30000万元、资本公积为12000万元、盈余公积为8400万元、未分配利润为15600万元。乙公司20×8年全年实现净利润18000万元，乙公司当年提取盈余公积3600万元、向股东分配现金股利9000万元。

1. 甲公司编制20×8年度合并财务报表时相关项目计算

乙公司调整后本年净利润=18000－225（固定资产公允价值增值计算的折旧）=17775（万元）

乙公司调整后本年年初未分配利润=10200+150（上年实现的购买日应收账款公允价值减值）－1650（上年实现的购买日存货公允价值增值）－225（固定资产公允价值增值计算的折旧）=8475（万元）

乙公司调整后本年年末未分配利润=8475+17775－3600（提取盈余公积）－9000（分派股利）=13650（万元）

权益法下甲公司对乙公司投资的投资收益=17775×70%=12442（万元）

权益法下甲公司对乙公司长期股权投资本年年末余额=49343（上年末长期股权投资余额）+12442－9000（分派股利）×70%=55485（万元）

少数股东损益=17775×30%=5333（万元）

少数股东权益的年末余额=18382+5333－9000×30%=21015（万元）

2. 甲公司20×8年编制合并财务报表时应当实行的调整抵销处理

（1）按公允价值对乙公司财务报表项目进行调整。因购买日乙公司资产和负债的公允价值与账面价值之间的差额，调整乙公司年初未分配利润及相关项目。其调整分录如下：

借：未分配利润（年初）　1650　①
　　固定资产　4500
　　贷：未分配利润（年初）　150
　　　　资本公积　6000

因购买日乙公司资产和负债的公允价值与原账面价值之间的差额对乙公司上年净利润的影响，调整乙公司年初未分配利润及相关项目。其调整分录如下：

借：未分配利润（年初） 1650 ②
　　未分配利润（年初） 225
　　未分配利润（年初） 150
　　贷：未分配利润（年初） 1650
　　　　固定资产 225
　　　　未分配利润（年初） 150

上述调整分录简化为：

借：未分配利润（年初） 225 ②
　　贷：固定资产 225

因购买日乙公司固定资产公允价值与原账面价值之间的差额对乙公司本年净利润的影响，调整乙公司固定资产折旧相关的项目及累计折旧项目。至于应收账款公允价值减值和存货公允价值增值，由于在上一年已全部实现，不涉及对本年实现净利润的影响。其调整分录如下：

借：管理费用 225 ③
　　贷：固定资产 225

（2）按照权益法对甲公司财务报表项目进行调整。因购买日乙公司资产和负债的公允价值与原账面价值之间的差额对乙公司上年净利润的影响而造成甲公司对乙公司长期股权投资权益法核算的影响，调整甲公司对乙公司长期股权投资及相关项目。其调整分录如下：

借：长期股权投资——乙公司 9818 ④
　　未分配利润（年初） 4725
　　贷：未分配利润（年初） 9818
　　　　长期股权投资 4725

甲公司对乙公司长期股权投资由成本法核算的结果调整为权益法核算的结果。即根据调整后乙公司本年实现净利润以及本年分派现金股利中所拥有的份额，调整本年甲公司对乙公司的投资收益。其调整分录如下：

借：长期股权投资——乙公司 12442 ⑤
　　投资收益 6300
　　贷：投资收益 12442
　　　　长期股权投资 6300

（3）长期股权投资与子公司所有者权益的抵销。将甲公司对乙公司的长期股权投资与其在乙公司所有者权益中拥有的份额予以抵销。其抵销分录如下：

借：股本　30000　⑥
　资本公积　18000
　盈余公积　8400
　未分配利润（年末）　13650
　商誉　6450
　贷：长期股权投资——乙公司　55485
　　少数股东权益　21015

（4）投资收益与子公司利润分配等项目的抵销。将甲公司对乙公司投资收益与乙公司本年利润分配有关项目的金额予以抵销。其抵销分录如下：

借：投资收益　12442　⑦
　少数股东本期损益　5333
　未分配利润（年初）　8475
　贷：提取盈余公积　3600
　　向股东分配利润　9000
　　未分配利润（年末）　13650

（5）应收股利与应付股利的抵销。本例中乙公司本年宣告分派现金股利9000万元，股利款项尚未支付，乙公司已将其计列应付股利9000万元。甲公司根据乙公司宣告的分派现金股利的公告，按照其所享有的金额，已确认应收股利，并在其资产负债表中计列应收股利6300万元。这属于母公司与子公司之间的债权债务，在编制合并财务报表时必须将其予以抵销，其抵销分录如下：

借：应付股利　6300　⑧
　贷：应收股利　6300

3. 编制合并工作底稿及合并财务报表

根据上述调整分录和抵销分录，甲公司编制合并工作底稿如表9－18所示。

表9－18　合并工作底稿（20×8年度）　单位：万元

项　目	甲公司	乙公司	合计数	调整分录		抵销分录		少数股东权益	合并数
				借方	贷方	借方	贷方		
流动资产：									
货币资金	13350	14100	27450						27450
以公允价值计量且其价值变动计入当期损益的金融资产	7200	11700	18900						18900

续表

项 目	甲公司	乙公司	合计数	调整分录		抵销分录		少数股东权益	合并数
				借方	贷方	借方	贷方		
应收票据	10650	5850	16500						16500
应收账款	13500	7950	21450						21450
预付款项	3900	4350	8250						8250
应收股利	8250	0	8250				6300⑧		1950
其他应收款	5550	2400	7950						7950
存货	56850	34500	91350						91350
其他流动资产	2250	1650	3900						3900
流动资产合计	121500	82500	204000				6300		197700
非流动资产：									
可供出售金融资产	12000	0	12000						12000
持有至到期投资	21000	6300	27300						27300
长期股权投资 其中：乙公司	104250 44250	0	104250	9818④ 12442⑤	4725④ 6300⑤		55485⑥		60000
固定资产	49500	37500	87000	4500①	225② 225③				91050
在建工程	10500	4800	15300						15300
无形资产	7500	2400	9900						9900
商誉		0	0			6450⑥			6450
其他非流动资产	0	0	0						0
非流动资产合计	204750	51000	255750	26760	11475	6450	55485		222000
资产总计	326250	133500	459750	26760	11475	6450	61785		419700
流动负债：									
短期借款	12000	8700	20700						20700
以公允价值计量且其价值变动计入当期损益的金融负债	6000	3150	9150						9150
应付票据	22500	8400	30900						30900
应付账款	22200	7950	30150						30150
预收款项	6000	4950	10950						10950
应付职工薪酬	8700	2700	11400						11400

续表

项　　目	甲公司	乙公司	合计数	调整分录		抵销分录		少数股东权益	合并数
				借方	贷方	借方	贷方		
应交税费	3300	2550	5850						5850
应付股利	12000	9000	21000			6300⑧			14700
其他应付款	3000	2250	5250						5250
其他流动负债	1800	1350	3150						3150
流动负债合计	97500	51000	148500			6300			142200
非流动负债：									
长期借款	4500	6000	10500						10500
应付债券	30000	10500	40500						40500
长期应付款	6000	0	6000						6000
其他非流动负债	0	0	0						0
非流动负债合计	40500	16500	57000						57000
负债合计	138000	67500	205500			6300			199200
股东权益：									
股本	75000	30000	105000			30000⑥			75000
资本公积	44250	12000	56250		6000①	18000⑥			44250
盈余公积	36000	8400	44400			8400⑥			36000
未分配利润	33000	15600	48600						44235
股东权益合计	188250	66000	254250						199485
少数股东权益								21015⑥	21015
负债和股东权益总计	326250	133500	459750						419700
一、营业收入	270000	175500	445500						445500
减：营业成本	202500	133950	336450						336450
营业税金及附加	4200	2850	7050						7050
销售费用	8700	7050	15750						15750
管理费用	10350	6600	16950	225③					17175
财务费用	3000	1800	4800						4800
资产减值损失	1500	150	1650						1650
加：公允价值变动收益	0	0	0						0

续表

项　目	甲公司	乙公司	合计数	调整分录		抵销分录		少数股东权益	合并数
				借方	贷方	借方	贷方		
投资收益	16500	1950	18450	6300⑤	12442⑤	12442⑦			12150
二、营业利润	56250	25050	81300	6525	12442	12442			74775
加：营业外收入	5550	1650	7200						7200
减：营业外支出	1800	2700	4500						4500
三、利润总额	60000	24000	84000	6525	12442	12442			77475
减：所得税费用	15000	6000	21000						21000
四、净利润	45000	18000	63000	6525	12442	12442			56475
归属母公司股东利润									51142
少数股东本期损益								5333⑦	5333
五、其他综合收益的税后净额									
六、综合收益总额	45000	18000	63000	6525	12442	12442			56475
归属于母公司股东的综合收益总额									51142
归属于少数股东的综合收益总额								5333⑦	5333
一、年初未分配利润	27000	10200	37200	1650① 225② 4725④	150① 9818④	8475⑦			32093
二、本年增减变动金额									
其中：利润分配									
1. 提取盈余公积	9000	3600	12600				3600⑦		9000
2. 对股东的分配	30000	9000	39000				9000⑦		30000
三、年末分配利润	33000	15600	48600	13125	22410	13650⑥ 34567	13650⑦ 26250	5333	44235 *

注：＊表示44235＝48600＋（22410－13125）＋（26250－34567）－5333。

甲公司在编制上述合并工作底稿后，根据其中的合并数，编制合并资产负债表、合并利润表以及合并股东权益变动表（略）。

思 考 题

（1）简述合并财务报表的含义及作用。

（2）简述合并财务报表的构成。

（3）编制合并财务报表的前期准备事项包括哪些？

（4）简述编制合并财务报表的程序。

（5）简述合并财务报表抵销分录的编制。

第十章　合并财务报表（二）

学习目标

（1）了解集团内部交易的内容及其抵销的作用。

（2）掌握内部商品交易、债权债务、固定资产交易及无形资产交易的合并处理。

第一节　内部商品交易的合并处理

企业集团内部交易，是指企业集团内部母公司与子公司之间或子公司与子公司之间所发生的商品销售、固定资产及无形资产的买卖等经济业务。由于母公司、子公司都是独立的法人，当发生内部交易时，交易双方都要进行相应的会计核算。如母公司从子公司购买商品，子公司账上记为营业收入、结转营业成本、确认销售损益；母公司在存货尚未售出前，账上反映为购入的存货。但是，从企业集团的角度看，当商品没有向外界出售前，子公司所反映的交易损益并未实现，在合并时应当予以抵销，否则会虚增企业集团整体的损益。

由于编制合并财务报表的目的在于将母公司及其子公司视为一个经济实体来完整地反映它们的财务状况、经营成果及现金流量情况。因此，必须抵销母公司与子公司、子公司与子公司之间的交易以及由此产生的未实现损益。

企业集团内部交易需要抵销的原因主要在于：

（1）内部交易的转移价格有失公平性。在现实中，母公司和子公司关系密切，母公司管理部门可以控制所有的内部交易，有时母公司为了谋求财务利益，而较多地进行内部交易，通过内部交易进行转移定价、粉饰财务状况。

（2）反映没有发生内部交易的真正的集团财务状况和经营成果。抵销的真正目的在于，让合并报表反映没有发生内部交易时的企业集团的财务状况和经营成果。若内部交易不予抵销，合并报表的资产和净收益将会虚增或高估。只有在企业间存货或固定资产等向外界出售或耗用之后，内部未实现的交易损益才真正得以实现。

本章主要讨论在编制合并财务报表时集团内部交易的抵销问题，包括集团内部商品交易的抵销、集团内部债权与债务的抵销、集团内部固定资产交易的抵销等。

一、内部销售收入和内部销售成本的抵销处理

内部销售收入是指企业集团内部母公司与子公司、子公司相互之间发生的购销活动所产生的销售收入。内部销售成本是指企业集团内部母公司与子公司、子公司相互之间发生的内部销售商品的销售成本。

（一）购买企业内部购进的商品当期全部实现销售时的抵销处理

在这种情况下，从销售企业来说，销售给其他成员企业商品与销售给集团外部企业情况下的会计处理相同，即在本期确认销售收入、结转销售成本、计算损益，并在其个别利润表中反映；对于购买企业来说，一方面要确认销售收入，另一方面要结转销售内部购进商品的成本，并在其个别利润表中分别作为营业收入和营业成本反映，并确认损益。这也就是说，对于同一购销业务，在销售企业和购买企业的个别利润表都作反映。但从企业集团整体来看，这一购销业务只是实现了一次销售，其销售收入只是购买企业销售该产品的销售收入，其销售成本只是销售企业销售该商品的成本。销售企业销售该商品的收入属于内部销售收入，相应地购买企业销售该商品的销售成本则属于内部销售成本。因此，在编制合并财务报表时对重复反映的内部销售收入与内部销售成本予以抵销。进行抵销处理时，应借记“营业收入”等科目、贷记“营业成本”等科目。

【例 10－1】甲公司拥有乙公司 70% 的股权，系乙公司的母公司。20×7 年甲公司本期个别利润表的营业收入中有 5000 万元，系向乙公司销售产品取得的销售收入，该产品销售成本为 4000 万元。乙公司在本期将该产品全部售出，其销售收入为 6000 万元，销售成本为 5000 万元，并分别在其个别利润表中列示。在甲公司和乙公司各自的账上记录与这一商品交易有关的会计分录，如表 10－1 所示。

表 10－1　20×7 年甲公司与乙公司会计分录　　单位：万元

业务摘要	甲公司的账面记录	乙公司的账面记录
（1）甲公司向乙公司出售商品	借：银行存款　5000 　贷：主营业务收入　5000 借：主营业务成本　4000 　贷：库存商品　4000	借：库存商品　5000 　贷：银行存款　5000
（2）乙公司向外界出售从甲公司购入的商品		借：银行存款　6000 　贷：主营业务收入　6000 借：主营业务成本　5000 　贷：库存商品　5000

对此，编制合并财务报表将内部销售收入和内部销售成本予以抵销时，应编制如下抵销分录：

借：营业收入　　5000

　贷：营业成本　　5000

（二）购买企业内部购进的商品未实现对外销售时的抵销处理

在内部购进的商品未实现对外销售的情况下，从销售企业来说，同样是按照一般的销售业务确认销售收入，结转销售成本，计算销售利润，并在其利润表中列示。这一业务从整个企业集团来看，实际上只是商品存放地点发生变动，并没有真正实现企业集团对外销售，不应确认销售收入、结转销售成本以及计算损益。因此，对于该内部购销业务，在编制合并财务报表时，应当将销售企业由此确认的内部销售收入和内部销售成本予以抵销。对于这一经济业务，从购买企业来看，则以支付的购货价款作为存货成本入账，并在其个别资产负债表中作为资产列示。这样，购买企业的个别资产负债表中存货的价值中就包含有销售企业实现的销售毛利。销售企业由于内部购销业务实现的销售毛利，属于未实现内部销售损益。

存货价值中包含的未实现内部销售损益是由于企业集团内部商品购销活动所引起的。在内部购销活动中，销售企业将集团内部销售作为收入确认并计算销售利润。而购买企业则是以支付购货的价款作为其成本入账；在本期内未实现对外销售而形成期末存货时，其存货价值中也相应地包括两部分内容：一部分为真正的存货成本（即销售企业销售该商品的成本），另一部分为销售企业的销售毛利（即其销售收入减去销售成本的差额）。对于期末存货价值中包括的这部分销售毛利，从企业集团整体来看，并不是真正实现的利润。将期末存货价值中包括的这部分销售作为利润确认的部分，称之为未实现内部销售损益。如果合并财务报表将母公司与子公司财务报表中的存货简单相加，则虚增存货成本。因此，在编制合并资产负债表时，应当将存货价值中包含的未实现内部销售损益予以抵销。

【例 10－2】甲公司系乙公司的母公司。假设 20×7 年甲公司本期个别利润表的营业收入中有 6000 万元，系向乙公司销售商品实现的收入，其商品成本为 4800 万元，销售毛利率为 20%。乙公司本期从甲公司购入的商品在本期均未实现销售，期末存货中包含有 6000 万元从甲公司购进的商品，该存货中包含的未实现内部销售损益为 1200 万元。在甲公司和乙公司各自的账上记录与这一商品交易有关的会计分录如表 10－2 所示。

表 10－2　20×7 年甲公司与乙公司会计分录　　单位：万元

业务摘要	甲公司的账面记录	乙公司的账面记录
甲公司向乙公司出售商品	借：银行存款　6000 　贷：主营业务收入　6000 借：主营业务成本　4800 　贷：库存商品　4800	借：库存商品　6000 　贷：银行存款　6000

编制合并利润表时，将内部销售收入、内部销售成本及存货价值中包含的未实现内部销售损益抵销时，其抵销分录如下：

借：营业收入　6000
　贷：营业成本　4800
　　存货　1200

（三）购买企业内部购进的商品部分实现对外销售，部分形成期末存货的抵销处理

对于内部购进的商品部分实现对外销售部分形成期末存货的情况，可以将内部购买的商品分解为两部分来理解：一部分为当期购进并全部实现对外销售；另一部分为当期购进但未实现对外销售而形成期末存货。

【例 10－3】甲公司系乙公司的母公司。假设 20×7 年甲公司个别利润表的营业收入中有 6000 万元，系向乙公司销售产品取得的销售收入，该产品销售成本为 4800 万元，销售毛利率为 20%。乙公司在本期将该批内部购进商品的 60% 实现销售，其销售收入为 4500 万元，销售成本为 3600 万元，并列示于其个别利润表中；该批商品的另外 40% 则形成乙公司期末存货，即期末存货为 2400 万元，列示于乙公司的个别资产负债表中。在甲公司和乙公司各自的账上记录与这一商

品交易有关的会计分录如表10－3所示。

表10－3 20×7年甲公司与乙公司会计分录 单位：万元

业务摘要	甲公司的账面记录	乙公司的账面记录
（1）甲公司向乙公司出售商品	借：银行存款 6000 贷：主营业务收入 6000 借：主营业务成本 4800 贷：库存商品 4800	借：库存商品 6000 贷：银行存款 6000
（2）乙公司向外界出售从甲公司购入的商品的60%		借：银行存款 4500 贷：主营业务收入 4500 借：主营业务成本 3600 贷：库存商品 3600

此时，在编制合并财务报表时，其抵销处理如下：

借：营业收入 3600

　　贷：营业成本 3600

借：营业收入 2400

　　贷：营业成本 1920

　　　　存货 480

根据上述抵销分录，其合并工作底稿（局部）如表10－4所示。

表10－4 合并工作底稿（局部） 单位：万元

项目	甲公司	乙公司	合计	调整分录		抵销分录		少数股东权益	合并数
				借方	贷方	借方	贷方		
（资产负债表项目）									
……									
存货		2400	2400				480		1920
……									
（利润表项目）									
营业收入	6000	4500	10500			3600 2400			4500

续表

项目	甲公司	乙公司	合计	调整分录		抵销分录		少数股东权益	合并数
				借方	贷方	借方	贷方		
营业成本	4800	3600	8400				3600 1920		2880
……									
营业利润	1200	900	2100			6000	5520		1620
……									
净利润	1200	900	2100			6000	5520		1620
（股东权益变动表项目）									
未分配利润（期初）	0	0	0						0
……									
未分配利润（期末）	1200	900	2100			6000	5520		1620

（四）购买企业内部购进的商品作为固定资产使用时的抵销处理

在集团内成员企业将自身的产品销售给其他成员企业作为固定资产使用的情况下，对于销售企业来说是作为普通商品销售并进行会计处理的，即在销售时确认收入、结转成本和计算损益，并以此在其个别财务报表中列示；对于购买企业来说，则以购买价格（在此不考虑安装及运输费用）作为固定资产原值记账，该固定资产入账价值中既包括销售企业生产该产品的成本，也包括销售企业由于该产品销售所实现的销售利润。购买企业虽然以支付给销售企业的购买价格作为固定资产原价入账，但从整个企业集团来说，只能以销售企业生产该产品的成本作为固定资产原价在合并财务报表中反映。因此，编制合并利润表时应将销售企业由于该固定资产交易所实现的销售收入、结转的销售成本予以抵销；并将内部交易形成的固定资产原价中包含的未实现内部销售损益予以抵销。

【例 10－4】假设 20×7 年母公司甲个别利润表的营业收入中有 700 万元，系向子公司乙销售其生产的设备所取得的收入，该设备生产成本为 550 万元，系 12 月购入并投入使用，本期未计提折旧。

在甲公司和乙公司各自的账上记录与这一商品交易有关的会计分录如表10－5所示。

表 10-5 20×7 年甲公司与乙公司会计分录 单位：元

业务摘要	甲公司的账面记录	乙公司的账面记录
甲公司向乙公司出售商品	借：银行存款 700 贷：主营业务收入 700 借：主营业务成本 550 贷：库存商品 550	借：固定资产 700 贷：银行存款 700

子公司以个别资产负债表固定资产原价中包含有 150 万元未实现内部销售损益，对此，在编制合并财务报表时，需要将母公司甲相应的销售收入和销售成本予以抵销，并将乙公司该固定资产原价中包含的未实现内部销售损益予以抵销。

其抵销分录如下：

借：营业收入 700

贷：营业成本 550

固定资产 150

二、连续编制合并财务报表时内部销售商品的合并处理

在连续编制合并财务报表的情况下，首先必须将上期抵销的存货价值中包含的未实现内部销售损益对本期期初未分配利润的影响予以抵销，调整本期期初未分配利润的数额；然后再对本期内部购进存货进行合并处理，其具体合并处理程序和方法如下：

（1）将上期抵销的存货价值中包含的未实现内部销售损益对本期期初未分配利润的影响进行抵销。即按照上期内部购进存货价值中包含的未实现内部销售损益的数额，借记“期初未分配利润”科目，贷记“营业成本”科目。这一抵销分录，可以理解为上期内部购进的存货中包含的未实现内部销售损益在本期视同为实现利润，将未实现内部销售损益转为实现利润，冲减当期的合并销售成本。

（2）对于本期发生的内部购销活动，将内部销售收入、内部销售成本及内部购进存货中未实现内部销售损益予以抵销。即按照销售企业内部销售收入的数额，借记“营业收入”科目，贷记“营业成本”科目。

将期末内部购进存货价值中包含的未实现内部销售损益予以抵销。对于期末内部购买形成的存货（包括上期结转形成的本期存货），应按照购买企业期末内部购入存货价值中包含的未实现内部销售损益的数额，借记“营业成本”科目，贷记“存货”科目。

【例 10－5】上期甲公司与乙公司内部购销资料、内部销售的抵销处理及其合并工作底稿（局部）如【例 10－3】所示，且上期期末存货本期已实现对外销售，本期甲公司个别财务报表中向乙公司销售商品取得销售收入 8000 万元，销售成本为 6400 万元，甲公司本期销售毛利率与上期相同，为 20%。乙公司个别财务报表中从甲公司购进商品本期 60% 实现对外销售，销售收入为 6000 万元，销售成本为 4800 万元，期末内部购进形成的存货为 3200 万元。

此时，编制合并财务报表时应进行如下合并处理：

（1）调整期初未分配利润的数额：

借：期初未分配利润　　480　①

　贷：营业成本　　480

（2）抵销本期内部销售收入：

借：营业收入　　4800　②

　贷：营业成本　　4800

（3）抵销期末存货中包含的未实现内部销售损益：

借：营业收入　　3200

　贷：营业成本　　2560③

　　存货　　640

其合并工作底稿（局部）如表 10－6 所示。

表 10－6　合并工作底稿（局部）　　单位：万元

项目	甲公司	乙公司	合计	调整分录		抵销分录		少数股东权益	合并数
				借方	贷方	借方	贷方		
（资产负债表项目）									
……									
存货		3200	3200				640③		2560
……									
（利润表项目）									
营业收入	8000	9000	17000			4800② 3200③			9000
营业成本	6400	7200	13600				480① 4800② 2560③		5760
……									

续表

项目	甲公司	乙公司	合计	调整分录		抵销分录		少数股东权益	合并数
				借方	贷方	借方	贷方		
营业利润	1600	1800	3400			8000	7840		3240
……									
净利润	1600	1800	3400			8000	7840		3240
（股东权益变动表项目）									
未分配利润（期初）	1200	900	2100			480①			1620
……									
未分配利润（期末）	2800	2700	5500			8480	7840		4860

第二节　内部债权债务的合并处理

一、内部债权债务抵销概述

母公司与子公司、子公司相互之间的债权和债务项目，是指母公司与子公司、子公司相互之间的应收账款与应付账款、预付账款和预收账款、应付债券与债券投资等项目。对于发生在母公司与子公司、子公司相互之间的这些项目，从债权方企业来说，在资产负债表中表现为一项债权资产；而从债务方来说，一方面形成一项负债，另一方面同时形成一项资产。发生的这种内部债权债务，从母公司与子公司组成的集团整体角度来看，它只是集团内部资金运动，既不增加企业集团的资产，也不增加负债。为此，在编制合并财务报表时也应当将内部债权债务项目予以抵销。

在编制合并资产负债表时需要进行合并处理的内部债权债务项目主要包括：①应收账款与应付账款。②应收票据与应付票据。③预付账款与预收账款。④持有至到期投资与应付债券。⑤应收股利与应付股利。⑥其他应收款与其他应付款。

【例 10－6】丙公司系丁公司的母公司。丙公司个别资产负债表应收账款中有 900 万元为应收丁公司账款；应收票据中有 600 万元为应收丁公司票据；持有至到期投资中有丁公司发行的应付债券 3750 元。

对此，丙公司在编制合并财务报表时，应当将这些内部债权债务予以抵销。其抵销分录如下：

（1）内部应收账款与应付账款抵销：

借：应付账款　　900

　　贷：应收账款　　900

（2）内部应收票据与应付票据抵销：

借：应付票据　　600

　　贷：应收票据　　600

（3）持有至到期投资与应付债券抵销：

借：应付债券　　3750

　　贷：持有至到期投资　　3750

二、内部应收款项及其坏账准备的合并处理

企业对于包括应收账款、应收票据、预付账款以及其他应收款在内所有应收款项，应当根据其公允价值变动情况，确认资产减值损失，计提坏账准备。这里的应收账款、应收票据等也包括应收子公司账款、应收子公司票据等。在对子公司的应收款项计提坏账准备的情况下，在编制合并财务报表时，随着内部应收款项的抵销，与此相联系也须将该内部应收款项计提的坏账准备予以抵销。将内部应收款项抵销时，按内部应付款项的金额，借记“应付账款”、“应付票据”等科目，贷记“应收账款”、“应收票据”等科目；将内部应收款项计提的坏账准备抵销时，按各内部应收款项计提的相应坏账准备期末余额，借记“应收账款”、“应收票据”等科目，贷记“资产减值损失”科目。

【例 10－7】丙公司为丁公司的母公司。假设丙公司本期个别资产负债表应收账款中有 870 万元为应收丁公司账款，该应收账款账面余额为 900 万元，丙公司当年计提坏账准备 30 万元；应收票据中有 585 万元为应收丁公司票据，该应收票据账面余额为 600 万元，丙公司当年计提坏账准备 15 万元。丁公司本期个别资产负债表中应付账款和应付票据中列示有应付丙公司账款 900 万元和应付丙公司票据 600 万元。

在编制合并财务报表时，丙公司应当将内部应收账款与应付账款相互抵销，同时还应将内部应收账款计提的坏账准备予以抵销，其抵销分录为：

（1）应收账款与应付账款抵销：

借：应付账款　　900　①

　　贷：应收账款　　900

（2）应收票据与应付票据抵销：

借：应付票据 600 ②

　　贷：应收票据 600

（3）坏账准备与资产减值损失抵销：

借：应收账款 30 ③

　　应收票据 15

　　贷：资产减值损失 45

其合并工作底稿（局部）如表 10－7 所示。

表 10－7 合并工作底稿（局部） 单位：万元

项目	丙公司	丁公司	合计	调整分录		抵销分录		少数股东权益	合并数
				借方	贷方	借方	贷方		
（资产负债表项目）									
……									
应收账款	870		870			30③	900①		0
应收票据	585		585			15③	600②		0
……									
应付账款		900	900			900①			0
应付票据		600	600			600②			0
……									
（利润表项目）									
……									
资产减值损失	45		45				45③		0
……									
营业利润	－45		－45				45		0
……									
净利润	－45		－45				45		0
（股东权益变动表项目）									
未分配利润（期初）	0		0				0		0
……									
未分配利润（期末）	－45		－45				45		0

三、连续编制合并财务报表时内部应收款项及其坏账准备的合并处理

在连续编制合并财务报表进行合并处理时，首先，应将上期资产减值损失中抵销的各内部应收款项计提的相应坏账准备对本期期初未分配利润的影响予以抵销，即按上期资产减值损失项目中抵销的各内部应收款项计提的相应坏账准备的数额，借记“应收账款”、“应收票据”等科目，贷记“期初未分配利润”科目。其次，将内部应收款项与应付款项予以抵销，即按内部应付款项的数额，借记“应付账款”、“应付票据”等科目，贷记“应收账款”、“应收票据”等科目。再次，对于本期各内部应收款项在个别财务报表中补提或者冲销的相应坏账准备的数额也应予以抵销，即按照本期期末内部应收款项在个别资产负债表中补提的坏账准备的数额，借记“应收账款”、“应收票据”等科目，贷记“资产减值损失”科目，或按照本期期末各内部应收款项在个别资产负债表中冲销的相应坏账准备的数额，借记“资产减值损失”科目，贷记“应收账款”、“应收票据”等科目。

（一）内部应收款项坏账准备本期余额与上期余额相等时的合并处理

【例 10－8】接【例 10－7】。丙公司为丁公司的母公司，丙公司和丁公司上期内部应收款项、坏账准备情况、内部债权债务的抵销及其合并工作底稿（局部）如【例 10－7】所示。丙公司本期个别资产负债表应收账款中有应收丁公司账款 870 万元，该应收账款系上期发生的，账面余额为 900 万元，丙公司上期对其计提坏账准备 30 万元，该坏账准备结转到本期；应收丁公司票据 585 万元，该应收票据系上期发生的，账面余额为 600 万元，丙公司上期对其计提坏账准备 15 万元，该坏账准备结转到本期。本期对上述内部应收账款和应收票据未计提坏账准备。

丙公司在合并工作底稿中应进行如下抵销处理：

（1）将上期内部应收款项计提的坏账准备抵销。在这种情况下，母公司个别资产负债表中坏账准备余额可以理解为实际上是上期结转来的余额，因此只需将上期内部应收账款计提的坏账准备予以抵销同时调整本期初未分配利润的数额。其抵销分录如下：

借：应收账款	30	①
应收票据		15
贷：期初未分配利润		45

（2）内部应收账款、应收票据与应付账款、应付票据抵销：

借：应付账款　　900　　②

　　贷：应收账款　　900

借：应付票据　　600　　③

　　贷：应收票据　　600

其合并工作底稿（局部）如表 10－8 所示。

表 10－8　合并工作底稿（局部）　　单位：万元

项目	丙公司	丁公司	合计	调整分录		抵销分录		少数股东权益	合并数
				借方	贷方	借方	贷方		
（资产负债表项目）									
……									
应收账款	870		870			30③	900①		0
应收票据	585		585			15③	600②		0
……									
应付账款		900	900			900①			0
应付票据		600	600			600②			0
……									
（利润表项目）									
……									
资产减值损失	45		45						45
……									
营业利润	－45		－45						－45
……									
净利润	－45		－45						－45
（股东权益变动表项目）									
未分配利润（期初）	－45		－45				45①		0
……									
未分配利润（期末）	－90		－90				45		－45

（二）内部应收款项坏账准备本期余额大于上期余额时的合并处理

【例 10－9】接【例 10－7】。丙公司为丁公司的母公司，丙公司和丁公司上期内部应收款项、坏账准备情况、内部债权债务的抵销及其合并工作底稿（局部）如【例 10－7】所示。丙公司本期个别资产负债表应收账款中有应收丁公司账款 1100 万元，该应收账款账面余额为 1200 万元，丙公司对该应收账款累计计提坏账准备 100 万元，其中 30 万元系上期结转至本期的，本期对其补提坏账准备 70 万元；应收丁公司票据 1310 万元，该应收票据账面余额为 1350 万元，丙公司对该应收票据累计计提坏账准备 40 万元，其中 15 万元系上期结转至本期的，本期对其补提坏账准备 25 万元。

丙公司在合并工作底稿中应进行如下抵销处理：

（1）抵销上期内部应收款项计提的坏账准备，并调整期初未分配利润的数额：

借：应收账款　　30　①

　　应收票据　　15

　　贷：期初未分配利润　　45

（2）抵销内部应收账款、应收票据与应付账款、应付票据：

借：应付账款　　1200　②

　　贷：应收账款　　1200

借：应付票据　　1350　③

　　贷：应收票据　　1350

（3）抵销本期内部应收款项增加计提的坏账准备与资产减值损失：

借：应收账款　　70　④

　　应收票据　　25

　　贷：资产减值损失　　95

其合并工作底稿（局部）如表 10－9 所示。

表 10－9　合并工作底稿（局部）　　单位：万元

项目	丙公司	丁公司	合计	调整分录		抵销分录		少数股东权益	合并数
				借方	贷方	借方	贷方		
（资产负债表项目）									
……									
应收账款	1100		1100			30① 70④	1200②		0
应收票据						15① 25④	1350③		0
……	1310		1310						
应付账款		1200	1200			1200②			0
应付票据		1350	1350			1350③			0
……									

续表

项目	丙公司	丁公司	合计	调整分录		抵销分录		少数股东权益	合并数
				借方	贷方	借方	贷方		
（利润表项目）									
……									
资产减值损失	95	0	95				95④		0
……									
营业利润	-95	0	-95				95		0
……									
净利润	-95	0	-95				95		0
（股东权益变动表项目）									
未分配利润（期初）	-45	0	-45				45①		0
……									
未分配利润（期末）	-140		-140				140		0

通过上述抵销分录，已将内部应收款项及其坏账准备全部抵销。

（三）内部应收款项坏账准备本期余额小于上期余额时的合并处理

【例10-10】接【例10-7】。丙公司为丁公司的母公司，丙公司和丁公司上期内部应收款项、坏账准备情况、内部债权债务的抵销及其合并工作底稿（局部）如【例10-7】所示。丙公司本期个别资产负债表应收账款中有应收丁公司账款807万元，该应收账款账面余额为825万元，丙公司对该应收账款累计计提坏账准备18万元，其中上期结转至本期的坏账准备30万元，本期冲减坏账准备12万元；应收丁公司票据561万元，该应收票据账面余额为570万元，丙公司对其累计计提坏账准备9万元，其中上期结转至本期的坏账准备15万元，本期冲减坏账准备6万元。

丙公司在合并工作底稿中应进行如下抵销处理：

（1）抵销上期内部应收款项计提的坏账准备，并调整期初未分配利润的数额：

借：应收账款　　30　①
　　应收票据　　15
　　贷：期初未分配利润　　45

（2）内部应收账款、应收票据与应付账款、应付票据抵销：

借：应付账款　　825　②
　　贷：应收账款　　825

借：应付票据　570　③

　　贷：应收票据　570

（3）抵销本期内部应收款项冲销的坏账准备与资产减值损失：

借：资产减值损失　18　④

　　贷：应收账款　12

　　　　应收票据　6

其合并工作底稿（局部）如表10－10所示。

表10－10　合并工作底稿（局部）　单位：万元

项目	丙公司	丁公司	合计	调整分录		抵销分录		少数股东权益	合并数
				借方	贷方	借方	贷方④		
（资产负债表项目）									
……									
应收账款	807		807			30	825② 12④		0
应收票据	561		561			15①	570③ 6④		0
……									
应付账款		825	825			825②			0
应付票据		570	570			570③			0
……									
（利润表项目）									
……									
资产减值损失	－18	0	－18			18④			0
……									
营业利润	18	0	18			18			0
……									
净利润	18	0	18			18			0
（股东权益变动表项目）									
未分配利润（期初）	－45	0	－45				45①		0
……									
未分配利润（期末）	－27	0	－27			18	45		0

通过上述抵销分录，已将内部应收款项及其坏账准备全部抵销。

在第三期编制合并财务报表的情况下，必须将第二期各内部应收款项期末余额相应的坏账准备予以抵销；再将内部应收款项与应付款项等内部债权债务相抵销；最后将第三期内部应收款项的坏账准备与第二期内部应收款项的坏账准备进行比较，计算确定本期内部应收款项坏账准备的增加或减少数额，并将其予以抵销。合并抵销分录与第二期编制的抵销分录相同。

第三节 内部固定资产交易的合并处理

一、内部固定资产交易概述

内部固定资产交易，是指企业集团内部发生交易一方的成员企业与固定资产有关的购销业务。根据销售企业销售的是产品还是固定资产，可以将企业集团内部固定产交易划分为两种类型：第一种类型是企业集团内部企业将自身使用的固定资产变卖给企业集团内的其他企业作为固定资产使用；第二种类型是企业集团内部企业将自身生产的产品销售给企业集团内的其他企业作为固定资产使用。此外，还有另一类型的内部固定资产交易，即企业集团内部企业将自身使用的固定资产变卖给企业集团内的其他企业作为普通商品销售。这种类型的固定资产交易，属于固定资产的内部处置。在企业集团内部发生的情况极少，一般情况下发生的数量也不大。

内部固定资产交易属于内部商品交易，其在编制合并财务报表时的抵销处理与一般内部商品交易的抵销处理有相同之处，但由于固定资产取得并投入使用后，往往要跨越若干会计期间，并且在使用过程中通过计提折旧将其价值转移到产品生产成本或各会计期间费用之中去，因而其抵销处理也有其特殊性。由于其跨越若干会计期间，则涉及使用该固定资产期间编制合并财务报表的期初未分配利润的调整问题；由于固定资产需要计提折旧，则涉及每一次计提折旧中包含的未实现内部销售损益的抵销问题，也涉及每期累计折旧中包含的未实现内部销售损益的抵销问题。相对来说，内部固定资产交易的抵销处理，要比一般的内部商品交易的抵销处理复杂得多。

为了便于理解，本节将财务报表中的“固定资产”项目细化为“固定资产原价”项目、“累计折旧”项目以及“固定资产净值”项目来介绍内部交易固定资产相关的合并抵销处理。

二、内部固定资产交易当期的合并处理

（一）内部固定资产交易的抵销处理

1. 企业集团内部固定资产变卖交易的抵销处理

在合并工作底稿中编制抵销分录时，应当按照该内部交易固定资产的转让价格与其原账面价值之间的差额，借记“营业外收入”科目，贷记“固定资产原价”科目。如果该内部交易的固定资产转让价格低于原账面价值，则按其差额，借记“固定资产原价”科目，贷记“营业外支出”科目。

【例 10－11】P 公司和 S 公司为甲公司控制下的两个子公司。P 公司将其净值为 1950 万元的某厂房，以 2300 万元的价格变卖给 S 公司作为固定资产使用。P 公司因该内部固定资产交易实现收益 350 万元，并列示于其个别利润表中。S 公司以 2300 万元的金额将该厂房作为固定资产的原价入账，并列示其个别资产负债表中。

在该内部固定资产交易中，P 公司因交易实现营业外收入 350 万元。编制合并财务报表时，甲公司必须将因该固定资产交易实现的营业外收入与固定资产原价中包含的未实现内部销售损益的数额予以抵销。其抵销分录如下：

借：营业外收入　　350

　　贷：固定资产原价　　350

通过上述抵销处理后，该内部固定资产交易所实现的损益予以抵销，该厂房的原价通过抵销处理后调整为 1950 万元。

2. 企业集团内部产品销售给其他企业作为固定资产的交易的抵销处理

在合并工作底稿中编制抵销分录将其抵销时，应当借记“营业收入”科目，贷记“营业成本”科目和“固定资产原价”科目。其中借记“营业收入”科目的数额，为销售企业销售该产品的销售收入；贷记“营业成本”科目的数额，为销售企业销售该产品结转的销售成本；贷记“固定资产原价”科目的数额，为销售企业销售该产品的销售收入与销售成本之间的差额，即该内部交易所形成的固定资产原价中包含的未实现内部销售损益的数额。

【例 10－12】P 公司和 S 公司为甲公司控制下的两个子公司。20×1 年 12 月，P 公司将自己生产的产品销售给 S 公司作为固定资产使用，P 公司销售该产品的销售收入为 2520 万元，销售成本为 1800 万元，S 公司以 2520 万元的价格作为该固定资产的原价入账。

此时，与一般的内部商品交易的抵销处理相似，编制合并财务报表时，甲公司应当将该产品的销售收入 2520 万元及其销售成本 1800 万元，以及 S 公司固定资产原价中包含的未实现内部销售损益 720 万元（2520－1800）予以抵销。在合

并工作底稿中应进行如下抵销处理：

借：营业收入　　2520　①

　　贷：营业成本　　1800

　　　　固定资产原价　　720

其合并工作底稿（局部）如表10－11所示。

表10－11　合并工作底稿（局部）　　单位：万元

项目	P公司	S公司	合计	调整分录		抵销分录		少数股东权益	合并数
				借方	贷方	借方	贷方		
（资产负债表项目）									
……									
固定资产原价		2520	2520				720①		1800
累计折旧		0	0						0
固定资产净值		2520	2520				720		1800
……									
（利润表项目）									
营业收入	2520		2520			2520①			0
营业成本	1800		1800				1800①		0
……									
营业利润	720		720			2520	1800		0
……									
净利润	720		720			2520	1800		0
（股东权益变动表项目）									
未分配利润（期初）	0		0						0
……									
未分配利润（期末）	720		720			2520	1800		0

（二）内部固定资产交易当期且计提折旧的合并处理

在发生内部固定资产交易当期编制合并财务报表时，首先必须将该内部固定资产交易相关销售收入、销售成本以及形成的固定资产原价中包括的未实现内部销售损益予以抵销。其次购买企业使用该内部交易固定资产并计提折旧，其折旧费用计入当期损益，由于购买企业是以该固定资产的取得成本作为其原价计提折旧，在取得成本中包含有销售企业由于该内部固定资产交易所实现的损益（即未实现内部销售损益），相应地，在该内部交易固定资产使用过程中其各期计提的折旧额中，也包含有未实现内部销售损益摊销的金额。因此，还必须将当期该内部交易固定资产计提的折旧额中相当于未实现内部销售损益的摊销金额即多计提的折旧数额，从该内部交易固定资产当期计提的折旧费用和该固定资产累计折旧中予以抵销。其合并抵销处理如下：

（1）将内部交易固定资产相关的销售收入、销售成本以及其原价中包含的未实现内部销售损益予以抵销，即按销售企业由于该固定资产交易所实现的销售收入，借记“营业收入”科目，按照其销售成本，贷记“营业成本”科目，按照该内部交易固定资产的销售收入与销售成本之间的差额（即原价中包含的未实现内部销售损益的数额），贷记“固定资产原价”科目。

（2）将内部交易固定资产当期因未实现内部销售损益而多计提的折旧费用和累计折旧予以抵销。对固定资产计提折旧，企业进行会计处理时，一方面增加当期的费用，另一方面形成累计折旧。对因内部交易固定资产当期使用多计提的折旧进行抵销处理时，应按当期多计提的数额，借记“累计折旧”科目，贷记“管理费用”等科目（为便于理解，本节有关内部交易固定资产均假定为管理用固定资产，其各期多计提的折旧费用均通过“管理费用”项目进行抵销处理）。

【例10－13】P公司和S公司为甲公司控制下的两个子公司。20×1年1月1日，P公司将自己生产的产品销售给S公司作为固定资产使用，P公司销售该产品的销售收入为2520万元，销售成本为1800万元。S公司以2520万元的价格作为该固定资产的原价入账。S公司购买的该固定资产用于公司的行政管理，该固定资产属于不需要安装的固定资产，当月投入使用，其折旧年限为4年，预计净残值为零。为简化合并处理，假定该内部交易固定资产在交易当年按12个月计提折旧。

甲公司在编制合并财务报表时，应当进行如下抵销处理：

（1）将该内部交易固定资产相关销售收入与销售成本及原价中包含的未实现内部销售利润予以抵销。本例中，P公司因该内部交易确认销售收入2520万元，结转销售成本1800万元；S公司该固定资产的原价为2520万元，其中包含的未实现内部销售损益为720万元（2520－1800）。在合并工作底稿中应进行如下抵销处理：

借：营业收入	2520	①
贷：营业成本		1800
固定资产原价		720

（2）将当年计提的折旧和累计折旧中包含的未实现内部销售损益予以抵销。该固定资产在S公司按4年的折旧年限计提折旧，每年计提折旧630万元，其中每年计提的折旧和累计折旧中均包含未实现内部销售损益的摊销额180万元。在

合并工作底稿中应进行如下抵销处理：

借：累计折旧　　180　②

　　贷：管理费用　　180

其合并工作底稿（局部）如表 10－12 所示。

表 10－12　合并工作底稿（局部）　　单位：万元

项目	P 公司	S 公司	合计	调整分录		抵销分录		少数股东权益	合并数
				借方	贷方	借方	贷方		
（资产负债表项目）									
……									
固定资产原价		2520	2520				720①		1800
累计折旧		630	630			180②			450
固定资产净值		1890	1890			180	720		1350
……									
（利润表项目）									
营业收入	2520		2520			2520①			0
营业成本	1800		1800				1800①		0
……									
管理费用		630	630				180②		450
……									
营业利润	720	－630	90			2520	1980		－450
……									
净利润	720	－630	90			2520	1980		－450
（股东权益变动表项目）									
未分配利润（期初）	0	0	0						0
……									
未分配利润（期末）	720	－630	90			2520	1980		－450

通过上述抵销分录，在合并工作底稿中累计折旧额减少 180 万元，其合并数为 450 万元；管理费用减少 180 万元，其合并数为 450 万元。

三、内部交易固定资产取得后至处置前期间的合并处理

在以后的会计期间，具体抵销程序如下：

（1）将内部交易固定资产原价中包含的未实现内部销售损益抵销，并调整

期初未分配利润，即按照固定资产原价中包含的未实现内部销售损益的数额，借记“期初未分配利润”科目，贷记“固定资产原价”科目。

（2）将以前会计期间内部交易固定资产多计提的累计折旧抵销，并调整期初未分配利润，即按照以前会计期间抵销该内部交易固定资产因包含未实现内部销售损益而多计提（或少计提）的累计折旧额，借记“累计折旧”科目，贷记“期初未分配利润”科目。

（3）将当期由于该内部交易固定资产因包含未实现内部销售损益而多计提的折旧费用予以抵销，并调整本期计提的累计折旧额，即按照本期该内部交易的固定资产多计提的折旧额，借记“累计折旧”科目，贷记“管理费用”等科目。

【例 10－14】接【例 10－13】。S 公司 20×2 年其个别资产负债表中，该内部交易固定资产原价为 2520 万元，累计折旧为 1260 万元，该固定资产净值为 1260 万元。该内部交易固定 20×2 年计提折旧为 630 万元。20×1 年度合并工作底稿（局部）如【例 10－13】所示。

甲公司编制 20×2 年度合并财务报表时，应当进行如下抵销处理：

（1）借：期初未分配利润　720　①
　　　贷：固定资产原价　720
（2）借：累计折旧　180　②
　　　贷：期初未分配利润　180
（3）借：累计折旧　180　③
　　　贷：管理费用　180

其合并工作底稿（局部）如表 10－13 所示。

表 10－13　合并工作底稿（局部）　　单位：万元

项目	P 公司	S 公司	合计	调整分录		抵销分录		少数股东权益	合并数
				借方	贷方	借方	贷方		
（资产负债表项目）									
……									
固定资产原价		2520	2520				720①		1800
累计折旧		1260	1260			180② 180③			900
固定资产净值		1260	1260			360	720		900
……									

续表

项目	P公司	S公司	合计	调整分录		抵销分录		少数股东权益	合并数
				借方	贷方	借方	贷方		
（利润表项目）									
营业收入	0		0						0
营业成本	0		0						0
……									
管理费用		630	630				180③		450
……									
营业利润	0	-630	-630				180		-450
……									
净利润	0	-630	-630				180		-450
（股东权益变动表项目）									
未分配利润（期初）	720	-630	90			720①	180②		-450
……									
未分配利润（期末）	720	-1260	-540			720	360		-900

【例10-15】接【例10-14】。S公司20×3年个别资产负债表中，该内部交易固定资产原价为2520万元，累计折旧为1890万元，该固定资产净值为630万元。该内部交易固定资产20×3计提折旧为630万元，20×1年、20×2年合并工作底稿（局部）分别如【例10-13】和【例10-14】所示。

甲公司编制20×3年度合并财务报表时，应当进行如下抵销处理：

（1）借：期初未分配利润　　720　①

　　　贷：固定资产的价　　720

（2）借：累计折旧　　360　②

　　　贷：期初未分配利润　　360

（3）借：累计折旧　　180　③

　　　贷：管理费用　　180

根据上述抵销分录，编制其合并工作底稿（局部）如表10-14所示。

表 10－14 合并工作底稿（局部） 单位：万元

项目	P公司	S公司	合计	调整分录		抵销分录		少数股东权益	合并数
				借方	贷方	借方	贷方		
（资产负债表项目）									
……									
固定资产原价		2520	2520				720①		1800
累计折旧		1890	1890			360② 180③			1350
固定资产净值		630	630			540	720		450
……									
（利润表项目）									
营业收入	0		0						0
营业成本	0		0						0
……									
管理费用		630	630				180③		450
……									
营业利润	0	－630	－630				180		－450
……									
净利润	0	－630	－630				180		－450
（股东权益变动表项目）									
未分配利润（期初）	720	－1260	－540			720①	360②		－900
……									
未分配利润（期末）	720	－1890	－1170			720	540		－1350

第四节 内部无形资产交易的合并处理

内部无形资产交易是企业集团内部发生交易的一方涉及无形资产的交易，如企业集团内部某一成员企业将自身拥有的专利权、专有技术等转让出售给其他成员企业作为无形资产继续使用。对于内部无形资产交易，在编制合并财务报表时，首先必须将由于转让出售无形资产所产生的收入、成本及购入企业无形资产入账价值中包含的未实现内部销售损益予以抵销。其次随着无形资产价值的摊

销，无形资产价值中包含的未实现内部销售损益也随之计入当期费用，为此也必须对内部交易无形资产摊销计入相关费用项目进行抵销处理。

为了便于理解，本节将财务报表中的“无形资产”项目，细化为“无形资产”项目、“累计摊销”项目以及“无形资产净额”项目来介绍内部交易无形资产相关的合并抵销处理。

一、内部无形资产交易当期的合并处理

进行合并处理时，按照内部交易时该无形资产账面价值中包含的未实现内部销售损益的数额，借记“营业外收入”科目，按交易时该内部交易无形资产账面价值中包含的未实现内部销售损益的数额，贷记“无形资产”科目，同时按本期该内部交易无形资产摊销额中包含的未实现内部销售损益的数额（即该无形资产价值中包含的未实现内部销售损益除以该无形资产的摊销年限得出的金额）借记“累计摊销”科目，贷记“管理费用”科目。

【例 10－16】甲公司系乙公司的母公司，甲公司 20×5 年 1 月 7 日向乙公司转让无形资产一项，转让价格为 1230 万元，该无形资产的账面成本为 1050 万元。乙公司购入该无形资产后，即投入使用，确定使用年限为 5 年。乙公司 20×5年 12 月 31 日资产负债表中无形资产项目的金额为 984 万元，利润表管理费用项目中记有当年摊销的该无形资产价值 246 万元。

此时，乙公司该无形资产入账价值为 1230 万元，其中包含的未实现内部销售利润为 180 万元；按 5 年的期限，本期摊销的金额为 246 万元（与固定资产不同，无形资产从取得的当月起开始摊销），其中包含的未实现内部销售利润的摊销额为 36 万元。

甲公司在编制 20×5 年度合并财务报表时，应当对该内部无形资产交易进行如下抵销处理：

（1）将乙公司受让取得该内部交易无形资产时其价值中包含的未实现内部销售利润抵销：

借：营业外收入　　180　①

　　贷：无形资产　　180

（2）将乙公司本期该内部交易无形资产价值摊销额中包含的未实现内部销售利润抵销：

借：累计摊销　　36　②

　　贷：管理费用　　36

其合并工作底稿（局部）如表 10－15 所示。

表 10－15　合并工作底稿（局部）　　单位：万元

项目	甲公司	乙公司	合计	调整分录		抵销分录		少数股东权益	合并数
				借方	贷方	借方	贷方		
（资产负债表项目）									
……									
无形资产	0	1230	1230				180①		1050
累计摊销		246	246			36②			210
无形资产净额		984	984			36	180		840
……									
（利润表项目）									
……									
管理费用		246	246				36②		210
……									
营业利润		－246	－246				36		－210
……									
营业外收入	180		180			180①			0
……									
净利润	180	－246	－66			180	36		－210
（股东权益变动表项目）									
未分配利润（期初）	0	0	0						0
……									
未分配利润（期末）	180	－246	－66			180	36		－210

对于抵销分录（1），可以理解为将购入时该无形资产价值中包含的未实现内部销售损益予以抵销。对于抵销分录（2），则可以理解为将本期无形资产累计摊销中因内部交易无形资产价值中包含未实现内部销售损益而多计算的摊销额以及当期多计提的无形资产摊销费用予以抵销。

二、内部交易无形资产持有期间的合并处理

进行合并处理时，按受让时内部交易无形资产价值中包含的未实现内部销售损益的数额，借记“期初未分配利润”科目，贷记“无形资产”科目；按上期期末该内部交易无形资产累计摊销金额中包含的已摊销未实现内部销售损益的数额，借记“累计摊销”科目，贷记“期初未分配利润”科目；按本期因该内部交易无形资产价值中包含未实现内部销售损益而多计算的摊销金额，借记“累计

摊销”科目，贷记“管理费用”科目。

【例10－17】接【例10－16】。20×6年12月31日乙公司个别资产负债表无形资产项目的金额为738万元，利润表管理费用项目中记有当年摊销的该无形资产价值246万元。20×5年度合并工作底稿（局部）如【例10－16】所示。

本例中，乙公司该无形资产取得时入账价值为1230万元，其中包含的未实现内部销售利润为180万元；该无形资产按5年的使用期限摊销，每期摊销金额为246万元，到20×6年12月31日乙公司该内部交易无形资产累计摊销额为492万元，包括上年结转的累计摊销额和本期发生的无形资产摊销额各246万元，上年结转的累计摊销额中包含20×5年因内部交易无形资产价值中包含未实现内部销售利润而多计算的摊销额36万元；此外，本期因该内部交易无形资产使用而计算的摊销额246万元，其中也包括因该无形资产价值中包含的未实现内部销售利润而多计算的摊销额36万元。

甲公司在编制20×6年度合并财务报表时，应当对该内部无形资产交易进行如下抵销处理：

（1）将乙公司取得该无形资产时其价值中包含的未实现内部销售利润抵销：

借：期初未分配利润　　180　①

　　贷：无形资产　　180

（2）将乙公司上期期末该无形资产价值摊销额中包含的已摊销未实现内部销售利润抵销：

借：累计摊销　　36　②

　　贷：期初未分配利润　　36

（3）将乙公司本期摊销的该无形资产价值中包含的未实现内部销售利润的摊销额抵销：

借：累计摊销　　36　③

　　贷：管理费用　　36

其合并工作底稿（局部）如表10－16所示。

表10－16　合并工作底稿（局部）　　单位：万元

项目	甲公司	乙公司	合计	调整分录		抵销分录		少数股东权益	合并数
				借方	贷方	借方	贷方		
（资产负债表项目）									
……									
无形资产	0	1230	1230				180①		1050

续表

项目	甲公司	乙公司	合计	调整分录		抵销分录		少数股东权益	合并数
				借方	贷方	借方	贷方		
累计摊销		492	492			36② 36③			420
无形资产净额	0	738	738			72	180		630
……									
（利润表项目）									
……									
管理费用	0	246	246				36③		210
……									
营业利润	0	-246	-246				36		-210
……									
营业外收入	0								0
……									
净利润	0	-246	-246				36		-210
（股东权益变动表项目）									
未分配利润（期初）	180	-246	-66			180①	36②		-210
……									
未分配利润（期末）	180	-492	-312			180	72		-420

甲公司在编制20×7年度合并财务报表时，该内部无形资产交易相关的抵销处理如下：

（1）将乙公司取得该无形资产时其价值中包含的未实现内部销售利润抵销：

借：期初未分配利润　　180　①

　　贷：无形资产　　180

（2）将乙公司上期期末该无形资产价值摊销额中包含的已摊销未实现内部销售利润抵销：

借：累计摊销　　72　②

　　贷：期初未分配利润　　72

（3）将乙公司本期摊销的该无形资产价值中包含的未实现内部销售利润的摊销抵销：

借：累计摊销　　36　③

　　贷：管理费用　　36

其合并工作底稿（局部）如表 10－17 所示。

表 10－17　合并工作底稿（局部）　　单位：万元

项目	甲公司	乙公司	合计	调整分录		抵销分录		少数股东权益	合并数
				借方	贷方	借方	贷方		
（资产负债表项目）									
……									
无形资产		1230	1230				180①		1050
累计摊销		738	738			72② 36③			630
无形资产净额	0	492	492			108	180		420
……									
（利润表项目）									
……									
管理费用	0	246	246				36③		210
……									
营业利润	0	－246	－246				36		－210
……									
营业外收入	0								0
……									
净利润	0	－246	－246				36		－210
（股东权益变动表项目）									
未分配利润（期初）	180	－492	－312			180①	72②		－420
……									
未分配利润（期末）	180	－738	－558			180	108		－630

甲公司在编制 20×8 年度合并财务报表时，该内部无形资产交易相关的抵销处理如下：

（1）将乙公司取得该无形资产时其价值中包含的未实现内部销售利润抵销：

借：期初未分配利润　　180　①

　　贷：无形资产　　180

（2）将乙公司上期期末该无形资产价值摊销额中包含的已摊销未实现内部销售利润抵销：

借：累计摊销　　108　②

　　贷：期初未分配利润　　108

(3) 将乙公司本期摊销的该无形资产价值中包含的未实现内部销售利润的摊销抵销:

借:累计摊销　　36　③

　　贷:管理费用　　36

其合并工作底稿(局部)如表 10-18 所示。

表 10-18　合并工作底稿(局部)　　单位:万元

项目	甲公司	乙公司	合计	调整分录		抵销分录		少数股东权益	合并数
				借方	贷方	借方	贷方		
(资产负债表项目)									
……									
无形资产		1230	1230				180①		1050
累计摊销		984	984			108② 36③			840
无形资产净额	0	246	246			144	180		210
……									
(利润表项目)									
……									
管理费用	0	246	246				36③		210
……									
营业利润	0	-246	-246				36		-210
……									
营业外收入	0								0
……									
净利润	0	-246	-246				36		-210
(股东权益变动表项目)									
未分配利润(期初)	180	-738	-558			180①	108②		-630
……									
未分配利润(期末)	180	-984	-804			180	144		-840

三、内部无形资产交易摊销完毕的期间的合并处理

从购买企业来说,该内部交易无形资产到期时,其账面价值已摊销完毕,包

含于其中的未实现内部销售损益的数额也摊销完毕，无形资产账面价值经摊销后为零。对于转让企业来说，因该内部交易无形资产实现的收益，作为期初未分配利润的一部分结转到以后的会计期间，直到购买企业对该内部交易无形资产到期的会计期间。从整个企业来说，随着该内部交易无形资产的使用期满，其包含的未实现内部销售损益也转化为已实现损益。由于销售企业因该内部交易无形资产所实现的收益，作为期初未分配利润的一部分结转到购买企业该内部交易无形资产到期的会计期间，为此首先必须调整期初未分配利润。其次，在该无形资产到期的会计期间，本期无形资产摊销额中仍然包含无形资产价值中包含的未实现内部销售损益的摊销额，这一数额仍须进行抵销处理。

【例 10－18】接【例 10－17】。20×9 年 12 月，乙公司该内部交易无形资产使用期满，在其个别资产负债表中已无该无形资产摊余价值，在其个别利润表管理费用中仍包含该无形资产使用本期摊销额 246 万元。20×5 年度、20×6 年度至 20×8 年度合并工作底稿（局部）如【例 10－16】和【例 10－17】所示。

甲公司在编制 20×9 年度合并财务报表时，该内部无形资产交易相关的抵销处理如下：

（1）将乙公司取得该无形资产时其价值中包含的未实现内部销售利润抵销：

借：期初未分配利润　　180　①

　　贷：无形资产　　180

（2）将乙公司上期期末该无形资产价值摊销额中包含的已摊销未实现内部销售利润抵销：

借：累计摊销　　144　②

　　贷：期初未分配利润　　144

（3）将乙公司本期摊销的该无形资产价值中包含的未实现内部销售利润的摊销抵销：

借：累计摊销　　36　③

　　贷：管理费用　　36

其合并工作底稿（局部）如表 10－19 所示。

表 10－19　合并工作底稿（局部）　　　单位：万元

项目	甲公司	乙公司	合计	调整分录		抵销分录		少数股东权益	合并数
				借方	贷方	借方	贷方		
（资产负债表项目）									
……									

续表

项目	甲公司	乙公司	合计	调整分录		抵销分录		少数股东权益	合并数
				借方	贷方	借方	贷方		
无形资产	0	0	0				180①		-180
累计摊销	0	0	0			144② 36③			180
无形资产净额	0	0	0			180	180		0
……									
（利润表项目）									
……									
管理费用	0	246	246				36③		210
……									
营业利润	0	-246	-246				36		-210
……									
营业外收入	0								0
……									
净利润	0	-246	-246				36		-210
（股东权益变动表项目）									
未分配利润（期初）	180	-984	-804			180①	144②		-840
……									
未分配利润（期末）	180	-1230	-1050			180	180		-1050

思 考 题

（1）集团内部交易包括哪些内容？

（2）编制合并财务报表时，如何进行内部商品交易及债权债务的合并处理？

（3）编制合并财务报表时，如何进行内部固定资产交易及无形资产交易的合并处理？

第十一章　合并财务报表（三）

学习目标

（1）理解掌握特殊交易在合并财务报表中的会计处理。
（2）理解掌握所得税会计相关的合并处理。
（3）了解合并现金流量表的编制。

第一节　特殊交易在合并财务报表中的会计处理

一、追加投资的会计处理

追加投资，包括母公司购买子公司少数股东拥有的子公司股权和企业因追加投资等原因能够对非同一控制下的被投资方实施控制的两种情况。合并财务报表中的会计处理应当分为下列两种情况：

（一）母公司购买子公司少数股东拥有的子公司股权

母公司购买子公司少数股东拥有的子公司股权的，在合并财务报表中，因购买少数股权新取得的长期股权投资与按照新增持股比例计算应享有子公司自购买日或合并日开始持续计算的净资产份额之间的差额，应当调整母公司个别报表中的资本公积（资本溢价或股本溢价），资本公积不足冲减的，调整留存收益。

【例 11－1】2×11 年 12 月 25 日，甲公司以 8000 万元取得乙公司 60% 的股权，能够对乙公司实施控制，形成非同一控制下的企业合并。2×12 年 12 月 21 日，甲公司又以公允价值为 2000 万元、原账面价值为 1500 万元的固定资产作为对价，自乙公司的少数股东取得乙公司 10% 的股权。本例中甲公司与乙公司的少数股东在交易前不存在任何关联方关系（不考虑所得税等影响）。

2×11 年 12 月 25 日，甲公司在取得乙公司 60% 股权时，乙公司可辨认净资产公允价值为 11000 万元。

2×12 年 12 月 21 日，乙公司自购买日开始持续计算的净资产账面价值为 12000 万元。

本例中，2×12 年 12 月 21 日，甲公司进一步取得乙公司 10% 的股权时，甲公司合并财务报表的会计处理如下：

合并财务报表中，乙公司的有关资产、负债按照自购买日开始持续计算的价值进行合并，无须按照公允价值进行重新计量。甲公司按新增持股比例计算应享有自购买日开始持续计算的净资产份额为 1200 万元（12000×10%），与新增长期股权投资 2000 万元之间的差额为 800 万元，在合并资产负债表中应调整所有者权益相关项目，首先调整归属于母公司的资本公积（资本溢价或股本溢价），资本公积不足冲减的，冲减归属于母公司的盈余公积，盈余公积不足冲减的，冲减归属于母公司的未分配利润。

甲公司作为对价的固定资产的公允价值 2000 万元与账面价值 1500 万元的差异 500 万元，应计入甲公司利润表中的营业外收入。

（二）企业因追加投资等原因能够对非同一控制下的被投资方实施控制

企业因追加投资等原因，通过多次交易分步实现非同一控制下的企业合并，在合并财务报表上，首先，应结合分步交易各个步骤的协议条款，以及各个步骤中所分别取得的股权比例、取得对象、取得方式、取得时点及取得对价等信息来判断分步交易是否属于“一揽子交易”。

各项交易的条款、条件以及经济影响符合以下一种或多种情况的，通常应将多次交易事项作为“一揽子交易”进行会计处理：①这些交易是同时或者在考虑了彼此影响的情况下订立的。②这些交易整体才能达成一项完整的商业结果。③一项交易的发生取决于至少一项其他交易的发生。④一项交易单独看是不经济的，但是与其他交易一并考虑时是经济的。

如果分步取得对子公司股权投资直至取得控制权的各项交易属于“一揽子交易”，应当将各项交易作为一项取得子公司控制权的交易进行会计处理。

如果分步取得对子公司股权投资直至取得控制权的各项交易不属于“一揽子交易”，在合并财务报表中，对于购买日之前持有的被购买方的股权，应当按照该股权在购买日的公允价值进行重新计量，公允价值与其账面价值之间的差额计入当期投资收益；购买日之前持有的被购买方的股权涉及权益法核算下的其他综合收益、其他所有者权益变动的，应当转为购买日所属当期收益，由于被投资方重新计量设定受益计划净负债或净资产变动而产生的其他综合收益除外。

购买方应当在附注中披露其在购买日之前持有的被购买方的股权在购买日的公允价值、按照公允价值重新计量产生的相关利得或损失的金额。

【例11-2】2×10年1月1日，甲公司以每股5元的价格购入乙上市公司股票400万股，并由此持有乙公司4%股权。投资前甲公司与乙公司不存在关联方关系。甲公司将对乙公司的该项投资作为可供出售金融资产。2×12年1月1日，甲公司以现金1.85亿元为对价，向乙公司大股东收购乙公司50%的股权，从而取得对乙公司的控制权；乙公司当日股价为每股7元，乙公司可辨认净资产的公允价值为2.5亿元。甲公司购买乙公司4%股权和后续购买50%的股权不构成“一揽子交易”（不考虑所得税等影响）。

甲公司在编制合并财务报表时，首先，应考虑对原持有股权按公允价值进行重新计量。因为甲公司将原持有乙公司4%的股权作为可供出售金融资产，所以2×12年1月1日，该股权的公允价值与其账面价值相等，为2800万元，不存在差额；同时，将原计入其他综合收益的800万元[400×(7-5)]转入合并当期投资收益。

其次，按照企业合并准则有关非同一控制下企业合并的相关规定，甲公司购买乙公司股权并取得控制权的合并对价为2.13亿元（原持有股权在购买日的公允价值2800万元+合并日应支付的对价1.85亿元）。由于甲公司享有乙公司于购买日的可辨认净资产公允价值的份额为1.35亿元（2.5×54%），因此，购买日形成的商誉为0.78亿元（2.13-1.35）。

【例11-3】2×10年1月1日，甲公司以现金2000万元取得乙公司20%股权并具有重大影响，按权益法进行核算。当日，乙公司可辨认净资产公允价值为1.2亿元。2×12年1月1日，甲公司另支付现金6150万元取得乙公司40%股权，并取得对乙公司的控制权。2×12年1月1日，甲公司原持有的对乙公司20%股权的公允价值为3000万元，账面价值为2500万元（其中，与乙公司权益法核算相关的累计净损益为150万元、累计其他综合收益为350万元）；乙公司可辨认净资产公允价值为1.5亿元（不考虑所得税等影响）。

甲公司在编制合并财务报表时，首先应对原持有股权按照公允价值进行重新计量。在购买日（2×12年1月1日），该项股权投资的公允价值为3000万元，与其账面价值2500万元之间的差额500万元，应计入合并当期投资收益；同时，将原计入其他综合收益的350万元转入合并当期投资收益。

其次按照《企业合并准则》有关非同一控制下企业合并的相关规定，甲公司购买乙公司股权并取得控制权的合并对价应为9150万元（原持有股权于购买日的公允价值3000万元+合并日新支付的对价6150万元）。由于甲公司享有乙公司在购买日的可辨认净资产公允价值的份额为9000万元(1.5×60%)，因此，购买日形成的商誉为0.015亿元（9150－9000）。

（三）通过多次交易分步实现的同一控制下企业合并

对于分步实现的同一控制下企业合并，在编制合并财务报表时，应视同参与合并的各方在最终控制方开始控制时即以目前的状态存在进行调整，在编制比较报表时，以不早于合并方和被合并方同处于最终控制方的控制之下的时点开始，将被合并方的有关资产、负债并入合并方合并财务报表的比较报表中，并将合并而增加的净资产在比较报表中调整所有者权益项下的相关项目。

为避免对被合并方净资产的价值进行重复计算，合并方在取得被合并方控制权之前持有的股权投资，在取得原股权之日与合并方和被合并方同处于同一方最终控制之日孰晚日起至合并日之间已确认有关损益、其他综合收益以及其他净资产变动，应分别冲减比较报表期间的期初留存收益或当期损益。

【例11－4】A公司为甲公司的全资子公司。2×10年1月1日，A公司与非关联方乙公司分别出资300万元及700万元设立B公司，并分别持有B公司30%及70%的股权。

2×11年1月1日，甲公司向乙公司收购其持有B公司70%的股权，B公司成为甲公司的全资子公司，当日B公司净资产的账面价值与其公允价值相等。

2×12年1月1日，A公司向甲公司购买其持有B公司70%的股权，B公司成为A公司的全资子公司。

A公司与乙公司不存在关联关系，A公司购买B公司70%股权的交易和原取得B公司30%股权的交易不属于“一揽子交易”，A公司在可预见的未来打算一直持有B公司股权。

2×10年1月1日至2×11年1月1日B公司实现净利润600万元，2×11年1月1日至2×12年1月1日实现净利润400万元（不考虑所得税等影响）。

本例中，2×12年1月1日，A公司从甲公司手中购买B公司70%股权的交易属于同一控制下企业合并。并且A公司自2×11年1月1日起与B公司同受甲公司最终控制，A公司合并财务报表应自取得原股权之日（2×10年1月1日）和双方同处于同一方最终控制之日（2×11年1月1日）孰晚日（2×11年1月1日）起，将B公司纳入合并范围，即视同自2×11年1月1日起，A公司即持有B公司100%股权，并重溯2×11年1月1日的报表项目。2×10年1月1日至2×11年1月1日的合并财务报表不应重溯。

2×11年1月1日，B公司净资产的账面价值为1600万元（1000＋600）。此前，A公司持有对乙公司的长期股权投资的账面价值为480万元（300＋600×30%）。因此，A公司在编制合并财务报表时，并入B公司2×11年（比较期间）年初项资产、负债后，因合并而增加净资产1600万元，冲减长期股权投资

账面价值640万元，两者之间的差额调增资本公积1120万元（1600－480）。

借：资产、负债　1600

　贷：长期股权投资　480

　　资本公积　1120

2×11年1月1日合并日，A公司的各报表项目，除按照本书“第九章合并财务报表的合并程序”的一般规定编制合并分录外，还应冲减2×11年1月1日至2×12年1月1日对B公司40%的长期股权投资的权益法核算结果。即冲减期初留存收益90万元（300×30%）。

借：期初留存收益　90

　贷：长期股权投资　90

如果合并日不在年初，对于B公司当年实现的净利润中按照权益法核算归属于A公司的份额，还应冲减当期投资收益。

二、处置对子公司投资的会计处理

处置对子公司投资，包括母公司处置对子公司的长期股权投资但不丧失控制权和处置对子公司的长期股权投资而丧失控制权的两种情况。

（一）母公司在不丧失控制权的情况下部分处置对子公司的长期股权投资

母公司在不丧失控制权的情况下部分处置对子公司的长期股权投资的，处置价款与处置长期股权投资相对应享有子公司自购买日或合并日开始持续计算的净资产份额之间的差额，应当调整资本公积（资本溢价或股本溢价），资本公积不足冲减的，调整留存收益。

（二）母公司因处置对子公司长期股权投资而丧失控制权的

1. 一次交易处置子公司

母公司因处置部分股权投资或其他原因丧失了对原有子公司控制的，在合并财务报表中，对于剩余股权，应当按照丧失控制权日的公允价值进行重新计量。处置股权取得的对价与剩余股权的公允价值之和，减去按原持股比例计算应享有原有子公司自购买日开始持续计算的净资产账面价值份额与商誉之和的差额，计入丧失控制权当期的投资收益。

与原有子公司的股权投资相关的其他综合收益、其他所有者权益变动，应当在丧失控制权时转入当期损益，由于被投资方重新计量设定受益计划净负债或净资产变动而产生的其他综合收益除外。

2. 多次交易分步处置子公司

企业通过多次交易分步处置对子公司股权投资直至丧失控制权，在合并财务报表中，首先应判断分步交易是否属于“一揽子交易”。

如果分步交易不属于“一揽子交易”，则在丧失对子公司控制权以前的各项交易，应按照本节中“（一）母公司在不丧失控制权的情况下部分处置对子公司的长期股权投资”的规定进行会计处理。

如果分步交易属于“一揽子交易”，则应将各项交易作为一项处置原有子公司并丧失控制权的交易进行会计处理，其中，对于丧失控制权之前的每一次交易，处置价款与处置投资对应的享有该子公司自购买日开始持续计算的净资产账面价值的份额之间的差额，在合并财务报表中应当计入其他综合收益，在丧失控制权时一并转入当期的损益。

【例 11 -5】甲公司为集中力量发展主业，计划剥离辅业，处置全资子公司P公司。2×10 年 11 月 27 日，甲公司与 S 公司签订不可撤销的转让协议，约定甲公司向S公司转让其持有的P公司100%股权，对价总额为8000 万元。考虑到股权平稳过渡，双方协议约定，S 公司应在 2×10 年 12 月 31 日之前支付 3000 万元，以先取得P公司20%股权；S公司应在2×11 年 12 月 31 日之前支付5000 万元，以取得 P 公司剩余 80%股权。2×10 年 12 月 31 日至S公司支付剩余价款的期间，P公司仍由甲公司控制，如果P公司在此期间向股东进行利润分配，则后续 80%股权的购买对价按 S 公司已分得的金额进行相应调整。

2×10 年 12 月 31 日，S 公司按照协议约定向甲公司支付 3000 万元，甲公司将 P 公司 20%股权转让给 S 公司，股权变更手续已于当日完成；当日，P 公司自购买日持续计算的净资产账面价值为 6000 万元。

2×11 年 6 月 30 日，S 公司向甲公司支付 5000 万元，甲公司将 P 公司剩余80%股权转让给 S 公司并办理完毕股权变更手续，自此 S 公司取得 P 公司的控制权；当日，P 公司自购买日持续计算的净资产账面价值为 7000 万元。

2×11 年 1 月 1 日至 2×11 年 6 月 30 日，P 公司实现净利润 700 万元，无其他净资产变动事项（不考虑所得税等影响）。

本例中：甲公司通过两次交易分步处置其持有的 P 公司 100%股权：第一次交易处置 P 公司 20%股权，仍保留对 P 公司的控制权；第二次交易处置剩余80%股权，并丧失对 P 公司的控制权。

首先，需要分析上述两次交易是否属于“一揽子交易”：

（1）甲公司处置 P 公司股权是出于集中力量发展优势业务，剥离辅业的考虑，甲公司的目的是全部处置其持有的 P 公司股权，两次处置交易结合起来才能达到其商业目的。

（2）两次交易在同一转让协议中同时约定。

（3）在第一次交易中，20%股权的对价为 3000 万元，相对于 100%股权的对价总额 8000 万元而言，第一次交易单独来看对 S 公司而言并不经济，和第二次交易一并考虑才反映真正的经济影响，此外，如果在两次交易期间 P 公司进行了利润分配，也将据此调整对价，说明两次交易是在考虑了彼此影响的情况下订立的。

因此，在合并财务报表中，两次交易应作为“一揽子交易”，按照分步处置子公司股权至丧失控制权并构成“一揽子交易”的相关规定进行会计处理。

2×10 年 12 月 31 日，甲公司转让持有的 P 公司 20% 股权，在 P 公司中所占股权比例下降至 80%，甲公司仍控制 P 公司。处置价款 3000 万元与处置 20% 股权对应的 P 公司净资产账面价值份额 1200 万元（6000×20%）之间的差额为 1800 万元，在合并财务报表中计入其他综合收益：

借：银行存款　　3000

　　贷：少数股东权益　　1200

　　　　其他综合收益　　1800

2×11 年 1 月 1 日至 2×11 年 6 月 30 日，P 公司作为甲公司持股 80% 的非全资子公司应纳入甲公司合并财务报表合并范围，P 公司实现的净利润 700 万元中归属于 S 公司的份额 140 万元（700×20%），在甲公司合并财务报表中确认少数股东损益 140 万元，并调整少数股东权益。

2×11 年 6 月 30 日，甲公司转让 P 公司剩余 80% 股权，丧失对 P 公司的控制权，不再将 P 公司纳入合并范围。甲公司应终止确认对 P 公司的长期股权投资及少数股东权益等，并将处置价款 5000 万元与享有的 P 公司净资产份额 5600 万元（7000×80%）之间的差额 600 万元，计入当期损益；同时，将第一次交易计入其他综合收益的 1800 万元转入当期损益。

三、因子公司的少数股东增资而稀释母公司拥有的股权比例

如果子公司的少数股东对子公司进行增资，由此稀释了母公司对子公司的股权比例，在这种情况下，应当按照增资前的母公司股权比例计算其在增资前子公司账面净资产中的份额，该份额与增资后按母公司持股比例计算的在增资后子公司账面净资产份额之间的差额计入资本公积，资本公积不足冲减的，调整留存收益。

【例 11-6】2×11 年 1 月 1 日，M 公司和 N 公司分别出资 700 万元和 300 万元设立 B 公司，M 公司、N 公司的持股比例分别为 70% 和 30%。B 公司为 M 公司的子公司。2×12 年 1 月 1 日，N 公司对 B 公司增资 400 万元，增资后占 B 公司股权比例为 35%。增资完成后，M 公司仍控制 B 公司。B 公司除自成立日至增资前实现净利润 1200 万元外，不存在其他影响 B 公司净资产变动的事项（不考虑所得税等影响）。

本例中，在M公司合并财务报表中，N公司对B公司增资的会计处理为：

M公司持股比例原为70%，由于少数股东N公司增资而变为65%。增资前，M公司按照70%的持股比例享有的B公司净资产账面价值为1540万元（2200×70%）；增资后，M公司按照65%持股比例享有的净资产账面价值为1690万元（2600×65%），两者之间的差额为150万元，在M公司合并资产负债表中应调增资本公积。

四、交叉持股的合并处理

交叉持股，是指在由母公司和子公司组成的企业集团中，母公司持有子公司一定比例股份，能够对其实施控制，同时子公司也持有母公司一定比例股份，即相互持有对方的股份。

母子公司有交互持股情形的，在编制合并财务报表时，对于母公司持有的子公司股权，与通常情况下母公司长期股权投资与子公司所有者权益的合并抵销处理相同。对于子公司持有的母公司股权，应当按照子公司取得母公司股权日所确认的长期股权投资的初始投资成本，将其转为合并财务报表中的库存股，作为所有者权益的减项，在合并资产负债表中所有者权益项目下以“减：库存股”项目列示；对于子公司持有母公司股权所确认的投资收益（如利润分配或现金股利），应当进行抵销处理。子公司将所持有的母公司股权分类为可供出售金融资产的，按照公允价值计量的，同时冲销子公司累计确认的公允价值变动。

子公司相互之间持有的长期股权投资，应当比照母公司对子公司的股权投资的抵销方法，将长期股权投资与其对应的子公司所有者权益中所享有的份额相互抵销。

五、逆流交易的合并处理

如果母子公司之间发生逆流交易，即子公司向母公司出售资产，则所发生的未实现内部交易损益，应当按照母公司对该子公司的分配比例在“归属于母公司所有者的净利润”和“少数股东损益”之间分配抵销。

【例11-7】J公司是K公司的母公司，持有K公司70%的股份。2×11年7月1日，K公司向J公司销售商品2000万元，商品销售成本为1500万元，J公司以银行存款支付全款，将购进的该批商品作为存货核算。截至2×11年12月31日，该批商品仍有40%未实现对外销售，也未发生存货跌价损失。此外，J公司与K公司2×11年未发生其他交易（不考虑所得税等影响）。

本例中，2×11年存货中包含的未实现内部销售损益为200万元［（2000－

1500）×40%］。在 2×11 年合并财务报表工作底稿中的抵销分录如下：

借：营业收入　　2000

　贷：营业成本　　1800

　　存货　　200

同时，由于该交易为逆流交易，应将内部销售形成的存货中包含的未实现内部销售损益在 J 公司和 K 公司少数股东之间进行分摊。

在存货中包含的未实现内部销售损益中，归属于少数股东的未实现内部销售损益分摊金额为 60 万元（200×30%）。在 2×11 年合并财务报表工作底稿中的抵销分录如下：

借：少数股东权益　　60

　贷：少数股东损益　　60

子公司之间出售资产所发生的未实现内部交易损益，应当按照母公司对出售方子公司的持股比例在“归属于母公司所有者的净利润”和“少数股东损益”之间分配抵销。

六、其他特殊交易

对于站在企业集团合并财务报表角度的确认和计量结果与其所属的母公司或子公司的个别财务报表层面的确认和计量结果不一致的，在编制合并财务报表时，应站在企业集团角度对该特殊交易事项予以调整。例如，母公司将借款作为实收资本投入子公司用于长期资产的建造，母公司应在合并财务报表层面反映借款利息的资本化金额。再如，子公司将作为投资性房地产的大厦，出租给集团内其他企业使用，母公司应在合并财务报表层面作为固定资产反映。

第二节　所得税会计相关的合并处理

在编制合并财务报表时，由于需要对企业集团内部交易进行合并抵销处理，由此可能导致在合并财务报表中反映的资产、负债账面价值与其计税基础不一致。为了使合并财务报表全面反映所得税的相关影响，特别是当期所负担的所得税费用的情况，应当进行所得税会计核算，在计算确定资产、负债的账面价值与计税基础之间差异的基础上，确认相应的递延所得税资产或递延所得税负债。

一、内部应收款项相关所得税会计的合并抵销处理

在编制合并财务报表时，随着内部债权债务的抵销，也必须将内部应收账款计提的坏账准备予以抵销。通过对其进行合并抵销处理后，合并财务报表中该内部应收账款已不存在。由内部应收账款账面价值与计税基础之间的差异所形成的暂时性差异也不能存在。在编制合并财务报表时，对持有该集团内部应收款项的企业因该暂时性差异确认的递延所得税资产则需要进行抵销处理。

【例 11－8】丙公司为丁公司的母公司。假设丙公司本期个别资产负债表应收账款中有 6800 万元为应收丁公司账款，该应收账款账面余额为 7200 万元，丙公司当年对其计提坏账准备 400 万元。丁公司本期个别资产负债表中列示有应付丙公司账款 7200 万元。丙公司和丁公司适用的所得税税率均为 25%。

丙公司在编制合并财务报表时，其合并抵销处理如下：

（1）将内部应收账款与应付账款相互抵销，其抵销分录如下：

借：应付账款　　7200　①

　　贷：应收账款　　7200

（2）将内部应收账款计提的坏账准备予以抵销，其抵销分录如下：

借：应收账款　　400　②

　　贷：资产减值损失　　400

（3）将丁公司对内部应收账款计提坏账准备导致暂时性差异确认的递延所得税资产予以抵销。本例中，丁公司在其个别财务报表中，对应收丁公司账款计提坏账准备 400 万元，由此导致应收丁公司账款的账面价位调整为 6800 万元，而该应收账款的计税基础仍为 7200 万元，应收丁公司账款的账面价值 6800 万元与其计税基础 7200 万元之间的差额 400 万元，则形成当年暂时性差异。对此，按照所得税会计准则的规定，应当确认该暂时性差异相应的递延税款资产 100 万元（400×25%）。丁公司在其个别财务报表中确认递延所得税资产时，一方面借记“递延所得税资产”科目 100 万元，另一方面贷记“所得税费用”科目 100 万元。在编制合并财务报表时随着内部应收账款及其计提的坏账准备的抵销，在合并财务报表中该应收账款已不存在，由丁公司在其个别财务报表中因应收丁公司账款账面价值与其计税基础之间形成的暂时性差异也不存在，对该暂时性差异确认的递延所得税资产则需要予以抵销。在编制合并财务报表对其进行合并抵销处理时，其抵销分录如下：

借：所得税费用　　100　③

　　贷：递延所得税资产　　100

根据上述抵销分录，编制合并工作底稿（局部）如表 11－1 所示。

表 11－1 合并工作底稿（局部） 单位：万元

项目	丙公司	丁公司	合计	调整分录		抵销分录		少数股东权益	合并数
				借方	贷方	借方	贷方		
（资产负债表项目）									
……									
应收账款	6800		6800			400②	7200①		0
……									
递延所得税资产	100		100				100③		0
……									
应付账款		7200	7200			7200①			0
……									
（利润表项目）									
……									
资产减值损失	400		400				400②		0
……									
营业利润	－400		－400				400		0
……									
利润总额									
所得税费用	－100		－100			100③			0
净利润	－300		－300			100	400		0
（股东权益变动表项目）									
未分配利润（期初）	0		0				0		0
……									
未分配利润（期末）	－300		－300			100	400		0

二、内部交易存货相关所得税会计的合并抵销处理

企业在编制合并财务报表时，应将纳入合并范围的母公司与子公司以及子公司相互之间发生的内部交易对个别财务报表的影响予以抵销，其中包括将内部商品交易所形成的存货价值中包含的未实现内部销售损益的金额。

对于内部商品交易所形成的存货，从持有该存货的企业来说，假定不考虑计提资产减值损失，其取得成本就是该资产的账面价值，这其中包括销售企业因该销售所实现的损益，这一取得成本也就是计税基础。由于所得税是以独立的法人实体为对象计征的，这一计税基础也是合并财务报表中该存货的计税基础。此

时，账面价值与其计税基础是一致的，不存在暂时性差异，也不涉及确认递延所得税资产或递延所得税负债的问题。但在编制合并财务报表过程中，随着内部商品交易所形成的存货价值包含的未实现内部销售损益的抵销，合并资产负债表所反映的存货价值是以原来内部销售企业该商品的销售成本列示的，不包含未实现内部销售损益。由此导致在合并资产负债表所列示的存货的价值与持有该存货的企业计税基础不一致，存在着暂时性差异。这一暂时性差异的金额就是编制合并财务报表时所抵销的未实现内部销售损益的数额。从合并财务报表的编制来说，对于这一暂时性差异，则必须确认递延所得税资产或递延所得税负债。

【例 11 -9】甲公司持有乙公司 80% 的股权，系乙公司的母公司。假设甲公司 20 ×5 年利润表列示的营业收入中有 5000 万元系当年向乙公司销售产品取得的销售收入，该产品销售成本为 3500 万元，销售毛利率为 30%。乙公司在 20 ×5年将该批内部购进商品的 80% 实现对外销售，其销售收入为 4900 万元，销售成本为 4000 万元，并列示于其利润表中；该批商品的另外 20% 则形成乙公司期末存货，即期末存货为 1000 万元，列示于乙公司 20 ×5 年的资产负债表中。甲公司和乙公司适用的企业所得税税率均为 25%。

甲公司在编制合并财务报表时，其合并抵销处理如下：

（1）将内部销售收入与内部销售成本及存货价值中包含的未实现内部销售利润抵销，其抵销分录如下：

借：营业收入　5000　①
　　贷：营业成本　4700
　　　　存货　300

（2）确认因编制合并财务报表导致的存货账面价值与其计税基础之间的暂时性差异相关递延所得税资产。本例中，从乙公司来说，其持有该存货账面价值与计税基础均为 1000 万元；从甲公司角度来说，通过上述合并抵销处理，合并资产负债表中该存货的价值为 700 万元；由于甲公司和乙公司均为独立的法人实体，这一存货的计税基础应从乙公司的角度来考虑，即其计税基础为 1000 万元。因该内部交易抵销的未实现内部销售损益导致的暂时性差异为 300 万元（1000 - 700），实际上就是抵销的未实现内部销售损益的金额。为此，编制合并财务报表时还应当对该暂时性差异确认递延所得税资产 75 万元（300 ×25%）。进行合并抵销处理时，其抵销分录如下：

借：递延所得税资产　75　②
　　贷：所得税费用　75

根据上述抵销分录，其合并工作底稿（局部）如表 11 -2 所示。

表11-2 合并工作底稿（局部） 单位：万元

项目	甲公司	乙公司	合计	调整分录		抵销分录		少数股东权益	合并数
				借方	贷方	借方	贷方		
（资产负债表项目）									
……									
存货		1000	1000				300①		700
……									
递延所得税资产	0	0	0			75②			75
……									
（利润表项目）									
营业收入	5000	4900	9900			5000①			4900
营业成本	3500	4000	7500				4700①		2800
……									
营业利润	1500	900	2400			5000	4700		2100
……									
利润总额	1500	900	2400			5000	4700		2100
所得税费用	375	225	600				75②		525
净利润	1125	675	1800			5000	4775		1575
（股东权益变动表项目）									
未分配利润（期初）	0	0	0						0
……									
未分配利润（期末）	1125	675	1800			5000	4775		1575

三、内部交易固定资产等相关所得税会计的合并抵销处理

对于内部交易形成的固定资产，编制合并财务报表时应当将该内部交易对个别财务报表的影响予以抵销，其中包括将内部交易形成的固定资产价值中包含的未实现内部销售利润予以抵销。对于内部交易形成的固定资产，从持有该固定资产的企业来说，假定不考虑计提资产减值损失，其取得成本就是该固定资产的账面价值，其中包括销售企业因该销售所实现的损益，这一账面价值与其计税基础是一致的，不存在暂时性差异，也不涉及确认递延所得税资产或递延所得税负债的问题。

但是，在编制合并财务报表时，随着内部交易所形成的固定资产价值所包含的未实现内部销售损益的抵销，合并资产负债表中所反映的该固定资产价值不包含这一未实现内部销售损益，也就是说是以原销售企业该商品的销售成本列示的，因而导致在合并资产负债表所列示的固定资产价值与持有该固定资产的企业计税基础不一致，存在暂时性差异。这一暂时性差异的金额就是编制合并财务报表时所抵销的未实现内部销售损益的数额。从合并财务报表来说，对于这一暂时性差异，在编制合并财务报表时必须确认相应的递延所得税资产或递延所得税负债。

【例 11－10】P 公司和 S 公司均为甲公司控制下的子公司。P 公司于 20×5 年 1 月 5 日，将自己生产的产品销售给 S 公司作为固定资产使用，P 公司销售该产品的销售收入为 2520 万元，销售成本为 1800 万元。P 公司在 20×5 年度利润表中列示有该销售收入 2520 万元，该销售成本 1800 万元。S 公司以 2520 万元的价格作为该固定资产的原价入账。S 公司购买的该固定资产用于公司的销售业务，该固定资产属于不需要安装的固定资产，当月投入使用，其折旧年限为 4 年，预计净残值为零。S 公司对该固定资产确定的折旧年限和预计净残值与税法规定一致。为简化合并处理，假定该内部交易固定资产在交易当年按 12 个月计提折旧。S 公司在 20×5 年 12 月 31 日的资产负债表中列示有该固定资产，其原价为 2520 万元、累计折旧为 420 万元、固定资产净值为 1890 万元。P 公司、S 公司和甲公司适用的所得税税率均为 25%。

甲公司在编制合并财务报表时，应当进行如下抵销处理：

（1）将该内部交易固定资产相关销售收入与销售成本及原价中包含的未实现内部销售利润予以抵销。其抵销分录如下：

借：营业收入　　2520　①
　　贷：营业成本　　1800
　　　　固定资产原价　　720

（2）将当年计提的折旧和累计折旧中包含的未实现内部销售损益的金额予以抵销。其抵销分录如下：

借：累计折旧　　180　②
　　贷：销售费用　　180

（3）确认因编制合并财务报表导致的内部交易固定资产账面价值与计税基础之间的暂时性差异相关递延所得税资产。

本例中，确认递延所得税资产或负债的相关计算如下：

S 公司该固定资产的账面价值＝2520（固定资产原价）－630（当年计提的折旧额）＝1890（万元）

S公司该固定资产的计税基础=2520（固定资产原价）-630（当年计提的折旧额）=1890（万元）

根据上述计算，从S公司角度来看，因该内部交易形成的固定资产账面价值与其计税基础相同，不产生暂时性差异，在S公司个别财务报表中不涉及确认递延所得税资产或递延所得税负债的问题。

合并财务报表中该固定资产的账面价值=1800（企业集团取得该资产的成本）-450（按取得资产成本计算确定的折旧额）=1350（万元）

合并财务报表中该固定资产的计税基础=S公司该固定资产的计税基础=1890（万元）

合并财务报表中该固定资产相关的暂对性差异=1350（账面价值）-1890（计税基础）=-540（万元）

关于计税基础，企业所得税是以单个企业的纳税所得为对象计算征收的。某一资产的计税基础是从使用该资产的企业来考虑的。从某一企业来说，资产的取得成本就是其计税基础。由于该内部交易固定资产属于S公司拥有并使用，S公司该固定资产的计税基础也就是整个企业集团的计税基础，个别财务报表确定该固定资产的计税基础与合并财务报表确定的该固定资产的计税基础是相同的。

关于合并财务报表中该固定资产的账面价值，是以抵销未实现内部销售利润后的固定资产原价（即销售企业的销售成本）1800万元（固定资产原价2520万元-未实现内部销售利润720万元），以及按抵销未实现内部销售利润后的固定资产原价计算的折旧额为基础计算的。

合并财务报表中该固定资产相关的暂时性差异，就是因抵销未实现内部销售利润而产生的。本例中该固定资产原价抵销的未实现内部销售利润为720万元，同时由于该固定资产使用而当年计提的折旧额630万元中也包含未实现内部销售利润180万元，这180万元随着固定资产折旧而结转为已实现内部销售利润，因此该内部交易形成的固定资产价值中当年实际抵销的未实现内部销售利润为540万元（720-180）。这540万元也就是因未实现内部销售利润而产生的暂时性差异。

对于合并财务报表中该内部交易固定资产因未实现内部销售利润的抵销而产生的暂时性差异，应当确认的递延所得税资产为135万元（540×25%）。本例中，确认相关递延所得税资产的合并抵销分录如下：

借：递延所得税资产　　135　③

　　贷：所得税费用　　135

根据上述抵销分录，编制合并工作底稿（局部）如11-3所示。

表11－3 合并工作底稿（局部） 单位：万元

项目	P公司	S公司	合计	调整分录		抵销分录		少数股东权益	合并数
				借方	贷方	借方	贷方		
（资产负债表项目）									
……									
固定资产原价		2520	2520				720①		1800
累计折旧		630	630			180②			450
固定资产净值		1890	1890			180	720		1350
……									
递延所得税资产						135③			135
……									
（利润表项目）									
营业收入	2520		2520			2520①			0
营业成本	1800		1800				1800①		0
……									
销售费用		630	630				180②		450
……									
营业利润	720	－630	90			2520	1980		－450
……									
利润总额	720	－630	90			2520	1980		－450
所得税费用	180	－158	22				135③		－113
净利润	540	－472	68			2520	2115		－337
（股东权益变动表项目）									
未分配利润（期初）	0	0	0						0
……									
未分配利润（期末）	540	－472	68			2520	2115		－337

第三节　合并现金流量表的编制

一、合并现金流量表的含义

合并现金流量表是综合反映母公司及其子公司组成的企业集团在一定会计期间现金流入、现金流出数量以及其增减变动情况的财务报表。合并现金流量表以母公司和子公司的现金流量表为基础，在抵销母公司与子公司、子公司相互之间发生内部交易对合并现金流量表的影响后，由母公司编制。

现金流量表要求按照收付实现制反映企业经济业务所引起的现金流入和流出，其编制方法有直接法和间接法两种。我国已经明确规定，企业对外报送的现金流量表采用直接法编制。所谓直接法，是将按照权责发生制确认的营业收入调整与营业活动有关的流动资产和流动负债的增减变动，列示营业收入和其他收入的收现数，将按照配比原则确认的营业成本和营业费用调整为付现数。在采用直接法的情况下，以合并利润表有关项目的数据为基础，调整得出本期的现金流入和现金流出数量；分别经营活动产生的现金流量、投资活动产生的现金流量、筹资活动产生的现金流量三大类，反映企业一定会计期间的现金流量情况。

合并现金流量表也可以以合并资产负债表和合并利润表为依据进行编制。

母公司在报告期内因同一控制下企业合并增加的子公司，应当将该子公司合并当期期初至报告期末的现金流量纳入合并现金流量表。因非同一控制下企业合并增加的子公司，应当将该子公司购买日至报告期末的现金流量纳入合并现金流量表。

母公司在报告期内处置子公司的，应当将该子公司期初至处置日的现金流量纳入合并现金流量表。

二、编制合并现金流量表需要抵销的项目

在以母公司和子公司个别现金流量表为基础编制合并现金流量表时，需要进行抵销的内容主要有：

（1）母公司与子公司、子公司相互之间当期以现金投资或收购股权增加的投资所产生的现金流量应当抵销。当母公司从子公司中购买其持有的其他企业的股票时，由此所产生的现金流量，在购买股权方的母公司的个别现金流量表中，表现为“投资活动产生的现金流量”中的“投资支付的现金”的增加，而在出

售股权方的子公司的个别现金流量表中则表现为“投资活动产生的现金流量”中的“收回投资收到的现金”的增加。在母公司对子公司投资的情况下，其所产生的现金流量表在母公司的个别现金流量表中表现为“投资活动产生的现金流量”中的“投资支付的现金”的增加，而在接受投资的子公司个别现金流量表中则表现为“筹资活动产生的现金流量”中的“吸收投资收到的现金”的增加。因此，编制合并现金流量表时将其予以抵销。

（2）母公司与子公司、子公司相互之间当期取得投资收益收到的现金，应当与分配股利、利润或偿付利息支付的现金相互抵销。母公司对子公司投资以及子公司之间进行投资分配现金股利或利润时，由此所产生的现金流量，在股利或利润支付方的个别现金流量表中表现为“筹资活动产生的现金流量”中的“分配股利、利润或偿付利息支付的现金”的增加，而在收到股利或利润方的个别现金流量表中则表现为“投资活动产生的现金流量”中的“取得投资收益收到的现金”的增加，为此，在编制合并现金流量表时必须将其予以抵销。

（3）母公司与子公司、子公司相互之间以现金结算债权与债务所产中的现金流量应当抵销。以现金结算内部债权债务，对于债权方来说表现为现金的流入，而对于债务方来说则表现为现金的流出。在现金结算的债权与债务属于母公司与子公司、子公司相互之间内部销售商品和提供劳务所产生的情况下，从其个别现金流量表来说，在债权方的个别现金流量表中表现为“销售商品、提供劳务收到的现金”的增加；而在债务方的个别现金流量表中则表现为“购买商品、接受劳务支付的现金”的增加。在编制合并现金流量表时必须将由此所产生的现金流量予以抵销。在现金结算的债权与债务属于内部往来所产生的情况下，在债权方的个别现金流量表中表现为“收到的其他与经营活动有关的现金”的增加，在债务方的个别现金流量表中表现为“支付的其他与经营活动有关的现金”的增加，在编制合并现金流量表时由此所产生的现金流量也必须将其予以抵销。

（4）母公司与子公司、子公司相互之间当期销售商品所产生的现金流量应当抵销。母公司与子公司、子公司相互之间当期销售商品没有形成固定资产、在建工程、无形资产等资产的情况下，该内部销售商品所产生的现金流量，在销售方的个别现金流量表中表现为“销售商品、提供劳务收到的现金”的增加，在购买方的个别现金流量表中则表现为“购买商品、接受劳务支付的现金”的增加。而在母公司与子公司、子公司相互之间当期销售商品形成固定资产、工程物资、在建工程、无形资产等资产的情况下，该内部销售商品所产生的现金流量，在购买方的个别现金流量表中表现为“购建固定资产、无形资产和其他长期资产所支付的现金”的增加。为此，在编制合并现金流量表时必须将由此所产生的现金流量予以抵销。

（5）母公司与子公司、子公司相互之间处置固定资产、无形资产和其他长期资产收回的现金净额，应当与购建固定资产、无形资产和其他长期资产支付的现金相互抵销。内部处置固定资产时，由于处置固定资产等所产生的现金流量，对于处置方个别现金流量表来说，表现为“处置固定资产、无形资产和其他长期资产收回的现金净额”的增加；对于购置该资产的接受方来说，在其个别现金流量表中表现为“购置固定资产、无形资产和其他长期资产支付的现金”的增加。故在编制合并现金流量表时必须将由此所产生的现金流量予以抵销。

（6）母公司与子公司、子公司相互之间当期发生的其他内部交易所产生的现金流量应当抵销。

思考题

（1）哪些特殊交易涉及合并财务报表的会计处理？如何处理？

（2）所得税会计相关业务如何在合并财务报表中进行合并处理？

（3）简述合并现金流量表的含义及作用，直接法下如何编制合并现金流量表？

第十二章　分部报告

学习目标

(1) 掌握分部报告的概念及分部报告的意义。
(2) 理解经营分部认定的条件。
(3) 理解掌握报告分部的确定标准。
(4) 了解分部报告信息披露的内容。

第一节　分部报告概述

一、分部报告的概念及作用

分部报告也称财务信息的分部报告，是指对存在多种经营或跨地区经营业务的企业，按其经营业务性质的不同或经营业务的地理范围分别编制、报出的财务报告。企业提供分部报告是为了帮助会计信息的使用者更好地理解企业的经营业绩，评估其风险和报酬，以及从整体上对企业的经营情况作出更准确的判断。

随着企业跨行业和跨地区经营，许多企业生产和销售多种产品和提供多种劳务，这些产品和劳务广泛分布于各个行业或不同地区。由于企业各种产品在其整体的经营活动中所占的比重各不相同，其营业收入、成本费用以及产生的利润（亏损）也不尽相同。同样地，每种产品（或提供的劳务）在不同地区的经营业绩也存在差异。只有分析每种产品（或所提供劳务）和不同经营地区的经营业绩，才能更好地把握企业整体的经营业绩。企业的整体风险，是由企业经营的各个业务部门（或品种）、各个经营地区的风险和报酬构成的。一般来说，企业在

不同业务部门和不同地区的经营，会具有不同的利润率、发展机会、未来前景和风险。合并报表往往忽略了个体差异，掩盖了企业集团内部由于不同业务、不同产品、不同行业、不同地区的利润率、成长机会、风险类型不同导致的具体风险的不同，从而不利于报表使用者据以进行分析和决策。绝大多数财务报表使用者都同意以下观点：合并的财务信息是重要的，但如果企业集团能辅之以分部信息，合并财务信息就会更有用。在这种情况下，反映不同产品（或劳务）和不同地区经营的风险报酬信息越来越普遍地受到会计信息使用者的重视。

分部报告能向财务报表使用者揭示具有不同风险和报酬的分部的财务信息，从而有助于它们了解企业集团在不同行业、不同业务、不同部门的盈利水平、成长机会及风险情况，更准确地预测企业集团整体未来现金流量的金额、时间及其不确定性。同时，分部报告还有助于报表使用者将单一产品或单一业务的经营业绩、现金流量等与多样化经营的企业集团内相似的分部进行对比，从而提高可比性，通过比较做出更有利的决策。

二、准则对分部报告的要求

我国《企业会计准则第 35 号——分部报告》从报告分部的确定、分部信息的披露两个主要方面对分部报告的会计处理要求进行阐述。从总体情况来看，与国际会计准则的要求基本上是一致的。在《企业会计准则第 30 号——财务报表列报》的解释中列示了我国分部报告的基本格式，如表 12－1 所示。

表 12－1　分部报告

项目	××分部		××分部		…	其他		抵销		合计	
	本期	上期	本期	上期		本期	上期	本期	上期	本期	上期
一、营业收入											
其中：对外交易收入											
分部间交易收入											
二、营业费用											
三、营业利润（亏损）											
四、资产总额											
五、负债总额											
六、补充信息											
1. 折旧和摊销费用											
2. 资本性支出											
3. 折旧和摊销以外的非现金费用											

第二节　报告分部的确定

一、经营分部的认定

经营分部，是指企业内同时满足下列条件的组成部分：

（1）该组成部分能够在日常活动中产生收入、发生费用。

（2）企业管理层能够定期评价该组成部分的经营成果，以决定向其配置资源、评价其业绩。

（3）企业能够取得该组成部分的财务状况、经营成果和现金流量等有关会计信息。

企业应当以内部组织结构、管理要求、内部报告制度为依据确定经营分部。经济特征不相似的经营分部，应当分别确定为不同的经营分部。企业存在相似经济特征的两个或多个经营分部，如具有相近的长期财务业绩，包括具有相近的长期平均毛利率、资金回报率、未来现金流量等，将其合并披露可能更为恰当。

1. 经营分部的合并

具有相似经济特征的两个或多个经营分部，在同时满足下列条件时，可以合并为一个经营分部：

（1）各单项产品或劳务的性质相同或相似，包括产品或劳务的规格、型号、最终用途等。通常情况下，产品和劳务的性质相同或相似的，其风险、报酬率及其成长率可能较为接近，一般可以将其划分到同一经营分部中。对于性质完全不同的产品或劳务，不应当将其划分到同一经营分部中。

（2）生产过程的性质相同或相似，包括采用劳动密集或资本密集方式组织生产、使用相同或相似设备和原材料、采用委托生产或加工方式等。对于其生产过程的性质相同或相似的，可以将其划分为一个经营分部，如按资本密集型和劳动密集型划分经营部门。

（3）产品或劳务的客户类型相同或相似，包括大宗客户、零散客户等。对于购买产品或接受劳务的同一类型的客户，如果其销售条件基本相同，例如，相同或相似的销售价格、销售折扣，相同或相似的售后服务，因而具有相同或相似的风险和报酬，而不同的客户，其销售条件不尽相同，由此可能导致其具有不同的风险和报酬。

（4）销售产品或提供劳务的方式相同或相似，包括批发、零售、自产自销、委托销售、承包等。企业销售产品或提供劳务的方式不同，其承受的风险和报酬也不相同。

（5）生产产品或提供劳务受法律、行政法规的影响相同或相似，包括经营范围或交易定价机制等。企业生产产品或提供劳务总是处于一定的经济法律环境之下，其所处的环境必然对其经营活动产生影响。对在不同法律环境下生产的产品或提供的劳务进行分类，向会计信息使用者提供不同法律环境下产品生产或劳务提供的信息，有利于会计信息使用者对企业未来的发展走向作出判断和预测；对相同或相似法律环境下的产品生产或劳务提供进行归类，以提供其经营活动所生成的信息，有利于明晰地反映该类产品生产或劳务提供的会计信息。

【例 12－1】北方出版集团公司主要出版财经类、少儿类、英文读物类等图书，出于管理目的考虑，该出版集团公司下设八个编辑中心，每个编辑中心均出版上述几类图书。北方公司允许八个编辑中心在经营上相对独立，每月报送给公司董事会的财务报告列出了八个编辑中心的总收入和费用，并且上述各类图书未曾中断。北方公司的八个编辑中心就是八个经营分部。

2. 经营分部的合并

在实务中，并非所有内部报告的经营部均作为独立的经营分部来考虑。在某些情况下，两个或两个以上的经营分部具有实质上的相似性，此时，将它们合并披露可能更为恰当。两个或两个以上的经营分部同时满足下列条件的，可以予以合并：

（1）具有相近的长期财务业绩，包括具有相近的长期平均毛利率、资金回报率、未来现金流量等。

（2）确定经营分部所考虑的因素类似。

两个或两个以上的经营分部具有相近的长期财务业绩，通常表明这两个或两个以上的经营分部所面临的风险和报酬相近，长期平均毛利率、资金回报率、未来现金流量等相近。如果同时满足确定经营分部时所考虑因素的相似性，在确定业务分部或地区分部时，可以将这些经营分部予以合并。

【例 12－2】某公司是一家全球性公司，总部在英国，主要生产 A、B、C 三个品牌的护肤品，以及对相关产品的运输、销售，每种产品均由独立的业务部门完成。其生产的产品主要销往中国内地、中国香港、日本、欧洲、美国等国家和地区。该公司各项业务 2010 年 12 月 31 日的相关收入、费用、利润等信息如表 12－2 所示。假定经预测，生产的三个部门今后 5 年内平均销售毛利率与本年度差异不大，并且护肤品的生产过程、客户类型、销售方式等类似。

表 12－2　公司各部门财务报表部分数据　　单位：万元

项目	品牌 A	品牌 B	品牌 C	销售公司	运输公司	合计
营业收入	100000	110000	90000	300000	50000	650000
营业成本	70000	75000	65000	250000	25000	485000
营业利润	30000	35000	25000	50000	25000	165000
销售毛利率（%）	30	31.8	27.8	16.7	50	—

从上述资料可以看出，该公司生产护肤品的部门有 3 个，分别是生产品牌 A、品牌 B 和品牌 C，其销售毛利率分别是 30%、31.8%、27.8%。由于其近 5 年平均销售毛利率差异不大，因此可以认为这 3 个护肤品分部具有相近的长期财务业绩；同时，A、B、C 这 3 个部门都生产护肤品，其生产过程、客户类型、销售方式等类似，符合确定业务分部所考虑因素的相似性。因此，该公司在确定业务分部时，可以将生产 3 个品牌护肤品的分部予以合并，组成一个“护肤”分部。合并后，护肤品分部的分部收入为 300000 万元，分部费用为 210000 万元，分部利润为 90000 万元。

二、报告分部的确定

1. 重要性标准的判断

企业应当以经营分部为基础确定报告分部。经营分部满足下列条件之一的，应当确定为报告分部：

（1）该分部的分部收入占所有分部收入合计的 10% 或者以上。分部收入是指可归属于分部的对外交易收入和对其他分部交易收入。分部收入主要由可归属于分部的对外交易收入构成，通常为营业收入。可以归属分部的收入来源于两个渠道：一是可以直接归属于分部的收入，即直接由分部的业务交易而产生；二是可以间接归属于分部的收入，即将企业交易产生的收入在相关分部之间进行分配，按属于某分部的收入金额确认为分部收入。

分部收入通常不包括下列项目：①利息收入（包括因预付或借给其他分部款项而确认的利息收入）和股利收入（采用成本法核算的长期股权投资取得的股利收入），但分部的日常活动是金融性质的除外。②营业外收入，如固定资产盘盈、处置固定资产净收益、出售无形资产净收益、罚没收益等。③处置投资产生的净收益，但分部的日常活动是金融性质的除外。④采用权益法核算的长期股权投资确认的投资收益，但分部的日常活动是金融性质的除外。

（2）该分部的分部利润（亏损）的绝对额占所有盈利分部利润合计额或者

所有亏损分部亏损合计额的绝对额两者中较大者的10%或者以上。分部利润（亏损），是指分部收入减去分部费用后的余额。不属于分部收入和分部费用的项目，在计算分部利润（亏损）时不得作为考虑的因素。

分部费用，是指可归属于分部的对外交易费用和对其他分部交易费用。分部费用主要由可归属于分部的对外交易费用构成，通常包括营业成本、营业税金及附加、销售费用等。与分部收入的确认相同，归属于分部的费用也来源于两个渠道：一是可以直接归属于分部的费用，即直接由分部的业务交易而发生；二是可以间接归属于分部的费用，即将企业交易发生的费用在相关分部之间进行分配，按属于某分部的费用金额确认为分部费用

分部费用通常不包括下列项目：①利息费用（包括因预收或向其他分部借款而确认的利息费用），如发行债券等，但分部的日常活动是金融性质的除外。②营业外支出，如处置固定资产、无形资产等发生的净损失。③处置投资发生的净损失，但分部的日常活动是金融性质的除外。④采用权益法核算的长期股权投资确认的投资损失，但分部的日常活动是金融性质的除外。⑤与企业整体相关的管理费用和其他费用。

（3）该分部的分部资产占所有分部资产合计额的10%或者以上。分部资产，是指分部经营活动使用的可归属于该分部的资产，不包括递延所得税资产。如果与两个或多个经营分部共用资产相关的收入和费用也分配给这些经营分部，该共用资产应分配给这些经营分部。共用资产的折旧费或摊销在计量分部经营成果时被扣减的，该资产应包括在分部资产中。企业在计量分部资产时，应当按照分部资产的账面价值进行计量，即按照扣除相关累计折旧或摊销额以及累计减值准备后的金额计量。通常情况下，分部资产与分部利润（亏损）、分部费用等之间存在一定的对应关系。

2. 低于10%重要性标准的选择

经营分部未满足上述10%重要性标准的，可以按照下列规定确定报告分部：

（1）企业管理层认为披露该经营分部信息对会计信息使用者有用的，可以将其确定为报告分部。在这种情况下，无论该经营分部是否满足10%的重要性标准，企业可以直接将其指定为报告分部。

（2）将该经营分部与一个或一个以上的具有相似经济特征、满足经营分部合并条件的其他经营分部合并，作为一个报告分部。对经营分部10%的重要性测试可能会导致企业存在大量未满足10%数量临界线的经营分部，在这种情况下，如果企业没有直接将这些经营分部指定为报告分部，可以将一个或一个以上具有相似经济特征、满足经营分部合并条件的一个以上的经营分部合并成一个报告分部。

（3）不将该经营分部直接指定为报告分部，也不将该经营分部与其他未作为报告分部的经营分部合并为一个报告分部的，企业在披露分部信息时，应当将该经营分部的信息与其他组成部分的信息合并，作为其他项目单独披露。

3. 报告分部75%的标准

企业的经营分部达到规定的10%重要性标准认定为报告分部后，确定为报告分部的经营分部的对外交易收入合计额占合并总收入或企业总收入的比重应当达到75%的比例。如果未达到75%的标准，企业必须增加报告分部的数量，将其他未作为报告分部的经营分部纳入报告分部的范围，直到该比重达到75%。此时，其他未作为报告分部的经营分部很可能未满足前述规定的10%重要性标准，但为了使报告分部的对外交易收入合计额占合并总收入或企业总收入的总体比重能够达到75%的比例要求，也应当将其确定为报告分部。

4. 报告分部的数量

根据前述的确定报告分部的原则，企业确定的报告分部数量可能超过10个，此时，企业提供的分部信息可能变得非常烦琐，不利于会计信息使用者理解和使用。因此，报告分部的数量通常不应当超过10个。如果报告分部的数量超过10个，企业应当考虑将具有相似经济特征、满足经营分部合并条件的报告分部进行合并。

5. 为提供可比信息确定报告分部

企业在确定报告分部时，除应当遵循相应的确定标准以外，还应当考虑不同会计期间分部信息的可比性和一贯性。对于某一经营分部，在上期可能满足报告分部的确定条件从而确定为报告分部，但本期可能并不满足报告分部的确定条件。此时，如果企业认为该经营分部仍然重要，单独披露该经营分部的信息能够更有助于会计信息使用者了解企业的整体情况，则不需考虑该经营分部的重要性标准，仍应当将该经营分部确定为本期的报告分部。

对于某一经营分部，在本期可能满足报告分部的确定条件从而确定为报告分部，但上期可能并不满足报告分部的确定条件未确定为报告分部时，出于比较目的提供的以前会计期间的分部信息应当重述，以将该经营分部反映为一个报告分部，即使其不满足确定为报告分部的条件。如果重述需要的信息无法获得，或者不符合成本效益原则，则不需要重述以前会计期间的分部信息。不论是否对以前期间相应的报告分部信息进行重述，企业均应当在报表附注中披露这一信息。

【例12－3】某股份有限公司为一控股公司，某分部单位及相关数据详见表12－3。

表 12－3 某股份有限公司各分部资料 单位：元

分部	对外营业收入	分部间营业收入	营业收入总额	营业利润（亏损）	资产
P1	120000	30000	150000	15000	150000
P2	200000	50000	250000	16000	360000
P3	70000	30000	100000	5000	100000
P4	60000	5000	55000	9000	120000
P5	420000	80000	550000	30000	500000
汇总	920000	195000	1115000	75000	1230000

第一步，从营业收入的角度判断可以确定为报告分部的单位。

表 12－4

	P1	P2	P3	P4	P5
分部收入/营业收入汇总	10.76%	17.94%	6.28%	5.38%	42.15%
是否确定为报告分部	√	√	×	×	√

第二步，从营业利润的角度判断可以确定为报告分部的单位。

表 12－5

	P1	P2	P3	P4	P5
营业利润/利润汇总	20%	21.33%	6.67%	12%	40%
是否确定为报告分部	√	√	×	√	√

第三步，从资产的角度判断可以确定为报告分部的单位。

表 12－6

	P1	P2	P3	P4	P5
资产/资产汇总	12.20%	29.27%	8.13%	9.76%	40.64%
是否确定为报告分部	√	√	×	√	√

由于 P1、P2、P4、P5 分部满足了上述三个标准之一，可以暂列为报告分部。

第四步，还要满足编报分部对外销售的数额应当占企业对外部销售收入额的

75%以上。

收入比重＝P1、P2、P4、P5对外销售总额÷企业汇总的对外销售总额

＝(120000＋200000＋60000＋470000)÷1115000＝76.23%

由于计算的结果超过75%，P1、P2、P4、P5可以正式定为报告分部；反之，如果上述四个分部的收入比重未达到75%，则要将按前述计算将不符合条件的分部再进行考虑，确定一个或几个分部，使收入比重能够达到75%。

此外，企业确定的报告分部，并不是一成不变的。当一个可报告分部不再满足重要性测试标准时，或企业的组织发生变化时，或主要经营决策者过去常用的汇总分部信息的会计政策发生变化时都可能会导致可报告分部的变化。一个可报告分部的确定与否、变与不变，要看这些信息对信息使用者的有用程度，还应当考虑不同会计期间分部信息的可比性和一贯性。对于某一分部，在上期可能满足报告分部的确定条件从而确定为报告分部，但本期可能并不满足报告分部的确定条件，此时，如果企业认为该分部仍然重要，单独披露该分部的信息能够更有助于报表使用者了解企业的整体情况，则不需考虑该分部的规模，仍将该分部确定为本期的报告分部。

第三节　分部信息的披露

企业披露的分部信息，应当有助于会计信息使用者评价企业所从事经营活动的性质和财务影响以及经营所处的经济环境。企业应当以对外提供的财务报表为基础披露分部信息；对外提供合并财务报表的企业，应当以合并财务报表为基础披露分部信息。

企业应当在附注中披露报告分部的下列信息：

1. 描述性信息

(1) 确定报告分部考虑的因素通常包括企业管理层是否按照产品和服务、地理区域、监管环境差异或综合各种因素进行组织管理

(2) 报告分部的产品和劳务的类型。

2. 每一报告分部的利润（亏损）总额相关信息

每一报告分部的利润（亏损）总额相关信息，包括利润（亏损）总额组成项目及计量的相关会计政策信息。企业管理层在计量报告分部利润（亏损）时运用了下列数据，或者未运用下列数据但定期提供给企业管理层的，应当在附注中披露每一报告分部的下列信息：①对外交易收入和分部间交易收入。②利息收

入和利息费用。但是，报告分部的日常活动是金融性质的除外。报告分部的日常活动是金融性质的，可以仅披露利息收入减去利息费用后的净额，同时披露这一处理方法。③折旧费用和摊销费用，以及其他重大的非现金项目。④采用权益法核算的长期股权投资确认的投资收益。⑤所得税费用或所得税收益。⑥其他重大的收益或费用项目。

企业应当在附注中披露计量每一报告分部利润（亏损）的下列会计政策：①分部间转移价格的确定基础。②相关收入和费用分配给报告分部的基础。③确定报告分部利润（亏损）使用的计量方法发生变化的性质，以及这些变化产生的影响

3. 每一报告分部的资产总额、负债总额相关信息

每一报告分部的资产总额、负债总额相关信息，包括资产总额组成项目的信息，以及有关资产、负债计量相关的会计政策。企业管理层在计量报告分部资产时运用了下列数据，或者未运用下列数据但定期提供给企业管理层的，应当在附注中披露每一报告分部的下列信息：①采用权益法核算的长期股权投资金额。②非流动资产（不包括金融资产、独立账户资产、递延所得税资产）金额。报告分部的负债金额定期提供给企业管理层的，企业应当在附注中披露每一报告分部的负债金额。

企业应当在附注中披露将相关资产或负债分配给报告分部的基础。

分部负债，是指分部经营活动形成的可归属于该分部的负债，不包括递延所得税负债。如果与两个或多个经营分部共同承担的负债相关的费用分配给这些经营分部，该共同承担的负债也应当分配给这些经营分部。

4. 除上述已经作为报告分部信息组成部分的披露内容外，企业还应当披露下列信息

（1）每一产品和劳务或每一类似产品和劳务的对外交易收入。但是，披露相关信息不切实可行的除外。企业披露相关信息不切实可行的，应当披露这一事实。

（2）企业取得的来自于本国的对外交易收入总额，以及企业从其他国家取得的对外交易收入总额。但是，披露相关信息不切实可行的除外，企业披露相关信息不切实可行的，应当披露这一事实。

（3）企业取得的位于本国的非流动资产（不包括金融资产、独立账户资产、递延所得税资产）总额，以及企业位于其他国家的非流动资产（不包括金融资产、独立账户资产、递延所得税资产）总额。但是，披露相关信息不切实可行的除外。企业披露相关信息不切实可行的，应当披露这一事实。

（4）企业对主要客户的依赖程度。企业与某一外部客户交易收入占合并总

收入或企业总收入的10%或以上，应当披露这一事实，以及来自该外部客户的总收入和相关报告分部的特征报告分部信息总额与企业信息总额的衔接。

5. 数字衔接

报告分部收入总额应当与企业收入总额相衔接；报告分部利润（亏损）总额应当与企业利润（亏损）总额相衔接；报告分部资产总额应当与企业资产总额相衔接；报告分部负债总额应当与企业负债总额相衔接。

6. 比较信息

企业在披露分部信息时，为可比起见，应当提供前期的比较数据。对于某一经营分部，如果本期满足报告分部的确定条件确定为报告分部，即使前期没有满足报告分部的确定条件未确定为报告分部，也应当提供前期的比较数据。但是，重述信息不切实可行的除外。

企业内部组织结构改变导致报告分部组成发生变化的，应当提供前期比较数据。但是，提供比较数据不切实可行的除外。企业未提供前期比较数据的，应当在报告分部组成发生变化的当年，同时披露以新的报告分部和旧的报告分部为基础编制的分部信息。

思 考 题

（1）简述分部报告的概念及上市公司披露分部报告信息的意义。

（2）报告分部的确定基础是什么？

（3）报告分部的确定标准中重要性标准的判断是如何界定的？

（4）简述分部报告的编报内容。

（5）简述企业应当在附注中披露哪些报告分部的信息。

参考文献

［1］财政部会计司编写组，企业会计准则讲解 2013. 北京：人民出版社，2013.

［2］财政部会计司，企业会计准则第 33 号——合并财务报表．北京：经济科学出版社，2014.

［3］中国注册会计师协会，会计（2016 年度注册会计师全国统一考试辅导教材）．北京：中国财政经济出版业，2016.

［4］耿建新，戴德明，高级会计学（第 7 版）．北京：中国人民大学出版社，2016.

［5］陈信元主编，高级财务会计．上海：上海财经大学出版社，2011.

［6］王竹泉，王荭，高芳，高级财务会计．大连：东北财经大学出版社，2010.